2022 개정교육과정에 따른

리더로 세우는 고등학교

진로독서 가이드북

고등학교 진로독서 가이드북
CONTENTS

이 책의 특징과 활용 방법

사회변화가 복잡하고 빨라지면서 직업 세계의 변동 또한 하루가 다르게 심화되고 있다. 이에 따라 진로교육의 중요성은 더욱 강조되고 있으며, 사회적으로 공감대를 얻고 있다. 학교 교육에서도 이러한 사회변화에 부응하여 진로교육을 강화하였고 2011년부터 〈진로와 직업〉 과목이 중고등학교에 개설되어 운영되고 있다.

『진로독서 가이드북』은 〈진로와 직업〉 과목과 자유학기제 등 진로교육을 제대로 지도하기 위해 마련한 책이다. 초등학교 159권, 중학교 142권, 고등학교 162권 등 모두 463권의 도서를 진로 주제 및 영역별로 나누어 진로독서 대상 도서를 선정하였다. 선정한 도서로 교과 정보, 진로 정보를 분석하여 실었고, 진로 탐색, 진로 토론, 진로독서 활동 내용을 설계하여 약식 지도안 형태로 제시하였다.

독서기반 진로교육을 올바르게 진행하고자 하는 선생님께서는 이 책에 수록된 진로 계열별 도서와 진로 정보, 다양한 진로독서 활동들을 참고하여 학생들을 지도하면 좋겠다. 학부모님께서도 자녀들이 책을 통해 직업 세계에 대한 다양한 진로접근 기회를 얻고, 목표하는 진로에 이를 수 있는 귀한 정보를 얻을 수 있을 것이다. 학생들은 직업에 대한 올바른 가치관으로 진로에 대한 다양하고 꼭 필요한 정보를 이 책을 통해 얻을 수 있을 것이다.

1. 집필 방향

(1) 진로와 교과별 단원학습에 알맞은 도서를 엄선하여 도서목록으로 선정하였고, 실제 진로 지도와 교과수업에서 활용이 가능하도록 집필하였다.

(2) 다양한 교과와 진로에 알맞게 선정된 도서로 〈진로독서 수업지도안〉을 개발하여, 실제 학교 현장에서 진로와 교과를 연계하여 독서교육을 실시할 수 있도록 집필하였다.

(3) 〈진로독서 수업지도안〉은 '한국표준직업분류'의 진로 정보와 2022 개정교육과정의 교과 정보를 제시하고, 선정도서를 소개한 뒤에, '진로 탐색', '진로 활동' 등 세 부분으로 구분하여 수업의 실제에 활용할 수 있도록 집필하였다.

(4) 진로독서 대상 도서 중에서 진로(주제) 영역별 대표도서를 선정하여 상세한 〈진로독서 수업지도안〉을 설계하여 3단계로 제시하였다. 1단계는 '책 이야기', 2단계는 '질문하고 토론하고', 3단계는 '진로 이야기'로 구성하여 진로독서 활동을 풍부하게 할 수 있도록 설계하였다.

2. 대상 도서 선정 범위

대상 도서는 학생들의 진로 관심 직종과 시중의 도서 분포 상황을 고려하고 '진로 정보[한국표준직업분류(KSCO)]'의 소분류를 기준으로 진로 관련 160여 권의 도서를 선정하였다.

(1) 각 출판사별 추천도서 중에서 진로 정보를 제공할 수 있는 도서를 중심으로 전체 목록을 정리한 후, 진로교육을 효율적으로 지도할 수 있는 도서를 선정하였다.

(2) 전국 초/중/고교에 근무하는 교사를 중심으로 도서선정위원을 위촉하여 전공 교과와 관련된 도서를 선정하였고, 이를 진로 및 교육과정과 연계하도록 한 후, 검토위원의 검토를 거쳐 양질의 도서를 선별하여 추천도서 목록을 완성하였다.

(3) 독서 수준 및 지적 수준이 낮은 어린이들과 독서 능력이 우수한 어린이들을 모두 고려하여 선정하였기에 각 학년에 비해 수준이 다소 높거나 낮은 도서도 포함되었으며, 원칙적으로 각급 학교 및 직업별 중복을 피하여 선정하였다.

(4) 진로와 직업 등에 대해 직접적으로 정보를 제공하는 도서가 비교적 많은 부분을 차지하고 있지만, 문학 작품은 그 속에 등장하는 인물의 직업 또는 가치관과 관련지어 독자의 미래를 탐색할 수 있는 책은 대상 도서로 선정하였다.

3. 대상 도서 선정 기준

초등학교는 자기이해, 관계적응, 교육, 문학, 인문, 사회, 과학수학, 공학, 환경, 의약학, 예체능 등 11개의 주제 영역으로 구분하여 대상 도서를 선정하였다. 중학교는 교육, 문학인문, 사회, 과학, 공학, 의약학, 예체능 등 7개 진로 영역으로 구분하였고, 고등학교는 교육, 인문, 사회, 자연, 공학, 의학, 예체능, 등 7개 진로 영역으로 구분하여 아래와 같은 선정 기준으로 대상 도서를 선정하였다.

(1) 한국표준직업분류의 대/중/소/세분류를 제시할 수 있는 도서

(2) 2022 개정교육과정에 따른 교과 학습과 관련된 도서

(3) 학생들의 자아실현 및 소질 계발에 도움을 주는 도서

(4) 꿈과 희망을 주는 내용이나 성장의 이야기가 담긴 도서

(5) 지식 습득 및 정서 함양, 건전한 윤리관 적립에 도움이 되는 도서

(6) 교과 수행평가 및 체험학습에 활용될 수 있는 도서

(7) 사회와 소통하여 새로운 문화를 창조할 수 있는 도서

(8) 토의와 토론이 가능한 도서

(9) 문학, 인문, 사회, 과학, 예술, 철학 등 다양한 분야의 책을 선정하여 폭 넓고 깊이 있는 사고를 할 수 있는 도서

(10) 고대, 중세, 근대 등 선인들의 지혜를 배우고 현대인과 현대 문화에 대한 성찰이 이루어질 수 있도록 시대별로 의미 있는 도서

(11) 세계에 대한 인식의 폭을 넓힐 수 있도록 다양한 문화의 특성이 반영되어 있는 도서

4. 편집 및 제작 과정

이 책은 지난 2013년에 연구 개발 출판한 〈진로독서 가이드북〉의 연구 결과를 이어 11년 만에 개편하여 출판하게 된 책이다. 사실 이 책의 연구 출판은 지난 2002년 교육인적자원부의 '학교도서관 활성화 종합 방안' 사업에서 비롯되었다. 교육인적자원부(현 교육부)에서는 학교 독서교육을 정착하기 위해 학교도서관 활성화가 필요하다고 판단하였고 학교도서관에 넣을 교과별 추천도서목록 개발 사업을 우리 법인에 위탁하였다. 우린 이 연구 결과물을 바탕으로 2003년에 『초/중/고 교과별 추천도서목록』을 개발하여 각각 1권씩 3권을 출판하였다. 그 후 2009년과 2010년에는 연구 결과를 확대하여 『독서토론 가이드북』을 출판하였고, 2013년엔 『진로독서 가이드북』을 출판하였으며, 금년에 다시 그동안의 연구 결과를 반영한 2024년 진로독서 가이드북 출판하게 되었다.

이 『진로독서 가이드북』 은 각급 학교 도서관에 양질의 도서 구입을 위한 정보를 제공하고, 학교 현장에서 진로, 교과와 연계한 독서교육과 실제적인 진로교육을 실시할 수 있도록 하기 위해 기획하였다. 이를 위해 먼저 한국 표준직업분류와 2022 개정교육과정을 분석하고 진로, 교과 단원 학습에 적절한 도서를 선정하였다. 그 후 진로별 도서 일람표를 만들고, 선정된 도서의 진로독서 수업지도안을 만들어 선생님들이 학교 현장에서 실제 진로교육을 할 수 있도록 집필하였다. 진로독서 수업지도안은 독서-매체-토론-논술 및 기타 활동 등을 통해 체계적인 진로 지도가 가능하도록 하였으며, 특히 학교 현장에서 진로독서 지도를 실시할 수 있도록 개발하였다.

도서는 직업 분류를 기준으로 하여 '대분류 · 중분류 · 소분류 · 세분류'로 나눈 뒤 '세분류'를 중심으로 분류한 후, 진로(주제) 영역별 도서로 나열하였다.

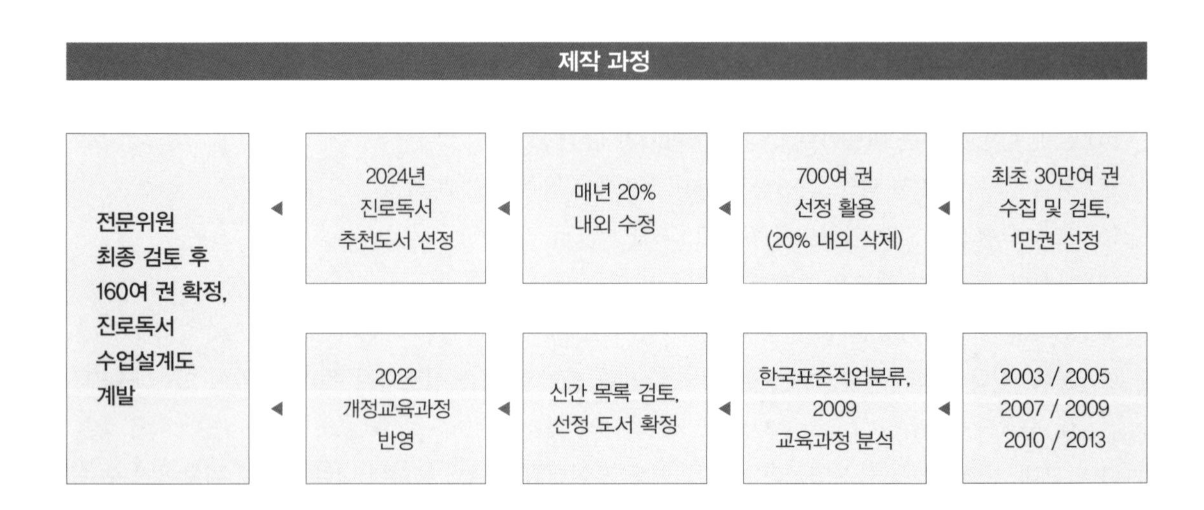

5. 활용 방법 및 기타 참고사항

(1) 도서 정보

☞ 순서 : 지은이 / 출판사 / 출판년도 / 쪽수 / 가격(원)

☞ 예시 : 독서토론 이야기 / 박이정 / 2019년 / 336쪽 / 16,000원

① 저자명(역자명)은 번역서일 경우 역자명을 밝혔으며 저자나 역자가 다수인 경우는 '○○○ 외'로 표기하였다.

② 출판 연도는 재판, 삼판 등으로 출판 연도가 다른 경우 가장 최근의 출판일을 명기하였다.

③ 전집물은 각각의 목록을 모두 제시하지 않고 묶어서(예: 태백산맥1-10) 표기하였으며, 출판년도, 쪽수, 가격은 제1권을 기준으로 작성하였다.

④ 같은 전집이라도 내용이 다른 경우는 각각의 목록을 제시하였다.
[예: 한국생활사 박물관 1) 선사생활관, 한국생활사 박물관 2) 고조선 생활관]

⑤ 쪽수와 가격은 매년 변동이 클 것으로 예상되나, 학교에서 도서 구입 예산 책정에 도움이 될 수 있도록 본 도서목록의 편집일(2023. 12)을 기준으로 기록하였다. 따라서 현장에서 도서 구입을 위해 목록을 작성하는 경우에 가격 변동을 꼭 확인해 보아야 한다.

⑥ 도서 이해를 위해 표지 이미지를 실었으며, 편집 사정으로 실물 이미지를 그대로 살리지 못하고 모두 같은 크기로 실었다.

(2) 교과 정보

※ 교과 정보 : ncic(국가교육과정정보센터) → 교육과정 자료실 → 교육과정 원문 및 해설서

☞ 순서 :	과목	학습내용 (고교는 성취기준)

☞ 예시 :	『사회』 3학년	지리영역 - 우리가 살아가는 곳

2022 개정교육과정을 반영하여 각 교과의 영역과 어떤 연계성이 있는지 밝혔다. 진로교육은 통합적 관점에서 이루어져야 하므로 여러 교과와 연계가 가능하며 진로교육의 범위 또한 개인의 전 생애에 걸친 진로발달과 관련되므로 폭넓게 접근할 필요가 있다. 따라서 최근 개정된 교육과정을 활용하여 여러 교과에서 흥미와 적성에 대한 발견, 이와 관련된 전공계열이나 전공과 등 미래를 설계하도록 도움을 주고자 하였다.

(3) 진로 정보

☞ 순서 : (대분류 / 중분류 / 소분류/ 세분류)에서 세분류 제시

☞ 예시 : 경영지원 관리자

한국표준직업분류를 기준으로 대분류 10개, 중분류 5개, 소분류 149개, 세분류 426개를 검토하여 도서별 내용이나 인물, 주제, 제재 등과 관련된 직업을 표시하였다. 한 권의 책을 다양한 직업과 관련지을 수 있는 경우에는 대표적이고 인상적인 직업을 안내하였다.

(4) 어떤 책일까

책에 대한 내용이나 구성, 특징 등을 간단히 소개하여 진로독서 지도에 대상도서가 어떤 역할을 하며 어떠한 의미가 있는지 알아보도록 하였다. 책을 통해 진로에 대한 간접경험을 하고 배경지식을 쌓을 수 있도록 안내했으며, 진로에 대한 막연한 인식을 가진 학생들이 대상 도서에 대한 호기심을 유발하여 자신의 진로와 적성에 관심을 갖고 이와 관련되 책을 찾아 읽어볼 수 있도록 맛보기 정도로 책 소개를 간단히 하였다.

(5) (진로 탐색) 무엇을 더 볼까

관련 매체를 소개하여 직업 탐색의 범위를 넓혀 보았다. 인터넷 사이트, 영화, 텔레비전 프로그램, 연극 등 여러 종류의 관련 매체를 통해 진로를 탐색하고 진로에 대한 정보를 얻을 수 있도록 했으며, 대상도서와 밀접한 관련이 있는 다른 도서도 함께 소개하여 직업과 관련된 정보를 다양한 측면에서 얻을 수 있도록 도움을 주었다.

(6) (진로 토론) 무엇을 이야기해 볼까

책 속에서 토론 거리를 찾아 제시하였다. 학생 개개인이 지니고 있는 지식, 흥미, 능력, 성격 등을 파악한 후 자신과 잘 맞는 진로분야를 선택하는 것이 최선이겠지만 이러한 결정을 하기까지는 많은 어려움이 따른다. 따라서 토론모둠을 만들어 〈무엇을 이야기해 볼까〉에 나와 있는 토론 주제를 중심으로 이야기식 토론을 하거나 찬성, 반대의 의견으로 나눈 후 교차질의식 토론을 해본다면 자신의 가치관과 태도 등이 좀 더 분명하게 드러나므로 진로분야를 선택하는데 많은 도움이 될 것이다.

(7) (진로 활동) 무엇을 해 볼까

대상도서를 읽고 모둠끼리 토론을 한 후 글을 쓰거나 진로 활동을 할 수 있도록 다양한 발문을 제시하였다. 진로 쓰기 활동은 논술문, 설명문, 광고문, 기사문, 수필 등 다양한 글을 써봄으로써 문장력이나 글의 구성 능력 등 글쓰기 능력을 향상시킬 수도 있지만 무엇보다 자신의 가치관을 잘 드러낼 수 있다는 점에서 꼭 필요한 활동이다. 직업 선택은 자신이 갖고 있는 가치관과 밀접하게 관련되므로 다양한 진로 활동을 통해 보다 효과적인 진로 발달을 촉진할 수 있을 것이다.

진로와 독서교육

1. 진로교육의 변화

현대사회의 급격한 변화에 따라 직업의 세계는 다양화되고 전문화되어 개인의 진로선택과 결정은 점점 더 어려워지고 있다. 직업은 자아를 실현하는 한 방편이며, 자아실현을 통하여 성취감과 만족감을 추구할 수 있다. 따라서 진로를 선택하는 일은 한 사람의 삶의 방향과 질을 결정하는 중요한 일이라고 할 수 있다.

개정 교육과정은 디지털 전환, 기후환경 변화 및 학령인구 감소 등에 대응하여 미래사회에 필요한 역량을 함양하고 학습자 맞춤형 교육을 강화할 수 있도록 미래 교육 비전의 정립과 수업 및 평가 개선을 포함하는 교육과정 체제 전환을 강조하고 있다. 진로교육 또한 학습자 성향에 따라 학생 스스로 진로를 설정하고 개척해 갈 수 있도록 학습자의 삶과 연계한 진로교육 혁신의 필요성이 강조되고 있다.

미래 사회는 디지털 대전환에 따른 사회적 변화와 새로운 직업의 등장, 인기 있고 선호하는 직업군들의 변화 등 불확실한 미래 직업세계의 증대에 따라 학생들이 능동적으로 대응할 수 있어야 한다. 따라서 학생들의 소질과 적성을 바탕으로 미래 핵심역량을 키울 수 있는 내용적 · 방법적 측면에서의 진로교육의 변화와 이를 위한 학교의 교과 연계 진로교육이 더욱 필요하게 되었다.

진로교육의 큰 변화는 지금까지 자유학기제와 함께 중등 위주의 진로교육은 미래 사회변화와 전 생애에 걸친 진로교육의 필요성에 따라 자기이해 중심의 초등 진로교육의 강화와 국민 모두를 위한 진로교육 정책 추진이 필요하게 되었다는 점이 가장 큰 변화로 볼 수 있을 것이다.

진로의 주체자인 학습자는 스스로 삶의 목적의식을 가지고 자신의 진로와 적성을 바탕으로 자신의 삶과 학습을 주도적으로 설계하고 구성하는 능력으로, 미래 사회변화의 주체가 될 수 있도록 준비되어야 한다. 'OECD Education 2030'은 학생 행위 주체성(student agency) 및 변혁적 역량(transformative competencies)을 강조하며, 성장 마인드, 정체성, 목적의식, 자기주도성, 책임감 등 목표를 정하고 성찰하고 책임감 있는 행동으로 변화를 만드는 능력 신장을 통해 학생들은 자신과 타인 및 지구촌 구성원 전체의 웰빙을 향해 나아가는 법을 배울 필요가 있음을 강조하고 있다. 2022 개정교육과정 학교 전 교육과정을 통해 길러지는 범교과적이고 일반적인 역량으로 자기관리, 지식정보처리, 창의적 사고, 심미적 감성, 협력적 소통, 공동체 역량을 제시한 것과 같은 맥락이다.

(1) 초등 진로교육

2022 개정교육과정 적용 시기에 따른 진로 연계 가이드라인을 제시하였다.

〈표 1〉 가이드라인 예시

	초등 저학년	초등 중학년	초등 고학년
목표	학년군별 진로교육 목표 제시		
범주	나, 가족, 친척, 이웃	우리 지역	우리나라, 전세계
내용 예시	**(자기 이해)** 나의 소중함 알기, 자기 · 타인 존중 **(공동체의 직업)** 내가 속한 공동체(가족, 친척, 이웃) 직업 알기 **(일과 직업)** 어른들이 하는 일과 직업, 경제활동의 의미 이해하기	**(자기 이해)** 나의 장점과 특성, 감정 이해, 자기 탐구 **(지역의 직업)** 우리 동네 · 지역에 있는 어른들의 다양한 직업 이해 **(상상하기)** 나의 미래 모습 그려보기	**(자기 이해)** 발달단계, 흥미 · 적성 · 성격 등에 대한 이해 **(세계의 직업)** 우리나라와 전 세계 다양한 사람들의 일과 직업 이해 **(직업세계 변화)** 시대에 따른 직업세계의 변화 이해 및 미래사회 예측하기 **(계획수립)** 나의 진로발달 계획을 탐색하고 세워보기
구성	8~10차시 수업활동 제시	8~12차시 수업활동 제시	10~16차시 수업활동 제시

출처 : 진로교육활성화 방안(2023~2027), 교육부

(2) 전 생애적 진로교육

진로교육 대상을 전 생애로 확대하여 2024년부터 생애 주기별 진로개발 가이드라인을 마련한다.

〈표 2〉 생애주기별 진로교육 목표(예시)

초등	중등	고등	대학	성인
진로인식	진로탐색	진로설계	진로선택	경력관리, 재교육
진로개발 역량의 기초 함양	다양한 직업세계를 탐색하여 진로설계 준비	미래 직업세계에 대한 이해를 바탕으로 진로목표 수립 및 진로 설계	인턴십 등 실제 직업세계 경험과 전문적인 지식과 이론 학습을 통한 진로선택	자신의 진로에 맞게 경력을 관리하고, 심화된 실무지식 습득

출처 : 진로교육활성화 방안(2023~2027), 교육부

(3) 국민 모두를 위한 진로교육

저출산 · 고령화, 디지털 대전환, 급속한 기술 발전 등 정책 환경 변화에 따른 직업세계 변화를 반영한 전 국민 대상 진로교육의 필요성이 대두되었다.

〈표 3〉 전 국민의 맞춤형 진로설계 지원

대응 전략	추진 과제
학교 진로교육 내실화	**1. 학생 자기주도적 진로개발** 1–1 초등 진로교육 강화 / 1–2 진로수업 · 상담 내실화 1–3 진로교육 담당자 역량 강화
미래사회 대응 역량 강화	**2. 미래 역량을 기르는 진로교육** 2–1 신산업분야 진로교육 강화 / 2–2 창업가정신 함양 교육 확대 2–3 진로교육정보망 통합 및 고도화
지역사회의 진로교육 지원 역량 강화	**3. 지역사회가 주도하는 진로교육** 3–1 진로체험지원센터 기능강화 3–2 지역 연계 진로 · 창업 체험 프로그램 운영 3–3 진로교육 시각지대 해소
진로교육 대상을 전 생애로 확대	**4. 전 생애에 걸친 진로교육** 4–1 국가진로교육센터 기능강화 / 4–2 대학 진로교육 내실화 4–3 성인 진로 개발 역량 강화 지원

출처 : 진로교육활성화 방안(2023~2027), 교육부

2. 진로독서

미래 사회의 변화에 대응하기 위한 학교에서의 진로교육은 학생들에게 다가오는 사회에 적응하고 자신의 삶을 주도적으로 이끌어낼 수 있도록 다양하고 새로운 사고력 증진에 도움이 되는 진로탐색으로 이루어져야 한다. 진로탐색은 여러 유형으로 이루어지고 있다. 그 중 독서를 기반으로 하는 자기 주도적 진로탐색이 우선되어야 한다.

진로란 '앞으로 나아가는 길'이란 사전적 의미에서처럼 개개인이 자신의 일생을 통해 이루려하는 일의 총체를 의미하는 것이다. 독서는 책을 통해 삶 읽기를 하는 것이다. 독서행위는 이처럼 인간의 삶과 깊이 연관되어 있다. 진로독서 수업의 시작은 자신의 삶과 관련된 책을 고르는 것이다. 독자는 책을 읽으면서 다양한 방법을 사용하여 의미를 만든다. 이는 의미를 '찾는' 것이 아니라 책과 상호작용하면서 독자가 능동적으로 의미를 '구성하는' 것이다. 의미구성은 지식을 쌓는 것과 이해를 증진시키는 것을 말한다. 자신의 적성을 구체적으로 발현시키고 다양한 진로탐색의 기회를 얻기 위해서는 여러 분야의 책

을 폭넓게 읽고, 책을 통해 세상에 대한 이해와 탐색의 시간을 충분히 갖는 것이 필요하다. 책 속에 담긴 사상과 가치관을 발견하고, 책 속에서 여러 정보를 얻음으로써 자신의 경험과 사고력을 확장할 수 있으며, 진로를 개척할 수 있는 능력을 기를 수 있기 때문이다.

진로독서는 자신의 삶의 방향, 사명의식을 가질 수 있도록 내적동기를 강화시켜 준다. 이는 삶의 가치, 꿈과 비전을 통해 역경을 이겨내고 인생을 성공적으로 살아 갈 수 있는 사람으로 성장하게 하는 필수 요소이다. 진로에 대한 올바른 가치관과 자신의 진로에 대한 깊이 있는 탐색활동인 진로독서가 학교교육에서 더욱 강조되어야 한다.

(1) 초등 진로독서 지도 방법

〈표 4〉 초등 진로독서 지도 사례

교수 전략	교수학습 과정
대상도서 설명 및 학습목표 제시	이 책은 평생 새를 사랑하며 연구해 온 새 박사 원병오 선생님이 살아온 이야기를 친근한 말투로 엮은 책입니다. 원병오 선생님은 여섯 살 때부터 아버지와 함께 새 공부를 시작하고 그 후에도 어린 시절의 꿈을 이루기 위해 노력합니다. 전쟁을 비롯한 온갖 어려움을 겪으면서도 새를 연구하고 조사하고, 보호하는 일을 멈추지 않습니다. 가장 아끼는 새인 '북방쇠찌르레기'의 다리에 가락지를 달아 북으로 보내고, 그를 통해 전쟁 때 헤어진 아버지의 소식을 듣게 되는 모습은 가슴 뭉클하게 다가옵니다. 원병오 선생님의 모습을 통해 어려운 환경 속에서도 자신이 이루고자하는 꿈을 위해 노력하는 것이 얼마나 중요한 것인지 알게 될 것입니다. 또한 우리가 새들을 비롯한 천연기념물을 왜 보호해야하는지, 어떻게 노력해야하는지 생각해보는 기회가 될 것입니다. 원병오 선생님처럼 새를 연구하는 직업을 가진 사람을 '조류학자'라고 하는데 우리나라 표준직업분류에 의하면 '생명과학연구원'에 속합니다. 오늘은 생명과학연구원이라는 직업과 관련된 여러 가지 활동을 해보겠습니다.
문제탐구 및 해결	• 다음을 주제로 토론을 해봅시다. 1. 연구를 위하여 새를 잡아 박제하는 것은 옳은 일이다. 2. 천연기념물로 지정된 새를 새장 안에서 보호하며 키우는 것은 바람직한 일이다. • 다음 문제 중 한 가지를 골라 글을 써 보세요. 1. 원병오 박사가 공부를 계속 하는 동안, 가족들의 많은 희생이 있었다. 원병오 박사의 입장이 되어 부인에게 고마운 마음을 전하는 편지를 써 보자. 2. 몸에 좋다면 무엇이든 잡아먹는 사람들에게 동물을 보호해야하는 이유를 알리는 글을 써 보자. 3. 천연기념물을 보호하기 위해 우리가 할 수 있는 일에는 무엇이 있는지 방안을 제시하는 글을 써 보자.
적용 및 발전	• 원병오 박사와 같은 생명과학연구원이 하는 일은 무엇인가요? • 과학 교과와 관련하여 어떤 활동을 할 때 가장 흥미를 느끼나요? • 과학 교과와 관련된 직업에는 어떤 것들이 있나요? 생각나는 직업을 모두 써 보세요. • 여러분은 생명과학연구원이 하는 일에 얼마나 흥미를 느끼나요? ① 매우 그렇다. ② 그렇다. ③ 보통이다. ④ 그저 그렇다. ⑤ 전혀 아니다.

(2) 중학 진로독서 지도 방법

〈표 5〉 중학 진로독서 지도 사례

차시	단계	영역	활동 목표
1	시작하기	일과 보람	프로그램의 목적을 알고, 일을 하면서 얻는 보람에 대해 알 수 있다.
2~4	자신에 대한 이해	장점 탐색	자신의 특성을 이해하고 장점이 무엇인지 탐색할 수 있다.
		성격 탐색	자신의 성격을 파악하여 장래희망과 관련지을 수 있다.
		적성탐색	자신의 적성을 알아보고 적성에 맞는 직업이 무엇인지 알 수 있다.
5~7	직업 세계에 대한 이해	직업의 소중함	직업의 소중함을 이해하고 직업이 없으면 어떤 어려움을 겪어야 하는지 알 수 있다.
		일에 대한 편견 버리기	직업에 대한 편견을 버리고 자신에게 알맞은 일을 찾아 보람을 느끼는 것이 중요함을 알 수 있다.
		다양한 직업 세계 탐험	직업의 종류가 얼마나 많으며 직업에 대한 분류가 어떻게 이루어지는지 알 수 있다.
8	교육과 직업에 대한 이해	공부와 직업의 관계	원하는 직업을 갖기 위해서는 어떤 공부를 해야 하는지 직업과 교육의 관계를 알 수 있다.
9	진로체험	각 직업별 가상체험	직업인이 되었다고 가상하고 미리 직업인으로서의 활동을 체험한다.
10	진로의사 결정	합리적인 진로 의사 결정	합리적인 의사결정 방법에 따라 문제를 해결할 수 있다.
11	진로계획 및 준비	나의 미래 상상하기	장래의 희망을 이루기 위해 무엇을 준비해야 하는지 계획을 세우고 나의 미래를 상상할 수 있다.
12	프로그램 정리	진로 계획 발표	자신의 진로 계획을 여러 사람 앞에서 발표할 수 있다.

(3) 고등학교 진로독서 지도 방법

〈표 6〉 고교 진로독서 지도 사례

목록	항목	나에게 적용하기
1장	나의 생애 설계	• 생애주기 곡선 그리기 • 15년 후 자신의 모습 스케치 하기 • 꿈을 이루기 위한 15년 계획 세우기
2장	자기 이해	• 지금의 나는 어떤 사람인가? – 적성, 흥미, 학습 능력, 가치관 – 신체 조건과 환경 – 꿈을 이루기 위한 의지의 정도
3장	진로 의사 결정	• 나의 의사결정 장애물 알아보기 – 내적 요인 (자신감 결여, 변화에 대한 두려움, 잘못된 결정이나 실패에 대한 두려움) – 외적 요인 (가족의 기대, 가족에 대한 책임, 문화적 사고 방식, 성별에 따른 사고 방식)
4장	직업 및 학과 정보 탐색	• 직업 정보 탐색 – 관심 직업 정보 찾기 – 관심 직업 관련 사진 및 신문 기사 찾기 • 학과 정보 탐색 – 자신에게 알맞은 학과 찾기 – 관심 학과에 관한 정보 찾기 – 진학 준비 방법과 입시 요강 수집
5장	대학 입시 등 진로 준비	• 지원 대학 결정 – 지원 대학 모집 요강 정리 – 지원 대학 성적 분석 – 자기소개서 쓰기 연습

3. 진로독서 가이드북 개발

진로독서의 대상도서는 교육부의 진로교육 목표와 성취기준인 자기이해, 일과 직업세계의 이해, 진로 탐색, 그리고 진로 디지인과 준비의 4개핵심 영역을 다루는 도서를 말한다. 그중에서 자기이해와 일과 직업의 세계를 중점적으로 다루는 도서를 독서자료로 선정하였다.

진로독서는 텍스트의 내용이 진로와 직 · 간접적으로 관련되거나 수렴, 확산이 가능한 도서를 통해 학생들의 진로에 도움을 주는 독서 프로그램을 의미한다. 또한 학교 진로교육 기반인 자기이해, 직업세계의 이해, 진로정보의 탐색, 진로 준비 및 계획 등을 위해 도서를 활용하는 것을 진로독서라 한다. 따라서 진로독서는 텍스트 내용이 진로와 관련되거나 접목시킬 수 있는 문학, 비문학 관련 도서를 통해 진로교육의 목표 달성을 위한 독서교육활동을 말한다.

(1) 진로 비전도서

진로 비전도서는 책을 읽어가면서 진로교육의 출발인 자기 이해와 자기 발견 즉, 자아정체감, 자아존중감 등 자신의 고유한 특성을 이해하고 발견할 수 있는 독후활동이 가능한 도서를 말한다. 독자의 시각에서 책과 소통하면서 '나'를 이해하고 직업의 가치관 및 자아정체성을 발견할 수 있으며, 나아가 직업 멘토들의 이야기를 직 · 간접적으로 체험하여 자신의 진로에 대한 비전과 직업의 가치와 비전을 발견할 수 있도록 돕는 도서를 말한다. 진로 비전도서의 텍스트 내용에 따른 선정기준은 다음과 같다.

1) 책 속 인물의 삶과 텍스트의 내용을 통해 꿈과 비전을 찾을 수 있는 도서
2) 자기 이해와 자신의 고유한 특성을 찾아갈 수 있는 도서
3) 책을 통해 직업의 의미, 직업 가치관으로 수렴, 확산이 가능한 도서
4) 직업 멘토의 이야기를 통해 진로에 대한 내적동기를 강화할 수 있는 도서

(2) 진로 탐색도서

진로 탐색도서는 다양하고 방대한 직업에 대한 정보를 텍스트로 담고 있는 책을 읽으며 자신의 진로에 대한 진로 로드맵을 위한 독후활동이 가능한 도서를 말한다. 진로 탐색도서는 직업 세계에 대한 이해와 직업 준비과정들이 포함된 진로진학 정보 및 직업정보에 대한 내용들을 다루는 독서자료를 말한다. 진로 탐색도서의 텍스트 내용에 따른 선정기준은 다음과 같다.

1) 진로에 필요한 다양한 정보를 다룬 내용의 도서
2) 직업정보 탐색 및 분석이 가능한 도서
3) 다양한 직업세계와 미래 직업세계의 전망이 가능한 도서
4) 진로진학 관련 정보를 내용으로 담고 있는 도서

독서자료 선정의 고려 대상은 자료적 지배의 기준이 되는 도서의 내용, 형식 측면과 수용성의 기준이 되는 독자의 수용 측면을 들 수 있다. 독자의 수용 측면은 다시 인지적 측면과 정의적 측면으로 나눌 수 있다.

인지적 수준이란 독서자료가 지닌 내용이 독자의 인지적 발달 수준에 적합해야 한다. 어휘가 독자의 학년이나 발달단계에 알맞은 것이어야 하며, 내용의 범주에 있어서 적절한 깊이와 폭을 갖추고 있어야 하고 구성이 학년과 연령 수준에 알맞아야 한다.

정의적 수준은 제재 면에서 흥미를 중심으로 태도와 욕구, 관심, 희망 등 독자의 정의적 발달 특성을 고려해야 한다. 정의적 수준의 기준은 재미가 있는 것, 건전한 흥미와 요구에 상응한 내용, 독자의 생활

경험에 비추어 적절한 것, 유익한 유머를 담고 있는 내용, 자료의 내용이 독자들의 관심사와 지식을 넓혀주는 것 등을 들 수 있다.

이와 같이 의미 있는 진로탐색 독서활동이란 텍스트의 내용이 자신의 삶과 연관 지을 수 있는 의미 있는 상황이어야 한다. 따라서 독자 개개인에게 의미 있는 진로독서자료 선정은 책을 통해 올바른 가치관의 발달과 행동 변화에 발전을 가져올 수 있는 진로독서교육의 매우 중요한 요인이 된다.

(3) 자아 성취지향 가치관

가치는 인간 행동을 강력하게 설명해 주는 잠재성을 가지며, 가치는 인간 행동의 표준 또는 기준이다. 가치관이란 개인이나 집단이 명시적 또는 묵시적으로 바람직하게 여기는 것으로 가능한 행위의 양식, 수단, 목표를 선택하는데 영향을 주며 집단이나 사회문화를 이해하는 핵심이다.

(4) 진로성숙도

진로성숙은 수퍼(Super)가 직업성숙을 소개한 이후 미국에서 광범위하게 개념을 연구하게 되었고, 그 결과 진로성숙이란 개념이 보다 포괄적인 상위개념으로 정착되기에 이르렀다. 수퍼는 진로성숙도란 진로의 발달수준을 뜻하는 것으로 직업을 알아보고 준비하고 자리 잡고 조사하고 직업에서 물러날 때까지의 발달과업에 대해 대처해 나가는 태도적, 인지적 준비도라고 하였다. 따라서 진로성숙도를 한 개인이 속해 있는 연령단계에서 이루어야 할 직업적 발달과업에 대한 준비도로 보았다.

〈표 7〉 진로성숙도 검사 내용

검사항목		하위영역	정의
진로성숙 태도	1	계획성	자신의 진로방향을 설정해 보고 직업결정을 위한 계획을 수립해 보는 태도
	2	직업에 대한 태도	직업이 갖는 의미와 중요성에 대한 올바른 인식 정도
	3	독립성	진로결정에 있어서 스스로 진로를 탐색하고 선택하려는 태도
	4	진로낙관성	미래사회의 직업 및 진로환경에 대한 낙관적이고 긍정적인 태도
진로성숙 능력	5	자기이해	능력, 흥미, 가치, 신체적 조건, 환경적 제약 등 개인이 진로선택에서 고려해야 할 개인적 특성을 이해하는 능력
	6	정보탐색	자신의 진로와 관련된 정보를 활용할 수 있는 능력
	7	합리적 의사결정	자신의 진로를 합리적으로 선택할 수 있는 능력
	8	희망직업에 대한 지식	자신이 관심을 갖는 직업에 대해 구체적인 정보를 알고 있는 능력
진로성숙 행동	9	진로탐색 및 준비행동	자신의 진로를 적극적으로 탐색하고 준비하는 능력

출처 : 한국청소년상담복지개발원(2019)

4. 진로독서 프로그램 개발

(1) 초/중학생 진로독서박람회 적용

1) 목적
- 언제, 어디서나, 누구나 지원하는 맞춤식 찾아가는 진로독서 캠프 운영
- 학년말 취약시기, 방학 등 전환기의 단기간 집중적인 진로탐색 기회 제공으로 자신의 진로를 체계적으로 고민할 수 있는 기회 마련
- 책 속 다양한 삶을 만나며 자기 이해 및 진로탐색 기회 제공
- 학생의 적성, 소질을 창의적으로 계발하고 지속적으로 발전시킬 수 있는 역량 제공
- 함께 책을 읽고 '이야기식 독서토론'과 '독서새물결 독서토론'을 적용하여 독서기반 진로교육 실현

2) 운영 방침
- 신청 기관 및 학교 상황에 따라 시간 협의 및 조정하여 진행
- 교육 지원을 희망하는 학교의 신청을 받아 맞춤식 교육 프로그램 운영
- 나의 진로를 만나는 재미있고 유익한 진로독서 캠프 운영 지원
- 우리 법인의 전문 강사요원(초중고교 전현직 교사, 진로독서 코칭 전문가, 법인이 배출한 대학생 멘토)을 전담팀으로 지정하여 운영
- 주제 영역별 독서토론 소모임(12명)과 전체 발표 토론(진로독서박람회) 형식으로 진행

3) 세부 프로그램
- 주제 특강 1시간, 주제 영역별 독서토론 5시간(영역별 주강사 1명)
- 마지막 차시는 나의 진로 주제 발표 및 1대100 토론으로 운영

교육목표		독서를 기반으로 한 진로 연계 독서 활동을 통해 사고력을 확장하고 능동적으로 진로 탐색을 할 수 있다.	
대상 도서		학교 자체 선정 도서 또는 법인 선정 도서 (아래 추천도서 참고)	
차시	주제	세 부 내 용	비고
1 09:00-09:40	주제 특강	- 독서 기반 학생 활동 - 진로 독서 토론 방법 및 발문 생성 - 질문으로 하는 독서법	특강 후 소모임 이동

2-4 09:50~12:10 (중간 휴식 20분)	책틀 꿈틀 Ⅰ (Disscusion)	- 독서 발문 작성 - 이야기식 독서 토론 • 1단계 - 책 문 열기 • 2단계 - 책 이야기 나누기 • 3단계 - 인간 삶과 사회 적용하기	소모임 주제별 강사 진행
	책틀 꿈틀 Ⅱ (Debate)	- 독서새물결 독서토론 • 독서 토론 논제 만들기 • 찬반 토론지 개요 작성 • 팀별 교차질의식 독서토론 진행(1) • 팀별 교차질의식 독서토론 진행(2) (찬반과 팀 교체 토론)	
12:10~13:00	점심 시간		
5-6 13:00~14:20	진로독서박람회 토론	- 1대100 독서토론 • 학생 활동지 작성 및 발표 준비 • 주제 영역별 1개팀 발표 및 질의 응답 - 나의 진로 발표회 • 나의 진로 설계하기 • 진로 발표 및 소감 말하기	전체 모임

4) 초등 대상 도서 운영 계획

* 제시한 도서에서 선정하여도 되고 학교별 필요한 도서를 선정하여도 됨
* 다양한 대상 도서는 진로독서 가이드북(개정본)을 참고하시면 됩니다.

주제 영역		주제 도서(예시)
1	**교육**	우리 선생님 최고 (하이타니 겐지로/논장) 학교 가기 싫은 선생님 (박보람/노란상상) 파랗고 빨갛고 투명한 나 (황성혜/달그림)
2	**문학**	5번 레인 (은소홀/문학동네) 장복이, 창대와 함께 하는 열하일기 (강민경/현암주니어) 해리엇 (한윤섭/문학동네)
3	**인문**	어린이를 위한 정치란 무엇인가 (이은재/주니어김영사) 일곱 빛깔 독도 이야기 (황선미/이마) 생각이 크는 인문학 ① 공부 (호아킴 데 포사다/한국경제신문)
4	**사회**	단독 취재, 어흥 회장의 비밀 (백연화/크레용하우스) 법 만드는 아이들 (옥효진/한국경제신문) 와글와글 어린이 경제 수업 (김세연/다림)
5	**과학**	두 얼굴의 에너지, 원자력 (김성호/길벗스쿨) 누가 숲을 만들었을까? (샐리 니콜스/키즈엠) GMO 유전자 조작 식품은 안전할까? (김훈기/풀빛)

6	공학	공학은 세상을 어떻게 바꾸었을까? (황진규/어린이나무생각) 김대식 교수의 어린이를 위한 인공지능 (김대식 외/동아시아사이언스) 발명과 특허 쫌 아는 10대 (김상준/풀빛)
7	의약학	꼴찌, 세계 최고의 신경외과 의사가 되다 (그레그 루이스 외/알라딘북스) 미래가 온다 바이러스 (김성화 외 1/와이즈만북스) 리틀 의사가 꼭 알아야 할 의학 이야기 (양대승/교학사)
8	예체능	레오나르도 다 빈치 30 (폴 해리슨(김은영) / 아울북) 나를 찾아가는 힙합 수업 (김봉현 / 탐) 메시, 축구는 키로 하는 것이 아니야 (이형석 / 탐)

5) 중학 대상 도서 운영 계획

* 제시한 도서에서 선정하여도 되고 학교별 필요한 도서를 선정하여도 됨

* 다양한 대상 도서는 진로독서 가이드북(개정본)을 참고하시면 됩니다.

주제 영역		주제 도서(예시)
1	교육	뉴 키드 (제리 크래프드/퀄트리북스) 독서토론 이야기 (임영규/박이정) 나무를 심은 사람 (장지오노/두레)
2	문학	클로버 (나혜림/창비) 아몬드 (손원평/창비) 동물농장 (조지 오웰/민음사)
3	인문	괴물 부모의 탄생 (김현수/우리학교) 이 정도는 알아야 하는 최소한의 인문학 (이재은/꿈결) 10대를 위한 정의란 무엇인가 (마이클 샌델/미래엔아이세움)
4	사회	난민, 멈추기 위해 떠나는 사람들 (하영식/뜨인돌) 꼰대 아빠와 등골 브레이커의 브랜드 썰전 (김경선/자음과모음) 청소년을 위한 돈이 되는 경제 교과서 (신동국/처음북스)
5	과학	십 대를 위한 미래과학 콘서트 (정재승 외/청어람미디어) 역사를 바꾼 17가지 화학 이야기 1, 2 (페니 르 쿠터 외/사이언스북스) 특종! 생명과학 뉴스 (이고은/북트리거)
6	공학	공대에 가고 싶어졌습니다 (서울대 공우/메가스터디북스) 우주 쓰레기가 온다 (최은정/갈매나무) 10대를 위한 교양 수업 3 (조성준 외/아울북)
7	의약학	10대를 위한 의학을 이끈 결정적 질문 (예병일/다른) 질병 정복의 꿈, 바이오 사이언스 (이성규/MID) 오싹한 의학의 세계사 (데이비드 하빌랜드/베가북스)
8	예체능	대중음악 히치 하이킹하기 (김상원 외/탐) 예술에 대한 여덟 가지 답변의 역사 (김진엽/우리학교) 10대와 통하는 스포츠 이야기 (탁민혁 외/철수와영희)

(2) 고등학교 진로독서박람회 적용 방법

1) 사업 목적 및 필요성

- 개정 교육과정의 적용 및 고교학점제의 단계적 이행 계획을 위하여 모든 학생의 소질과 적성, 진로에 맞는 학생 선택형 교육과정 운영의 역량이 강화됨에 따라 단위학교별 자율적 교육과정 운영의 필요성이 대두
- 고등학교 학생들의 소질과 적성, 진로에 맞는 다양한 학습기회를 보장하기 위한 진로 관련 활동 등이 단위 학교별로 운영되고 있지만 학생 성장 중심 활동을 위해서는 내실화된 독서 역량이 필요
- 학생들의 자주적이고 능동적인 자율 탐구 활동의 기반은 독서이며, 추후 학생의 진로를 위한 지속적인 주제 탐구의 심화를 위해서는 심층적인 독서 활동이 필요
- 최근 학교생활기록부에서 독서 상황이 제외됨에 상위 대학에서 우수 학생 선발을 위한 변별책으로 교과세부능력 특기사항에 독서를 기반으로 한 심층 탐구와 확장 활동 등이 더 중요

2) 학교별 프로그램 운영 방법

① 수업량 유연화에 따른 자율적 교육과정으로 운영

- 학습 몰입형 : 교과별 심화 이론, 과제 탐구 등 독서 발문, 이야기식 독서 토론, 교차질의식 독서 토론, 독서 논술문 작성 등의 심층적 독서 활동
- 프로젝트형 : 교과 융합 학습 등 주제 중심의 독서 토론 프로젝트 활동

② 창의적 체험활동의 진로활동 중 주제 탐구형 독서 활동으로 운영

- 학생의 진로 및 관심사에 따른 주제별 독서 토론 활동

③ 교육과정 취약시기 독서 캠프 특별 프로그램으로 운영

- 독서 토론 캠프 및 학생부 컨설팅 : 도서별 주제 특강, 교과 연계 심화 탐구 독서 활동, 교과 융합 독서 토론 및 독서 논술, 독서를 기반으로 한 학생부 컨설팅

※ 초중고교 학교 운영 환경과 일정 등에 따라 유연하게 변동 가능

3) 독서기반 진로독서박람회 운영 계획

ㅇ 운영 개요 (8차시)

- 주제 특강 2시간, 진로부스별 독서토론 활동 6시간
- 대학연계 멘토링(학생부 컨설팅) 4시간

<table>
<tr><td colspan="2">교육목표</td><td colspan="2">독서를 기반으로 한 진로 연계 독서 활동을 통해 사고력을 확장하고 능동적으로 진로 탐색을 할 수 있다.</td></tr>
<tr><td colspan="2">대상 도서</td><td colspan="2">학교 자체 선정 도서 또는 법인 선정 도서 (아래 추천도서 참고)</td></tr>
<tr><th>차시</th><th>주제</th><th>세 부 내 용</th><th>비고</th></tr>
<tr><td></td><td>주제 특강</td><td>– 독서 기반 학생 활동
– 진로 독서 토론 방법 및 발문 생성 (교차 진행)</td><td>특강 후
부스별 학생 이동</td></tr>
<tr><td>3–4
10:40~12:10</td><td>책틀 꿈틀 Ⅰ
(Disscusion)</td><td>– 독서 발문 작성
– 이야기식 독서 토론
• 1단계 – 책 문 열기
• 2단계 – 책 이야기 나누기
• 3단계 – 인간 삶과 사회 적용하기
* 진로연계 도서 전시 및 박람회</td><td>부스별 강사 진행
(학생 활동지 작성)</td></tr>
<tr><td>12:10~13:00</td><td colspan="3">점심 시간(부스별 도서 탐방)</td></tr>
<tr><td>5–6
13:00~14:30</td><td>책틀 꿈틀 Ⅱ
(Debate) 및
대학 연계 멘토링</td><td>– 교차질의식 독서토론
• 독서 토론 논제 만들기
• 1대100 토론하기
• 찬반 토론지 개요 작성
– 진로독서박람회 활동지 작성
(이때 입사관의 학생부 멘토링 실시)
– 진로부스별 활동 내용 발표 준비</td><td>학생부 컨설팅과 병행
(입학사정관)</td></tr>
<tr><td>7–8
14:50~16:20</td><td>진로독서박람회 및
대학 연계 멘토링</td><td>– 부스별 진로 주제 발표(진로별 대표자)
(진로영역 박람회 형식)
– 발표 후 전체 대상 1대100 토론
– (학생부 연계) 학생 활동지 작성 및 발표
– 소감 나눔</td><td>전체 강당
(학생부 컨설팅과 병행)</td></tr>
</table>

ㅇ 운영 방법

• 일일 박람회 유형으로 진행
• 진로 유형에 따른 부스를 설치하고 신청한 진로계열 부스로 이동하여 진로독서 토론 활동에 참여
• 각 부스에서는 교과 및 진로별로 해당 학교 교사들이 선정한 도서 목록 또는 법인이 선정한 도서와 관련한 독서 발문 작성, 이야기식 독서 토론, 독서새물결 독서토론, 1대100 독서토론, 독서 기반 학생부 컨설팅, 주제 발표 등으로 진행됨.
• 학교생활기록부 기록과 연계한 진로독서박람회 활동 전개 가능
• 참여 학생들은 사전에 희망 진로계열별 도서를 읽고 참여하고, 나누고 싶은 이야기(토론 주제)를 3가지 내외 준비하여 참석
• 사전에 제공할 활동지에 나누고 싶은 이야기(토론 주제)를 작성하고, 토론 주제에 대한 자신의 의

견을 근거를 들어 작성하고 참여하면 좋음(개인별 자유 선택 사항이며, 학생부 연계가 필요한 학생은 사전 활동지를 작성하고 참여하면 좋음)

- 학교 상황에 따라 부스 개수 및 활동 조정 가능
- 신청 학교(학생)는 사전에 참여할 진로계열별 학생을 선정하여 알려 주어야 하며, 대학연계 멘토링이 필요한 학생은 사전에 학생부 사본 제출
- 대학교 입학사정관의 대학연계 멘토링은 오후 4시간 동안 독서토론 활동, 주제 발표와 병행하여 진행 (한 학생당 15분 내외)
- 중3이나 고1 학생 등 학생부가 없는 경우는 진로연계 학생부 기록 초안을 지참하고 입학사정관 멘토링 가능

ㅇ 진로독서박람회 학생부 활용

- 진로 독서 박람회 활동에 대한 개별 포트폴리오 작성으로 학생 개개인의 진로 연계 심화 독서 활동(진로 확장 독서, 독서 발문 작성, 이야기식 독서 토론 활동, 토론지 작성, 쟁점식 교차질의식 독서 토론 활동 등)을 교과세부특기사항, 진로활동 등에 기록할 수 있음.
- 교과 수행평가와 연계하여 추후 연계 독서 활동 등의 프로젝트 수업 및 활동으로 지속. 확장하여 학생부에 기록할 수 있음.
- 수업량 유연화에 따른 교과목 융합 주제 중심 독서 활동으로 학습 몰입형이나 프로젝트형 활동으로 활용하고 학생부에 기록할 수 있음.

4) 대상 도서 운영 계획

- 대상 도서는 학교별 선정 가능
- 대상 도서는 진로독서 가이드북(개정본)과 홈페이지를 통해 계속 업데이트

부스		주제 도서
계열 1	교육계열	한나 아렌트, 교육의 위기를 말하다 (박은주/㈜빈빈책방) 아이들은 한 명 한 명 빛나야 한다 (앨린 코커릴/한울림) 가르칠 수 있는 용기 (파커 J. 파머/한문화)
계열 2	인문계열	언어는 인권이다 (이건범/피어나) 세계 최고의 여행기 열하일기 上 (박지원, 고미숙 외/북드라망) 역사의 쓸모 (최태성/다산초당)
계열 3	사회계열	청소년을 위한 광고 에세이 (정상수/해냄) 지리의 힘 1 (팀 마샬/사이) 죽은 경제학자의 살아있는 아이디어 (토드 부크홀츠/김영사)

계열 4	자연계열	모두의 내일을 위한 기후 위기와 탄소중립 수업 이야기 (한문정/우리학교) 오래된 미래 (헬레나 노르베리 호지/중앙북스) 특종 생명과학 뉴스 (이고은/북트리거)
계열 5	공학계열	뇌를 바꾼 공학, 공학을 바꾼 뇌 (임창환/MID) 공대에 가고 싶어졌습니다(서울대 공대 우수학생센터 공우/메가스터디북스) 인간은 필요 없다 (제리 카플란/한스미디어)
계열 6	의학계열	오싹한 의학의 세계사 (데이비드 하빌랜드/베가북스) 뇌는 어떻게 자존감을 설계하는가 (김학진/갈매나무) 아픔이 길이 되려면 (김승섭/동아시아)
계열 7	예체능계열	뮤지컬 인문학 (송진환, 한정아/알렙) 성공하는 스포츠 비즈니스 (박성배/북카라반) K-POP 케이팝 성공방정식 (김철우/21세기북스)

제1장

교육

◈ 교육 영역 소개 ◈

#교육 분야 소개

교육계열은 교육일반, 유아교육, 특수교육, 초등교육, 중등교육 등으로 구성된다. 교육 일반은 학생들을 교육할 수 있는 수업 방식이나 각종 교육 이론과 정책 등을 탐구하고, 유아교육은 영유아기 아동들을 가르치는 분야이며, 특수교육은 신체적·정신적으로 불편한 학생들을 가르치는 분야이다. 초등교육은 초등학교 교사를 양성하기 위한 분야이고, 중등교육은 중학교와 고등학교 교사를 양성하기 위한 학문 분야이다.

#교육계열 미래 전망과 진로 독서

교육은 앞선 역사에서 축적된 모든 지식과 문화를 후세에게 전달하는 일이며, 인간의 무한한 가능성을 계발하여 새로운 지식과 문화를 창출하는 숭고한 일로 국가와 민족의 미래 운명을 결정하는 중대사이다. 이 목적을 달성하기 위해 교육계열은 이러한 중대사에 종사할 교사와 교육 지도자를 양성하고, 교육 일반과 교과 교육원리의 교수 및 연구에 종사할 학자를 배출함을 목표로 하는 계열이다. 교육계열은 교육 일반의 이론과 교육활동의 원리를 내용으로 하는 교직 이론 영역, 각 교과의 지식과 원리를 내용으로 하는 교과 교육 영역, 그리고 각 교과의 내용과 구성에 관한 교과 내용 영역 등을 기초로 학과 편제가 이루어진다. 유아교육학의 연구 분야는 유아의 신체, 인지, 사회, 정서, 언어 등 제 발달적 측면을 다루는 발달심리학, 발달 특성에 기초한 유아교육학, 일반교육학, 유아교육과정 구성에 지지기반이 되는 교육철학, 아동사회학, 아동복지학 등이 있다.

교육부와 한국교육개발원의 학과 전공 분류 자료집(2022)에 따르면, 최근 인공지능, 지능형 로봇, IoT, 빅데이터, 바이오 등 과학기술의 발전으로 직업 세계에 많은 변화가 일어나고 있다. 또한, 다양한 분야의 기술이 융합하면서 교육 분야도 많은 변화가 요구되고 있다. 따라서 특수교육학 분야도 의학, 심리학, 과학, 철학, 생리학, 영양학, 사회학 및 교육학을 바탕으로 의료교육학, 치료교육학, 재활교육학, 정형교육학 분야 등으로 넓히고 있고, 인문교육 분야도 기초학문과 응용학문, 인문과학과 사회과학에 관한 폭넓은 지식을 쌓을 수 있는 종합 학문적인 성격을 띤다. 동서양의 철학·윤리와 각종 정치사회사상, 사회문제, 통일문제 등을 연구할 뿐만 아니라, 인문과학지식과 사회과학지식을 습득하여 이를 교육과 연결한다. 자연계 교육 분야는 가정교육, 건축교육, 물리교육, 수학교육, 생물교육 등 가정학, 건축학, 물리학, 생물학 등 관련 이론을 연구하는 분야이다.

교육 분야를 진로로 하는 학생들은 미래 사회를 창조해 나갈 학생을 양성한다는 사명감으로 제자를 대면하여 가르쳐야 하므로 경청과 표현력, 리더십, 통합능력, 의사소통 능력 등을 신장해 나가는 것이 필요하다. 따라서 이 책에서 제시하고 있는 다양한 진로 독서 활동을 통해 미래 역량을 키워나가는 것이 무엇보다 중요하다.

◈ 교육 도서 목록 ◈

순	영역	진로정보	교과정보	도서명	집필자	비고
1	교육	교육자/교사	교육의 이해	가르칠 수 있는 용기	임희종	대표
2	교육	교육학자/교사	교육의 이해	아이들은 한 명 한 명 빛나야 한다	임희종	대표
3	교육	교육학자/교사	교육의 이해	2025 미래교육 대전환	임희종	
4	교육	장학사/교육전문가	교육의 이해	AI 교육 혁명	임희종	
5	교육	교육전문가/교사	교육의 이해	교사, 수업에서 나를 만나다	임희종	
6	교육	교육전문가/교사	교육의 이해	교실 속 자존감	임희종	
7	교육	교육학자/교육전문가	교육의 이해	교실이 없는 시대가 온다	임희종	
8	교육	교육학자/교사	교육의 이해	논어, 사람의 길을 열다	임희종	
9	교육	교육학자/교사	교육의 이해	대한민국 미래교육 콘서트	임희종	
10	교육	교육전문가/언론관련직	매체 의사소통	모리와 함께 한 화요일	강인진	
11	교육	교육학자/교사	교육의 이해	삶으로 가르치는 것만 남는다	임희종	
12	교육	교육 전문가 및 관련직	주제탐구 독서	에밀	강인진	
13	교육	교육전문가/교사	교육의 이해	연어	임희종	
14	교육	정치철학자/교육전문가	교육의 이해	우리들의 일그러진 영웅	임희종	
15	교육	교육자/교사	교육의 이해	인생 수업	임희종	
16	교육	교육학자/교사	교육의 이해	일제강점기 저항과 계몽의 교육사상가들	임희종	
17	교육	교육학자/교사	교육의 이해	차세대의 행복이 나의 삶 전부였다	임희종	
18	교육	교육전문가/교사	교육의 이해	창가의 토토	임희종	
19	교육	교사/사서교사	공통국어 2	책을 지키려는 고양이	김혜연	
20	교육	교육학자/교사	교육의 이해	청소년을 위한 에이트	임희종	
21	교육	교육학자/교육전문가	교육의 이해	핀란드 교육혁명	임희종	
22	교육	교육자/교사	교육의 이해	한나 아렌트, 교육의 위기를 말하다	임희종	

1. 가르칠 수 있는 용기

도서정보	파커 J. 파머(이종인) / 한문화 / 2013년 / 376쪽 / 15,000원	
진로정보	교육 – 교육자, 교사	
교과정보	교육의 이해	[12교이01-02] 기존의 교육 개념과 새롭게 강조되고 있는 교육 개념을 비교 분석하여 그 특징을 이해하고 이를 바탕으로 교육에 관한 자신의 관점과 태도를 정립한다.

도서소개 #어떤 책일까?

지성·감성·영성을 하나로 통합하는 가르침에 대한 저자의 통찰과 다양한 실험의 결정판이라고 할 수 있는 이 책은 생생하고 감동적인 방식으로 가르침의 희망과 용기, 열정을 불러일으킨다. 교사의 내면적 생활을 탐구하는 동시에, 교사의 고독한 영혼을 넘어서는 사회적인 질문을 제시한다. 개인과 집단의 생존 및 삶의 질에 중요한 문제인 가르침과 배움에 관한 다양하고 깊은 통찰을 담아내고 있다.

진로탐색 #무엇을 더 볼까

관련매체 : 파커 파머의 '가르침과 배움의 영성'

관련도서 : 『침묵으로 가르치기』 (도널드 L 핀켈, 다산초당)

진로토론 #무엇을 이야기해 볼까

1. 어떻게 하면 진정한 교사로서 성장할 수 있을까?
2. 가르침과 배움을 지원하는 커뮤니티는 무엇인가?
3. 존경하는 선생님이 있다면 무엇을 닮고 싶은가?
4. '주제를 중심에 두고 가르친다'라는 말을 설명해 보자.
5. 가르치는 것에 대해 동료 교사들과 무엇을, 어떻게 대화할 수 있을까?

진로활동 #무엇을 해 볼까

1. 존경하는 선생님의 말씀 중 기억에 남는 이야기가 있다면 정리해 발표해 보자.
2. 가르침과 배움 중 어느 것이 더 중요하다고 생각하는지 논설문을 써 보자.

◈ 책 이야기 ◈

1. 이 책에서 가장 인상 깊게 읽은 부분을 찾아 써보고, 이유를 말해 보자.

2. 필자가 이 책의 핵심 주제를 "교사의 자아의식이란 무엇인가?"로 삼은 이유를 본문의 내용을 활용하여 정리해 보자.

지금은 진정한 교육개혁이 정말 필요한 시점이기 때문에 - 우리는 이러한 이상을 실현하지 못한 채 교육 제도만 자꾸 바꿔 왔다. - 우리가 발견할 수 있는 모든 길에 탐사대를 내보내야 한다. 이 책의 주제를 끝까지 고집한 데에는 또 다른 이유가 있었다.

"교사의 자아의식은 무엇인가?"라는 질문은 교사인 나에게는 핵심적인 질문이었다. 나는 이것이 교육과 교육자에게 던질 수 있는 가장 기본적인 질문이라고 생각한다. 이 문제를 열린 마음으로 정직하게 거론함으로써 우리는 학생들에게 좀 더 충실하게 봉사할 수 있고 우리 자신의 안정감을 느낄 수 있으며, 교사들과 공동의 연대를 맺을 수 있을 뿐만 아니라 교육이 이 세상의 빛과 소금이 될 수 있게 할 수 있다.(파커 J. 파머)

가르치는 자의 내면 풍경을 개척해 주는 것을 탐구하기 위해서이다. 교육 개혁운동에서도 가장 중요한 것은 더 이상 분열된 삶을 살지 않겠다는 교사 개인의 용기, 즉 진정한 가르침을 포기하지 않겠다는 결심이라는 점을 강조한다. 진정한 교육개혁이 필요하다고 하면서 제도 개혁만 하다가 이 지점에 이르게 되었다. 교사가 변화되어야 진정한 교육개혁이 가능하다.

3. 교사의 공포심은 어디서 오는 것인가?

1) 본문에서 먼저 찾아보자.

교사가 학생을 두려워할 때는 학생들이 침묵할 때, 통제하기 어려운 상황을 만났을 때, 말도 안 되는 갈등이 벌어졌을 때 등이다.

2) 오늘날 학교 현장에서 찾아보고, 그 원인은 어디에 있는지 알아보자.

◈ 질문하고 토론하고 ◈

* 영상자료를 통해 알게 된 내용들을 질문에 따라 정리해 보자.
* 주어진 질문 외 새로운 질문을 만들 수 있습니다.

[영상 자료]
가르침과 배움의 영성

1. '지성'의 교육과 '마음'의 교육의 차이점을 정리해 보자.

지성	마음
호기심과 지배욕	자비와 사랑
구별하고 분석	삶이 하나됨을 인정
분리, 정복, 조작	공동체성, 상호성, 책임성
관찰하기	관계맺기
평가자와 관람자	참여자

2. '공간을 창조하는 교육'으로 제시하고 있는 것은 무엇인가?

모르는 것은 부끄러운 것이 아니다. (환대가 필요한 교실)
논쟁에서 이기기 위한 질문을 하지 마라. (진리를 위한 질문을 하라)
공간을 채우기 위해 말하지 마라. (공간을 열어주기 위해 침묵하라)
감정을 드러내지 마라. (감정을 위한 공간을 만들라)
갈등을 드러내지 마라. (합의를 통해 진리를 추구하라)

3. 가르치는 자는 영적으로 자라가야 한다고 하는데 그 방법은?

고백하라. 자리를 바꿔라. 체험하라.

4. 많은 책을 통해 독자들에게 참된 가르침을 주고 있다는 말에 작가의 응답은?

내가 당신들을 바꾼 것이 아닙니다. 당신이 내가 쓴 글을 읽으며 당신의 언어로 번역했기 때문에 당신이 변한 것입니다. 오히려 독자인 당신에게 고맙습니다.

◈ 진로 이야기 ◈

1. 포스트모더니즘 사회에서 가르치는 자가 어려운 이유는 무엇인가?

2. 배움이 더 중요하게 여기는 사회에서 '가르침'을 이야기할 때, 학교나 사회에서 어떤 반응일까? 토론해 보자.

3. 지금까지 삶의 과정에서 가장 존경하는 선생님과 가장 감명 깊었던 가르침은 무엇인지 글로 써보고, 왜 그런지 그 이유를 이야기해 보자.

4. 내가 미래 교사가 되어 가르치는 분야가 있다면, 그때 가르칠 주제와 내용을 간략하게 적어 보자.

5. 발표한 내용 및 친구들과 함께 토론한 것 중 학교생활기록부에 기록하고 싶은 내용을 적어 보자.

2. 아이들은 한 명 한 명 빛나야 한다

도서정보	앨런 코커릴(함영기) / 한울림 / 2019년 / 288쪽 / 15,000원	
진로정보	교육 - 교육학자, 교사	
교과정보	교육의 이해	[12교이01-02] 기존의 교육 개념과 새롭게 강조되고 있는 교육 개념을 비교 분석하여 그 특징을 이해하고 이를 바탕으로 교육에 관한 자신의 관점과 태도를 정립한다.

도서소개 #어떤 책일까?

『아이들은 한 명 한 명 빛나야 한다』는 구소련의 교육자 중 한 사람인 바실리 수호믈린스키의 교육사상과 교육적 실천을 담고 있는 책이다. 그는 아이들을 향한 깊은 사랑을 바탕으로 지성과 신체, 직업교육뿐만 아니라 도덕과 미적 차원의 조화로운 발달을 강조했다. 아울러 국가와 사회의 일원으로서 개인이 갖는 권리와 책임에 대해서도 깊이 성찰하였다. 특히 파블리시 학교에서 23년간 교사이자 교장으로 근무하면서 경험한 생생한 교육 사례들은 이론과 실천이 어떻게 통합되고 진화하는지를 보여 준다. 이 책을 읽으면서 '포스트모더니즘 사회에서도 전인교육이 의미와 가치를 지니는가?'라는 질문을 던지고, 오늘의 현장 교육을 비판적으로 살펴보고 대안을 제시하는 계기가 되기를 바란다.

진로탐색 #무엇을 더 볼까

관련매체 : 교사는 어떻게 탄생하는가? (스웨덴 교육학교)
관련도서 : 『누가 창의력을 죽이는가』
(켄 로빈슨·루 에로니카, 21세기북스)

진로토론 #무엇을 이야기해 볼까

1. 가르치는 것과 배운다는 것은 어떤 관계일까?
2. 배움이 중요하게 대두되는 이유는 무엇일까?
3. 교사에게 필요한 자질은 무엇이 있을까?
4. 학부모 교육이 왜 필요한지 이야기를 나누어 보자.
5. 고교 교육이 대학 입시에 집중함으로써 나타나는 문제점은 무엇일까?

진로활동 #무엇을 해 볼까

1. 21세기 정보혁명과 관련하여 전인교육의 필요성에 대해 게시판에 글을 올려 보자.
2. 우리나라 교육의 문제점에 대한 대책을 작성하여 국회에 제안해 보자.

◈ 책 이야기 ◈

1. 교육 이상의 실현을 위해 교사에게 필요한 4가지 자질은 무엇인가?

첫째, 아이들을 좋아하고, 아이들 생각에 공감하며, 함께하는 것을 즐거워하며, 그들에게 선 천적 선량함이 내재되어 있다는 신념을 갖는 것, 둘째, 자신이 가르치는 과목에 열정이 있어 최신 정보를 꿰뚫는 사람, 셋째, 심리학과 교육사상에 조예가 깊어야 하며, 넷째, 학생들에게 전수해줄 노동 기술이 있는 교사이다.

2. 필자가 전인교육의 방법으로 도덕교육, 신체교육, 지식교육, 노동교육, 예술교육을 제시하고 있다. 이 중 파블리시 학교의 전인교육으로서 예술 교육은 어떻게 하고 있는지 이야기해 보자.

읽기 쓰기 교육과 마찬가지로 수호믈린스키는 '자연으로 떠나는 소풍'을 음악 감상에 입문하는 방법으로 자주 사용했다. 이를테면 림스키 코르사코프의 <왕벌의 비행>을 감상하기 전에 하급반 학생들을 목초지로 데려가 그곳의 소리를 들려주는 식이었다.
(2021힐링콘서트 왕벌의비행/인천 뉴필하모닉 오케스트라-YouTube)

3. 필자는 지식교육의 주된 목적이 주어진 양의 지식을 습득하는 데 있지 않고, 삶의 철학을 발전시켜 나가는 데 있다고 주장하였는데, 그가 특히 강조한 것은?

학생들이 습득한 지식은 인생의 행로를 결정하는 자기 신념에 기여해야 하며, 학습은 평생에 걸친 과정이기 때문에 일정량의 정보를 습득하는 것보다 창조성, 탐구심을 계발하는 것이 더 중요하다고 하였다.

4. 수호믈린스키는 사회주의 국가의 교장임에도 학교 현장에서 교육철학을 전혀 흔들림 없이 오롯이 실천하는 교육자였다. 그의 '교육 유산'을 정리해 보자.

개인의 특성은 셀 수 없이 다양하다. 누구든 창조자가 되어 이 세상에 흔적을 남길 수 있다. 이것이 우리가 꿈꾸는 미래 사회를 건설하려는 목적이다. 바람에 날리는 먼지처럼 어떤 사람도 '아무것도 아닌 사람'이 되어서는 안 된다. 아이들은 한 명 한 명 빛나야 한다. 어마어마하게 많은 별이 하늘에서 빛나는 것처럼.

5. 필자가 제시하고 있는 사회적 병폐의 원인과 시민교육의 개념은 무엇인가?

사회적 병폐는 그릇된 양육과 인도적인 교육의 부재, 다른 사람에 대한 책임 의식 교육의 실패에서 비롯한다고 보았다. 그에게 시민의 책임 의식 교육은 의무감과 근면함, 애국심을 심어주는 것을 의미했다.

◈ 질문하고 토론하고 ◈

* 영상자료를 통해 알게 된 내용들을 질문에 따라 정리해 보자.

* 주어진 질문 외 새로운 질문을 만들 수 있습니다.

[영상자료]

"스스로 질문하고 생각하는 힘"…미래 교육, 어디로? (EBS뉴스 2023. 12. 22)

1. 위 자료를 보고 '우리나라 미래 교육 트렌드'에 대해 더 알게 된 것을 정리해 보자.

2022 개정 교육과정에서는 전문가뿐 아니라 AI, 공간, 생태환경 등 각 분야 전문가가 미래 사회에서의 필수적인 인간상과 미래 사회를 살아가기 위한 핵심 역량들 - 특히 '포용성과 창의성을 갖춘 주도적인 사람' - 자기관리 역량(자기주도성), 지식정보 처리 역량, 창의적 사고 역량, 심미적 감성 역량, 협력적 소통 역량, 공동체 역량이 핵심 역량이다.

2. 디지털 기술을 활용한 개인별 맞춤형 학습 제공에 관해서 이야기를 나누어 보자.

미래 사회에서는 교사의 계획 안에서 AI가 가르치고, 교사는 학생들이 더 깊은 수준의 배움에 도달할 수 있도록 격려하고 조력하게 될 것이다. 학생들은 챗GPT와 같은 대화형 AI를 통해 소크라테스식 대화에 참여하게 되며, 교사는 학생들이 챗GPT에 답을 바로 요청하기보다 AI와 대화를 통해 생각을 정리할 수 있도록 조력할 것이다.

3. 교권과 학생 인권은 대립적인가? 이에 대해 자신의 견해를 써보고 토론해 보자.

학생 인권과 교권은 대립 관계가 아니다. 학생은 독립된 개인으로 천부의 인권을 누려야 하는 존재이며, 학생 인권은 국제인권조약과 헌법의 가치를 교육 영역에서 실현하고자 하는 법률적 개념이다. 또한 학습권은 헌법이 보장한 권리이고, 이를 잘 수행하기 위한 수단적 권한이 교권이다. '헌법상 교육받을 권리를 포함한 학생 인권 실현'을 위해 교권이 필요하다.

4. 현장 교사들이 생각하는 시급한 교육 현안은 무엇인가?

교육 현장에서 학습자들의 성장을 돕고, 미래의 교육 방식에 대한 새로운 가능성을 열어갈 수 있는 핵심 주체는 교육부도, 교육청도, 에듀테크가 아니라 교사이다. 따라서 교사가 이를 제대로 수행하도록 가르치는 일 외에 과다한 업무에서 해방되어야 한다.

◈ 진로 이야기 ◈

1. 우리나라 혁신학교 교육철학과 수호믈린스키가 제안하는 전인교육의 공통점과 차이점을 자료를 찾아 정리해 보자.

2. 고등학교가 대학 입시 제도에 붙들려 21세기 미래 인재가 갖추어야 할 역량을 키워내지 못하고 있다면 그것이 무엇인지 토론해 보자.

3. 디지털 시대 "교사는 사라질 직업인가? 아니면 더 필요한 직업일까?"에 대해 조사해 보고, 교사가 필요하다면 어떤 역할인지 정리해 보자.

많은 전문가는 AI 기술을 사용하는 사람의 의도, 생각, 도덕성에 따라 미래 사회에 상반된 결과를 가져올 것이라고 말한다. 급격한 변화 앞에서 아이들에게 어떤 기준과 생각을 가지고 어떻게 살아야 하는지 알려 주는 것, 즉 인성교육은 해도 되고 안 해도 되는 것이 아니라 아이들의 행복한 삶을 위해 필요한, 급변하는 시대에서 미래를 살아갈 아이들에게 가장 시급하고 중요한 교육이다. 따라서 교사는 더욱 필요한 존재가 될 것이다.

4. 미래 교육자가 되기 위해 내가 품고 있는 '나의 교육관'을 정리해 보고, 이를 발표해 보자.

5. '교사'가 되기 위해 관련된 대학의 학과를 찾아 소개해 보자.

3. 2025 미래교육 대전환

도서정보	김보배 / 길벗 / 2022년 / 268쪽 / 17,000원	
진로정보	교육 - 교육학자, 교사	
교과정보	교육의 이해	[12교이04-02] 디지털 정보 기술과 인공지능 기술로 인한 미래 학습 환경과 교육 방법의 변화를 예측해 보고 미래 교수·학습의 주체에게 요구되는 역량이 무엇인지 탐색한다.

도서소개 #어떤 책일까?

코로나 팬데믹은 최첨단 IT기술을 활용한 온라인 교육을 시행하도록 함으로써 거의 모든 학생과 교사, 학부모들이 이를 경험하게 되었다. 배우고 싶은 것들은 인터넷상에서 다양한 채널을 통해 소통하며 배울 수 있다. 이렇게 교실 교육을 넘어선 시대, 우리는 아이들에게 무엇을 가르치고, 어떠한 교육을 제공해야 할까? 하버드 등 세계 교육을 선도하는 대학은 온라인으로 교육 채널을 분산하고 누구나 학습할 수 있는 환경으로 전환하고 있다. 이 책은 2022 개정 교육과정이 제시하는 변화의 방향성, 학업 성취도 평가의 변화 등을 예측할 수 있다.

진로탐색 #무엇을 더 볼까

관련매체 : 디지털 대전환 시대, 미래교육으로 준비한다 (미래교육 편)
https://www.youtube.com/watch?v=LFai8TS_RAc

관련도서 : 『미래교육』 (최우성, 성안당)

진로토론 #무엇을 이야기해 볼까

1. 기존의 오프라인 교육에 대비하여 온라인 교육의 특장점은 무엇일까?
2. 오프라인 학습과 온라인 학습, 미래 세대를 위해 어떤 것이 좋을까?
3. 진로 적성이 핵심인 고교학점제의 정착 조건은 무엇인가?
4. AI와 경쟁할 것인가? 공존할 것인가?
5. 맞춤형 온라인 학습과 연결하는 방법과 절차는 무엇일까?

진로활동 #무엇을 해 볼까

1. 하버드, MIT, 스탠퍼드 대학 홈페이지에 들어가 나에게 적합한 학과에 입학할 수 있는지 알아보자.
2. 미네르바 스쿨을 찾아보고, 우리나라에도 이와 같은 유형의 대학이 있는지 찾아보자.

4. AI 교육 혁명

도서정보	이주호 외 2 / 시원북스 / 2021년 / 248쪽 / 16,000원	
진로정보	교육 – 장학사, 교육전문가	
교과정보	교육의 이해	[12교이04-02] 디지털 정보 기술과 인공지능 기술로 인한 미래 학습 환경과 교육 방법의 변화를 예측해 보고 미래 교수・학습의 주체에게 요구되는 역량이 무엇인지 탐색한다.

도서소개 #어떤 책일까?

21세기 새로운 미래를 살아갈 우리 자녀들을 위해 학교 교육이 어떤 역할을 해야 하는지에 대한 실천적 대안과 비전을 담은 책이다. 인공지능 시대에 교육은 무엇을 가르쳐야 하고, 어떻게 가르쳐야 하는가에 대한 구체적인 논의는 필수 담론이 되고 있다. 미래에 필요한 역량을 키우는 내용을 근본적으로 혁신하는 동시에, 가르치는 방식도 인공지능을 활용하여 학생 개개인의 요구에 맞춘 '개별화 교육'은 어떤 방법이 있는지 제시하고 있다. 인공지능의 뛰어난 기술을 활용하여 이제 경쟁 학습이 아니라 학생 개개인의 역량 및 성취를 하나하나 제공하여 삶의 질을 높여가는 교육을 열 수 있다고 제안한다.

진로탐색 #무엇을 더 볼까

관련매체 : 코로나시대 AI 교육혁명의 변화
https://www.youtube.com/watch?v=qILIqeUBsdQ

관련도서 : 『에듀테크의 미래』 (홍정민 지음, 책밥)

진로토론 #무엇을 이야기해 볼까

1. 인공지능과 만나는 교육은 어떤 형태로 디자인되어야 하는지 이야기해 보자.
2. 인공지능 시대에는 무엇을 배워야 할지 생각해 보자.
3. 인공지능 시대의 '6C' 핵심 역량에 관해 이야기해 보자.
4. 교사의 조력자로서 인공지능은 어떤 역할을 할 수 있을지 말해 보자.
5. 하이터치 하이테크는 학생들에게 어떤 도움을 줄 수 있을지 정리해 보자.

진로활동 #무엇을 해 볼까

1. 모두를 위한 '착한' 인공지능으로서 자리매김하기 위한 윤리적 기준은 어떻게 세워야 할까?
2. 디지털 리터러시 시민성 교육이 미래 교육에서 왜 필요한지 조사해 보자.

5. 교사, 수업에서 나를 만나다

도서정보	김태현 / 좋은교사 / 2012년 / 352쪽 / 18,000원	
진로정보	교육 - 교육전문가, 교사	
교과정보	교육의 이해	[12교이02-01] 학습에 대한 다양한 관점에 기반하여 학습의 의미와 원리를 이해하고 자신에게 맞는 효과적인 학습 전략과 방법을 탐색하고 적용한다.

도서소개 #어떤 책일까?

교사 스스로 수업을 개선하기 위해 동료 교사와 수업 나눔의 공동체를 만들고, 동료 교사와 수업을 성찰하면서 수업을 잘할 수 있는 내면의 힘을 길러야 한다고 저자는 생각한다. 그래서 수업 친구를 만들어 서로를 돌아보며, 한국의 교실 상황과 한국의 교사들이 겪고 있는 어려움을 이야기 나누고, 직접 교실에서 아이들과 수업하는 자신을 돌아보면서 얻은 통찰을 잔잔하게 전하고 있다. 자신의 수업을 성찰한다는 것이 갖는 또 다른 가르침의 지평을 생각하게 한다.

진로탐색 #무엇을 더 볼까

관련매체 : 수업 성찰이란? https://www.youtube.com/watch?v=k9y_D3NAAKA
관련도서 : 『공부 공부』 (엄기호, 따비)

진로토론 #무엇을 이야기해 볼까

1. '수업 속에서 나를 본다'라는 말의 의미를 알아보자.
2. '배움이 있는 수업'이 대학 입시에도 도움이 된다는 신념이 있는가?
3. 수업 속에서 존중의 관계를 만드는 데 두려움은 없는가?
4. 학생들의 말을 기다려 주고, 들어주고, 공감해 주고 있는가?
5. 수업 속에서 나의 삶을 성찰하고 있는가?

진로활동 #무엇을 해 볼까

1. 교사 내면을 세우는 수업 친구를 만들어 수업 나눔을 해 보자.
2. 수행 평가과 내신 평가는 어떻게 하는 것이 좋은가? 어느 쪽이 객관적일까?
3. 수업 변화를 위해서 교육청, 연수원, 학교 관리자, 교사가 해야 할 일은 각각 무엇이 있을까?

6. 교실 속 자존감

도서정보	조세핀 김 / 비전과리더십 / 2014년 / 247쪽 / 14,000원	
진로정보	교육 – 교육전문가, 교사	
교과정보	교육의 이해	[12교이02-01] 학습에 대한 다양한 관점에 기반하여 학습의 의미와 원리를 이해하고 자신에게 맞는 효과적인 학습 전략과 방법을 탐색하고 적용한다.

도서소개 #어떤 책일까?

하버드대 교수가 제시하는 교실 속 자존감의 처방전이다. 낮은 자존감으로 나타나는 우울증, 자살, 자해 등 학생의 다양한 증상들을 소개한 후 자존감이 무엇이며, 학교에서 자존감이 왜 중요한지, 자존감은 어떻게 형성되는지를 치밀하게 서술한다. 또한, 조회와 종례 시간 10분으로 자존감을 높이는 방법은 무엇이 있는가? 교실을 따듯하고 안전한 공간으로 만드는 법, 교사와 학생들 간에 신뢰 관계를 쌓는 법 등을 통해 교사로서 자존감을 체크하고 학생을 살리는 교사가 되기 위한 구체적인 가이드를 제시한다. 각종 학교폭력과 학부모의 무분별한 행동으로 자존감이 무너진 학교 현장의 대안을 찾고 교사와 학생 서로 자존감 회복의 계기를 만들어 보자.

진로탐색 #무엇을 더 볼까

관련매체 : 자존심은 강한데 자존감은 낮은 사람
https://www.youtube.com/watch?v=pEIiRW4EvpM

관련도서 : 『자존감 수업(청소년을 위한)』 (이형준, 하늘아래)

진로토론 #무엇을 이야기해 볼까

1. 자존감과 자존심은 차이점을 이야기해 보자.
2. 학생의 미래는 자존감에서 시작된다고 한다. 자존감을 높이는 방법은?
3. 학생들과의 대화에서 유용한 경청법에는 어떤 것이 있는가?
4. 자존감을 높이는 교사라는 관점에서 나는 어떤 교사인가?
5. 학생들을 살리는 교사 되기 십계명에는 무엇이 있는가?

진로활동 #무엇을 해 볼까

1. '학생들'이 아닌 '한 학생'으로 본다는 것은 어떤 의미일까? 이야기를 나누어 보자.
2. 학생과 함께 호흡하는 선생님이 되는 방법에는 무엇이 있을까? 글로 적어 보고 발표해 보자.

7. 교실이 없는 시대가 온다

도서정보	존 카우치, 제이슨 타운(김영선) / 어크로스 / 2020년 / 312쪽 / 15,000원	
진로정보	교육 – 교육학자, 교육전문가	
교과정보	교육의 이해	[12교이04-02] 디지털 정보 기술과 인공지능 기술로 인한 미래 학습 환경과 교육 방법의 변화를 예측해 보고 미래 교수・학습의 주체에게 요구되는 역량이 무엇인지 탐색한다.

도서소개 #어떤 책일까?

포스트 코로나 시대에는 온라인 학습이나 원격 수업은 새로운 표준이 되고 있다. 인공지능 등의 최첨단 기술이 교육과 만나면서, 학습이 더 이상 교실에만 머무르지 않는 시대가 된 것이다. 애플, 구글, 마이크로소프트 등 글로벌 테크놀로지 기업들은 기술이 지닌 무한한 가능성이 학습 성과를 더 높일 수 있다고 확신하고 있다. 이 책은 원격 교육 시대 우리가 주목해야 할 교육의 본질은 무엇인가에 대한 모범적인 대안을 제시하고 있다. 존 카우치가 말하는 디지털 시대의 교육에서 우리가 놓쳐서는 안 될 것은 무엇인가? 디지털 시대, 어떻게 가르치고 배워야 할 것인가? 이 질문에 답을 찾는 일은 미래 교육의 새 페러다임을 재구하는 길일 것이다.

진로탐색 #무엇을 더 볼까

관련매체 : 미래교육 플러스 - 새로운 교과서가 온다
https://www.youtube.com/watch?v=mx5d6vyDqgQ
관련도서 : 『하이테크 시대의 기능교육』 (모리 가즈오, 인터비전)

진로토론 #무엇을 이야기해 볼까

1. 눈앞에 없는 아이들을 어떻게 수업에 참여시킬 수 있을까?
2. 미래의 교육에서 교사는 무엇을 가르쳐야 하는가?
3. 어떻게 기술이 최고의 학습 성과를 끌어낼 것인가?
4. 도전 기반 학습으로 콘텐츠 소비자에서 창작자로 어떻게 변화시킬 수 있을까?
5. 디지털 네이티브의 미래는 밝기만 한 것일까?

진로활동 #무엇을 해 볼까

1. 도전 기반 학습인 "느껴라, 상상하라, 하라, 공유하라."의 구체적 사례를 만들어 보자.
2. 과연 하이테크 기술이 교사를 대체할 수 있을까? 논설문을 써서 기고해 보자.

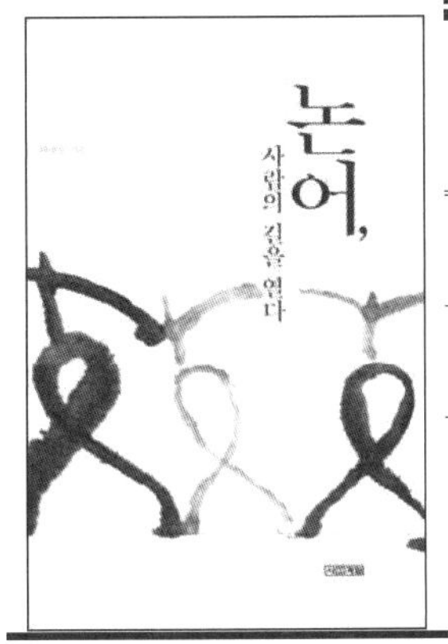

8. 논어, 사람의 길을 열다

도서정보	배병삼 / 사계절 / 2014년 / 316쪽 / 16,500원	
진로정보	교육 – 교육학자, 교사	
교과정보	교육의 이해	[12교이01-02] 기존의 교육 개념과 새롭게 강조되고 있는 교육 개념을 비교 분석하여 그 특징을 이해하고 이를 바탕으로 교육에 관한 자신의 관점과 태도를 정립한다.

도서소개 #어떤 책일까?

『논어』에는 정치적 비전과 경제 운용 원칙, 예술에 대한 가치 판단, 일상생활에까지 두루 미치는 성숙한 인격 등 아름다운 인간 문명의 모습이 오롯하다. 이 책을 통해 공자의 사상을 현대의 관점에서 살펴보면서 우리 전통 사회를 형성해 온 뿌리를 조금이나마 이해할 수 있다. 그리고 논어를 통해 동양 사상이 현재 우리에게 어떤 지혜를 주며 또 어떤 의미가 있는가를 생각해 볼 수 있게 한다. 이 책은 논어가 제시하는 쟁점을 풀어내어 청소년들이 제대로 『논어』의 문제의식과 그것들이 품고 있는 지혜를 알 수 있도록, 내용 그 자체에 매몰되지 않고 제대로 읽기를 시도하고 있다는 점에서 변별된다.

진로탐색 #무엇을 더 볼까

관련매체 : 혼란한 시대 논어가 길을 열어 주다
https://www.youtube.com/watch?v=JW3T9Nxywxk

관련도서 : 『논어』 (공자, 현대지성)

진로토론 #무엇을 이야기해 볼까

1. 논어는 왜 <학이편>을 가장 앞에 배치했는지 생각해 보자.
2. 필자가 『논어』 독법을 '경쾌한 글 읽기'로 명명한 이유를 알아보자.
3. 공자가 다양한 제자를 둘 수 있었던 근본 이유는 어디에 있는지 말해 보자.
4. 공자는 배우려는 자를 차별하지 않았다. 그의 학생관을 이야기해 보자.
5. 논어의 가르침 중 오늘날 함께 얘기할 만한 것을 찾아 발표해 보자.

진로활동 #무엇을 해 볼까

1. 공자학교는 '질문하지 않으면 답하지 않는다'라는 원칙을 지켰다. 논어 속의 궁금증을 질문으로 발표해 보자.
2. 공자의 국가 경영 요체는 '균등한 분배, 화목한 사회, 그리고 안정된 생활'이었다. 오늘 우리 사회와 비교하는 표를 만들어 보자.

9. 대한민국 미래교육 콘서트

도서정보	근장현 / 공명 / 2019년 / 300쪽 / 16,000원	
진로정보	교육 – 교육학자, 교사	
교과정보	교육의 이해	[12교이03-01] 교육 제도가 형성되고 변화해 온 역사적 배경과 사회적 맥락에 비추어 현대 교육 제도의 특징과 문제점을 분석하고 미래 발전 방향을 탐색한다.

도서소개 #어떤 책일까?

우리 교육이 미래 세계가 요구하는 인재상에 맞춰 하루빨리 탈바꿈해야 한다고 주장하는 교육전문가로서 현실 진단과 구체적인 변혁 방법이 담긴 책이다. 다가오는 미래 담론이 넘쳐나는 시대에 부모가, 학교 현장의 교사가 아이들을 위한 교육을 어떻게 준비하고 열어가야 하는지에 대한 방향을 제시해 주고 있다. 현직 진로 교사인 저자가 대한민국 교육이 바뀌어야 할 방향에 대해 교육당국과 학교, 학부모가 머리 맞대고 미래 교육 혁명을 이루어 나갈 것을 제안하는 실천적 교육 담론이다.

진로탐색 #무엇을 더 볼까

관련매체 : AI 인공지능과 새로운 창의성, 미래사회 우리 삶과 문화예술교육
https://www.youtube.com/watch?v=k1T3ALnfX8s

관련도서 : 『인공지능시대, 창의성을 디자인하라』 (조병익, 동아엠앤비)
『창의력 교육, 어떻게 할 것인가?』 (앨런 조던 스타코, 한언)

진로토론 #무엇을 이야기해 볼까

1. 아이들의 미래가 급속히 바뀌고 있는 지금 어떤 교육을 해야 할까?
2. 미래 세계가 요구하는 인재상은 무엇일까?
3. 미래 교육을 위해서는 진학보다 진로에 초점을 맞춰야 하는 이유는?
4. 자신이 하고 싶은 것과 자신이 잘할 수 있는 것의 차이는 무엇인가?
5. 미래를 위해 현재의 교육과정과 내용에 대한 대수술이 필요하다면 어느 부분에서 해야 할까?

진로활동 #무엇을 해 볼까

1. '대학 진학률 세계 1위'라는 현실이 미래 아이들에게 축복일까?
2. 4차 산업혁명 시대, 100세 시대에도 여전히 입시 준비라는 한 가지 목적에만 매달리는 대한민국 교육, 어떻게 변해야 할까?

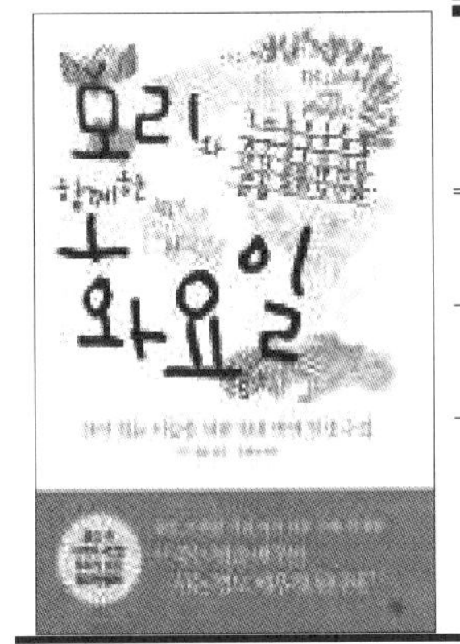

10. 모리와 함께한 화요일

도서정보	미치 앨봄(공경희) / 살림 / 2017년 / 280쪽 / 15,000원	
진로정보	교육 – 교육전문가, 언론 관련직	
교과정보	매체 의사소통	[12매의01-06] 개인적·사회적 관심사에 대한 자신의 관점이 드러나는 주제를 선정하여 설득력 있는 매체 자료를 제작하고 공유한다.

도서소개 #어떤 책일까?

내가 지금껏 살면서 또는 학교에 다니면서 진정한 스승이라고 생각하는 분을 만난 적이 있나 생각해 보게 하는 도서이다.

힘들게 현실을 살던 제자가 아픈 스승을 떠올리며 그를 만나 마음의 위로를 얻는다. 아픈 사람에게서 위로받는다니 아이러니하지만, 글을 읽다 보면 나도 모르게 편안해진다. 즉 죽어가는 모리교수는 살아 있는 우리가 알아야 할 것들을 세심하게 알려 주고 있다. 인생을 의미 있게 살려면 자기를 사랑해 주는 사람들을 위해 정성을 쏟아야 한다는 것과 다양한 경험을 해야 한다는 것 등 우리가 살면서 부딪는 모든 것을 지혜롭게 이겨나가도록 한다.

진로탐색 #무엇을 더 볼까

관련매체 : 모리와 함께한 화요일
https://youtu.be/k9mh6XNDaCg?feature=shared
관련도서 : 『백범일지』(김구, 돌베개)

진로토론 #무엇을 이야기해 볼까

1. 우리 학교 선생님 중 가장 생각나는 선생님은 누구인가?
2. 삶을 사는 방식에 정답이 있는 것인가?
3. 나에게 스승이란 어떤 의미인가?
4. 나도 누군가에게 스승이 될 수 있을까?
5. 배울 점이 있는 어른은 없다. (찬반토론)

진로활동 #무엇을 해 볼까

1. 교사가 되기 위한 조건이 무엇인지 조사해 보자.
2. 독서 후 감상문을 쓰거나 수필을 한 편 써 보자.
3. 나의 아름다운 미래를 그려보자.

II. 삶으로 가르치는 것만 남는다

도서정보	김요셉 / 두란노서원 / 2006년 / 280쪽 / 14,000원	
진로정보	교육 - 교육학자, 교사	
교과정보	교육의 이해	[12교이02-02] 학습자 특성에 대한 이해를 바탕으로 학습자의 능동적인 참여와 사고를 촉진하는 효과적인 교수 전략과 방법을 탐색하고 적용한다.

도서소개 #어떤 책일까?

저자는 한국 아버지와 미국 어머니 슬하 혼혈아로서 늘 친구들의 놀림을 받았다. 게다가 폭력을 서슴지 않은 무서운 아버지와 그런 아버지를 단 한 번도 말리지 않는 어머니를 보면서 슬픈 유년 시절을 보냈다. 결국 저자는 자신이 그런 가정에 태어난 것이 하나님의 실수라고 생각했다. 하지만 미국에 건너가 대학을 졸업할 때쯤, 자신이 한국인 2세와 선교사 자녀 문제를 위해 준비되었음을 깨닫게 된다. 이후 저자는 가정과 지역사회와 학교가 함께 참된 인간을 키우는 학교를 설립하여 운영했다. 이 책은 그 과정의 기록으로 어떻게 하면 학생들이 제대로 성장할 수 있을까? 지속적인 물음을 던지며 해답을 찾고 있다. 지식을 넘어 삶으로 가르치는 일, 오늘날 학교의 과제이지 않을까?

진로탐색 #무엇을 더 볼까

관련매체 : 내 삶의 진솔함이 아이들과 만나야 변화가 시작된다
https://www.youtube.com/watch?v=Ih4r_H-LlcQ
관련도서 : 『삶으로 다시 떠오르기』 (에크하르트 톨레, 연금술사)

진로토론 #무엇을 이야기해 볼까

1. 다른 것과 틀린 것을 구분하여 설명할 수 있는가?
2. 혼혈인을 위한 학교가 우리나라에 존재한다면 어떤 학교가 있는가?
3. 삶으로 가르치는 교사는 무엇을 어떻게 가르칠까?
4. '6살 이전에 가르치라'는 말은 무슨 뜻일까?
5. 이 나라의 교사로서 가르치는 자의 고민은 무엇일까?

진로활동 #무엇을 해 볼까

1. 이 책은 부모가 자녀를 제자 삼는 7가지 티칭 포인트를 제시하고 있다. 이에 대해 유대인의 자녀 교육법과 우리나라 자녀 교육을 비교해 보자.
2. 장애인과 비장애인이 함께 하는 통합교육에 대해 각자 의견을 제시해 보자.

12. 에밀

도서정보	장 자크 루소(이환) / 돋을새김 / 2015년 / 376쪽 / 10,000원	
진로정보	교육 - 교육전문가 및 관련직	
교과정보	주제 탐구 독서	[12주탐01-02] 학업과 진로 탐색을 위해 주제 탐구의 독서 목적을 수립하고 주제를 선정한다.

도서소개 #어떤 책일까?

에밀은 교육서이자 철학서이며 우리 인간의 성장을 한눈에 볼 수 있는 도서이기에 200여 년이 지나면서도 교육의 지침서로 활용되고 있다. 교육 관련 글이다 보니 읽기 힘든 것은 사실이지만, 우리나라는 특히 교육의 중요성을 크게 인지하고 있기에 더욱 읽어야 할 도서이다. 교육은 학교에서만 이루어지는 것이 아님은 모든 사람이 알고 있다. 가정과 사회가 협력하여 공교육 안에서 학생들의 꿈과 끼를 살리고 희망이 이루어지는 세상임을 알게 해야 한다. 또한 자연에도 배울 점을 찾아야 하는 때이므로 더불어 사는 삶을 추구하도록 노력하기 위해 정독하기를 바란다.

진로탐색 #무엇을 더 볼까

관련매체 : 철학유치원 https://youtu.be/LBT1cU7xnHg?feature=shared

관련도서 : 『다문화 시대, 공존의 교실』(이승희, 에듀니티)

진로토론 #무엇을 이야기해 볼까

1. 나는 학교 수업을 제대로 듣고 있는가?
2. 나는 대학 진학을 원하는가?
3. 학교 교육은 제대로 이루어지지 않고 있다.
4. 바람직한 교사상은 무엇인가?
5. 교사와 학생의 의사소통은 원활한가?

진로활동 #무엇을 해 볼까

1. 나의 진로 로드맵을 작성해 보자.
2. 복습과 예습을 하고 오답 노트 작성을 시작해 보자. (하고 있다면 좋다)
3. 나의 진로와 부모님이 바라는 진로를 비교해 보자.

13. 연어

도서정보	안도현 / 문학동네 / 2017년 / 134쪽 / 10,000원	
진로정보	교육 - 교육전문가, 교사	
교과정보	교육의 이해	[12교이01-01] 교육적 존재로서의 인간의 본질을 인간의 삶과 연계하여 이해하며 교육의 중요성에 대해 성찰한다.

도서소개 #어떤 책일까?

연어의 모천회귀라는 존재 방식에 따른 성장의 고통과 간절한 사랑을 깊은 시선으로 그린 작품이다. 은빛 연어가 동료들과 함께 머나먼 모천으로 회귀하는 과정에서 누나 연어를 여의고 눈 맑은 연어와 사랑에 빠지고 폭포를 거슬러 오르며 성장해 가는 연어, 숨지기 직전 산란과 수정을 마치는 슬프고도 아름다운 운명이 시적이고 따뜻한 문체 속에 감동적으로 녹아 있다. 거슬러 오른다는 것은 지금 보이지 않지만 꿈을 찾아간다는 것일 터이다. 나 아닌 것들의 배경이 됨으로써 지금 여기서 너를 감싸는 것이 존재하는 이유가 된다는 은빛 연어의 깨달음은 우리 삶을 되돌아보게 하며, 그 겸허함을 닮게 만든다.

진로탐색 #무엇을 더 볼까

관련매체 : 연어 노래 원작자를 만난 고3 (Feat. 강산에)
https://www.youtube.com/watch?v=v4u8N3Ik1F4&t=328s

관련도서 : 『어린왕자』 (생텍쥐페리, 열린책들)

진로토론 #무엇을 이야기해 볼까

1. 연어는 왜 강물 냄새가 나는 걸까?
2. 나 아닌 것들의 배경이 된다는 말은 무슨 의미일까?
3. 연어가 강물과 폭포를 거슬러 오르는 이유는 무엇일까?
4. 수평적 시선으로 바라본다는 것은 무슨 의미일까?
5. 모천에서 산란 후 곧 죽음에 이르는 연어의 생에 관해 이야기해 보자.

진로활동 #무엇을 해 볼까

1. 모천회귀성 어류를 찾아보고, 우리 인간의 삶과 연결하여 진로 설계를 해 보자.
2. 연어의 일대기를 정리하여 여정 속의 장엄함과 존재의 아픔을 나눠 보고, '나의 여정'에 대한 짧은 글을 지어 보자.

14. 우리들의 일그러진 영웅

도서정보	이문열 / 엘에이치 코리아 / 2020년 / 264쪽 / 15,000원	
진로정보	교육 – 정치철학자, 교육전문가	
교과정보	교육의 이해	[12교이03-03] 한국 사회에는 해결해야 다양한 교육 문제들이 존재함을 인식하고, 이의 해결에 필요한 사회적 책임감과 실천 태도를 기른다.

도서소개 #어떤 책일까?

『우리들의 일그러진 영웅』은 초등학교에서 벌어지는 힘 있는 아이와 힘없는 아이들 간의 폭력과 굴욕적인 복종을 통해 우리 사회의 권력에 대한 욕망과 실체를 상징한다. '엄석대'라는 인물을 통해 독재자의 횡포를 고발하면서도 그런 독재자를 옹호하고 따를 수밖에 없는 '한병태'의 인간적 고뇌를 세밀하게 묘사한다. 또한 새로 부임한 선생님과 반의 우등생들을 지식인에 빗대어 그들이 자유와 합리가 통용되는 새로운 질서, 즉 '민주주의를 만들어 나가는 것이 과연 가능한가?'라는 궁극의 물음을 던진다.

진로탐색 #무엇을 더 볼까

관련매체 : 영화 <우리들의 일그러진 영웅>
https://www.youtube.com/watch?v=B8iM7oZK0A8
관련도서 : 『우상의 눈물』, (전상국, 휴머니스트)

진로토론 #무엇을 이야기해 볼까

1. 한병태는 석대가 누리는 권력의 부당함을 호소하지만, 담임선생님은 석대의 폭력을 눈감아준다. 왜 그런가?
2. 새로운 담임선생님이 학생들에게 벌을 준 이유는?
3. 작품의 시대적 배경인 1980년대 한국 사회의 모순과 부조리를 알아보자.
4. 이 작품을 '권력에 기생하여 비겁하고 나약하게 살아가는 소시민적 삶에 대한 비판을 담고 있다'라고 평할 때, 나는 어떠한지 성찰해 보자.

진로활동 #무엇을 해 볼까

1. 병태는 엄석대의 엄청난 비밀을 알고도 그것을 묵인하고 그에게 복종하게 됨으로써 제2인자의 자리를 얻고 편안하게 지내게 된다. 병태를 어떻게 볼 것인가?
2. 우리 사회의 정의와 공정을 상징하는 자료를 조사해 보자.

15. 인생 수업

도서정보	엘리자베스 퀴블러 로스 외 1(류시화) / 이레 / 2014년 / 266쪽 / 18,000원	
진로정보	교육 - 교육자, 교사	
교과정보	교육의 이해	[12교이03-01] 교육 제도가 형성되고 변화해 온 역사적 배경과 사회적 맥락에 비추어 현대 교육 제도의 특징과 문제점을 분석하고 미래 발전 방향을 탐색한다.

도서소개 #어떤 책일까?

저자는 죽음과 마주한 사람들의 학교에서 배워야 할 것이 정체성, 사랑, 인간관계, 시간, 두려움, 인내, 놀이, 용서, 받아들임, 상실, 행복이라고 말한다. 삶의 마지막 순간에 간절히 원하게 될 것이 있다면, “지금 당장 그것을 하라”고 조언한다. 삶은 기회이고 아름다움이며 놀이라 말하면서, 이를 붙잡고 감상하고 누릴 것을 권한다. 우리가 삶에서 배워야 할 것들은 한 번의 삶으로 전부 배울 수는 없지만, 살아 보기 전에는 죽지 말아야 한다고 강조한다. '살고, 사랑하고, 웃으라. 그리고 배우라'는 가르침은 오직 환자를 위해 살았던 의료작가가 우리 삶에 던지는 아름다운 화두이다.

진로탐색 #무엇을 더 볼까

관련매체 : 자기 자신으로 존재하기
https://www.youtube.com/watch?v=IpAtM5DIqU0&t=568s
관련도서 : 『상실 수업』 (엘리자베스 퀴블러 로스, 인빅투스)

진로토론 #무엇을 이야기해 볼까

1. 엘리자베스 퀴블러 로스의 호스피스 운동에 대해 말해 보자.
2. 진정한 자아는 ‘타인의 평가 방어를 넘어선 곳에 있다’라는 말의 의미를 말해 보자.
3. ‘신과 우주는 상황에 중심을 두고 작업하는 것이 아니라 당신 자신에 중심을 두고 일한다.’라는 말의 의미는 무엇인지 이야기해 보자.
4. 엘리자베스 퀴블러 로스의 장례식에서 모두가 ‘나비’를 날린 이유를 생각해 보자.

진로활동 #무엇을 해 볼까

1. ‘진정한 자유는 가장 두려운 일들을 행할 때 성취가능하다’의 의미를 말해 보자.
2. ‘우리가 아이들에게 조금만 더 많이 조금만 더 오랫동안 무조건적인 사랑을 준다면 지금과는 아주 다른 세상이 올 것입니다.’라는 말을 실천하는 내용을 만들어 보자.

16. 일제강점기, 저항과 계몽의 교육사상가들

도서정보	한국교육철학학회 / 박영스토리 / 2020년 / 464쪽 / 26,000원	
진로정보	교육 – 교육학자, 교사	
교과정보	교육의 이해	[12교이03-01] 교육 제도가 형성되고 변화해 온 역사적 배경과 사회적 맥락에 비추어 현대 교육 제도의 특징과 문제점을 분석하고 미래 발전 방향을 탐색한다.

도서소개 #어떤 책일까?

일제강점기라는 시련의 시공간에서 민족의 앞날을 선제적 시선으로 바라보며 제시한 교육사상을 정리한 책이다. 특히 문명 전환기 유교 교육사상, 동학·천도교를 기반으로 한 아동교육 사상, 기독교 및 사회주의 사상을 중심으로 형성된 여성 교육사상, 민족주의에 기반한 기독교 교육사상, 애국과 세계 시민성을 결합한 평화 교육사상 등의 주요 인물들인 안창호, 조소앙, 박은식, 신채호, 김창숙, 정인보, 양한나, 근우회, 방정환, 안중근, 이승훈, 함석헌, 김교신의 교육사상 및 관련 연구 현황과 과제를 정리한 글로 구성되었다. 민족 선각자들의 교육사상이 오늘날 우리에게 어떤 의미를 던지는지 점검하고 계승 여부를 판단해 보자.

진로탐색 #무엇을 더 볼까

관련매체 : 일제강점기 독립운동사
https://www.youtube.com/watch?v=T53lyjdQHjk

관련도서 : 『한국교육운동의 역사와 전망』 (하성환, 살림터)

진로토론 #무엇을 이야기해 볼까

1. 일제강점기 도산 안창호의 민족운동과 교육사상은 어떤 의미를 지니는지 말해 보자.
2. 단재 신채호 선생의 민족에 대한 상상을 설명해 보자.
3. 정인보의 교육사상과 민족교육을 찾아 정리해 보자.
4. 방정환의 '얼+인이->어린이'에 대한 가치와 그 교육사상은 무엇인지 말해 보자.
5. 함석헌의 '씨올' 정신과 김교신의 '인간 교육'의 공통점에 대해 생각해 보자.

진로활동 #무엇을 해 볼까

1. 안중근의 '동양평화론'이 우리에게 던지는 교훈은 무엇일까? 이야기해 보자.
2. 일제강점기 교육사상가들의 가르침 중 오늘날 학교 현장에서 재해석하여 구현해야 하는 것들을 찾아보자.

17. 차세대의 행복이 나의 삶 전부였다

도서정보	임희종 / 신아출판사 / 2022년 / 406쪽 / 20,000원	
진로정보	교육 - 교육학자, 교사	
교과정보	교육의 이해	[12교이03-03] 한국 사회에는 해결해야 다양한 교육 문제들이 존재함을 인식하고, 이의 해결에 필요한 사회적 책임감과 실천 태도를 기른다.

도서소개 #어떤 책일까?

학교 현장에서 저자가 제자들과 동료 교사와 함께 나누었던 교육활동과 독서 편지들, 가족과 주변 사람들과 같이 살면서 지낸 잔잔한 이야기들, 그리고 각종 매체에 발표한 섬김과 배려가 숨 쉬는 삶의 기록들이다.

학교와 학생에 관한 정감 어린 추억과 '학교 교육과정'에 대한 이야기를 담고 있으며, 학창 시절 성장과 방향을 정하는 데 큰 역할을 할 독서에 관한 이야기를 중심으로 '함께 읽기의 즐거움, 독서지도의 행복, 텃밭을 일구는 마음' 등 독서· 정신의 호흡, 가족공동체에서 이웃사랑으로 펼쳐나간 진솔한 삶, 그리고 '교육철학 바로 세우기'라는 평론을 통해 사랑의 소중함을 담은 교육 수상록이다.

진로탐색 #무엇을 더 볼까

관련매체 : 행복에 관하여 "죽기 전에 꼭 봐야 할 명강의"
https://www.youtube.com/watch?v=zLaVjN2Ot4w

관련도서 : 소년은 설레었다 (하기정, 도서출판 기역)

진로토론 #무엇을 이야기해 볼까

1. 가르침의 경험을 이야기해 보자.
2. '교육에서 배움이 더 중요하다'라는 논제로 교차질의식 토론을 해 보자.
3. 통일이 현재 우리에게 필요하다면 왜 필요한지 다양한 관점에서 이야기해 보자.
4. 세종의 리더십과 알렉산드로스의 리더십을 비교해 보고, 지금 우리에게 필요한 리더십은 무엇인지 정리해 보자.
5. 연어가 폭포를 거슬러 올라가야 하는 이유와 교사의 삶을 연결하여 자신의 견해를 이야기해 보자.

진로활동 #무엇을 해 볼까

1. '안주'와 '도전' 중 나는 어떤 삶을 선택할 것인가?
2. 선생님이 필요하다면 왜일까? 그리고 배우고 싶은 것은 무엇인가?

18. 창가의 토토

도서정보	구로야나기 테츠코(권남희) / 김영사 / 2019년 / 349쪽 / 13,800원	
진로정보	교육 - 교육전문가, 교사	
교과정보	교육의 이해	[12교이02-02] 학습자 특성에 대한 이해를 바탕으로 학습자의 능동적인 참여와 사고를 촉진하는 효과적인 교수 전략과 방법을 탐색하고 적용한다.

도서소개 #어떤 책일까?

이 책은 남들과 조금 다르다는 이유로 '틀린' 아이가 돼버린 한 소녀가 자신을 있는 그대로 봐주는 선생님을 만나 성장한 이야기를 어린아이의 시선에서 풀어낸 책이다. 전교생 50명에 정해진 시간표도 없이 전철로 된 교실에서 공부하고, 수업 시간에 산책하고 강당 바닥을 오선지 삼아 음표를 그리는 학교, 수업이 끝나 집으로 돌아가는 게 아쉬워 다음 날 아침을 기다리게 하는 학교다. 여기에서는 자신을 훼손하거나 지어내지 않아도 되는 아이들, 그리고 그 존재를 있는 그대로 보듬는 어른의 순수한 이야기이다. 교육이 삶 속에서 어떻게 이루어져야 하는지 성찰하게 하는 작품으로, 오늘날 우리 학교와 비교하면서 잃었던 것을 재발견하는 계기가 되기를 바란다.

진로탐색 #무엇을 더 볼까

관련매체 : 토토의 이야기와 진로
https://www.youtube.com/watch?v=R-e3SIcn63o

관련도서 :『내가 무슨 선생 노릇을 했다고』(이오덕, 삼인)

진로토론 #무엇을 이야기해 볼까

1. '토토'는 왜 '창가의 토토'가 되었을까? 캐릭터를 중심으로 이야기해 보자.
2. 고바야시 선생님이 세운 도모에 학교의 교육철학은 무엇인지 말해 보자.
3. 교육의 미덕인 '기다림'에 대해 작품 이야기를 중심으로 논의해 보자.
4. 작품 속의 인물들을 바탕으로 '자기 주도성'에 대해 이야기해 보자.
5. "조센징"이라는 어휘가 품고 있는 뜻과 당시 일본의 상황을 연계하여 작가의 세계관을 주제로 토론해 보자.

진로활동 #무엇을 해 볼까

1. '도모에 학원'과 우리나라 대안학교의 유사점과 차이점을 알아보자.
2. '도모에 학원'에서 공부한 학생들의 진로와 관련, 나의 삶 속에서 가장 영향을 준 선생님을 떠올려 보고, 그 선생님의 가르침을 나누어 보자.

19. 책을 지키려는 고양이

도서정보	나쓰카와 소스케(이선희) / 아르테 / 2021년 / 296쪽 / 16,000원	
진로정보	교육 - 교사, 사서교사	
교과정보	공통국어2	[10공국2-02-03] 의미 있는 사회적 독서 활동에 참여함으로써 타인과 교류하고 다양한 지식이나 정보, 삶에 대한 가치관 등을 이해하는 태도를 지닌다.

도서소개 #어떤 책일까?

판타지적인 요소를 담은 소설이다. 그러나 단순한 판타지가 아닌 '책을 왜 읽어야 하는가?'에 대해 진지하게 생각해 볼 수 있도록 돕는 작품이다. 작가 '나쓰카와 소스케'는 현직 의사다. 나쓰메 소세키의 팬이자 고양이 마니아인 그가 선택한 소재가 바로 '책'과 '고양이'다. 절대로 유치하지 않은, 어쩌면 사서교사나 국어 교사로서 학생들과 책 읽기의 중요성에 대해 편안하게 이야기의 물꼬를 틀기에 딱 적합한 책이다.

이 작품에는 네 유형의 등장인물들이 언급된다. 특히 책의 마음을 알게 해 주는 이 문장을 기억하며 읽어보자. "사람을 생각하는 마음, 그걸 가르쳐 주는 게 책의 힘이라고 생각해요. 그 힘이 많은 사람에게 용기를 주고 힘을 주는 거예요."

진로탐색 #무엇을 더 볼까

관련매체 : 전국독서새물결모임 사이트 https://www.readingkorea.org/
관련도서 : 『삶의 무기가 되는 독서 습관』(정두리, 미다스북스)
『남자아이 독서 전략』(마이클 섀퍼, 시프)

진로토론 #무엇을 이야기해 볼까

1. 나에게 책이란 무엇을 의미하는가? 그리고 바람직한 독서의 기준이 무엇인지 논의해 보자.
2. 영화나 드라마도 유튜브에서 요약본이 나오니 많은 사람이 요약 영상으로 내용을 파악하곤 한다. 책 역시 책을 소개해 주는 영상으로 내용을 파악하는 사람들이 점점 많아지고 있는데 이에 대해 어떻게 생각하는가?

진로활동 #무엇을 해 볼까

1. 다양한 연령대의 사람들이 가진 독서에 관한 생각, 습관 그리고 독서 현황을 조사해 보는 설문을 한 후 그 결과를 분석해 보자.
2. 동네 책방이나 서점을 방문해서 눈에 띄는 책을 1권 정한 후 독서계획을 수립하고, 독서의 과정을 메모해서 개인 SNS에 공유해 보자.

20. 청소년을 위한 에이트

도서정보	이지성 / 생각학교 / 2021년 / 236쪽 / 13,000원	
진로정보	교육 - 교육학자, 교사	
교과정보	교육의 이해	[12교이04-01] 미래 사회 변화에 대처하고 지속가능성을 확보하기 위해 강조되는 디지털 및 인공지능 소양 함양 교육과 생태전환 교육 등의 중요성을 이해하고 구체적 실천 방안을 탐색한다.

도서소개 #어떤 책일까?

미래 인류 사회는 '인공지능에게 지시를 내리는 계급'과 '인공지능의 지시를 받는 계급'으로 나뉠 것이며, 이미 세계 곳곳에서 전자에 속하는 사람들을 길러내기 위한 교육을 하고 있다. 구글과 NASA의 지원을 받아 설립한 싱귤래리티대학교, 강의 대신 새로운 교육법을 도입한 하버드·스탠퍼드·예일 같은 명문대들, 세계의 수재들이 선택하는 미네르바 스쿨은 어떤가? 일론 머스크가 설립한 애드 아스트라, 창의력 신장에 올인하는 실리콘밸리의 사립학교들이 그 예다. 그렇다면 청소년들이 인공지능 시대의 리더가 되기 위해 반드시 갖춰야 할 능력은 무엇일까? 인공지능은 절대 가질 수 없는 인간 고유의 '공감 능력'과 '창조적 상상력'이다. 우리나라의 교육 혁신 로드맵도 점검해 보자.

진로탐색 #무엇을 더 볼까

관련매체 : 인공지능 시대에 내 자리를 지키는 8가지 방법
https://www.youtube.com/watch?v=uhg-BcCBIK8
관련도서 : 『앞서가는 아이들은 어떻게 배우는가』 (알렉스 비어드, 아날로그)

진로토론 #무엇을 이야기해 볼까

1. 인공지능 시대를 맞을 준비에는 무엇이 필요할까?
2. 인공지능 시대의 리더가 되기 위해 반드시 갖춰야 할 능력은 무엇일까?
3. 인공지능에 지시를 내리는 사람과 인공지능의 지시를 받는 사람의 차이점은?
4. 현재 진행 중인 '인공지능 교사 프로젝트'에 대해서 알아보자.
5. 인공지능에 대체되지 않는 나를 만드는 방법은 무엇이 있을까?

진로활동 #무엇을 해 볼까

1. 한국인 99.997%의 미래가 프레카리아트로 전락한다고 예측한다. 이를 극복하려면 어떻게 해야 할지 대안을 언론사에 기고해 보자.
2. 인공지능 시대에 가장 먼저 대체되는 직업들과 대체될 수 없는 직업에는 무엇이 있는지 알아보자.

21. 핀란드 교육혁명

도서정보	한국교육연구네트워크 총서기획팀 / 살림터 / 2010년 / 318쪽 / 15,000원	
진로정보	교육 – 교육학자, 교육전문가	
교과정보	교육의 이해	[12교이03-01] 교육 제도가 형성되고 변화해 온 역사적 배경과 사회적 맥락에 비추어 현대 교육 제도의 특징과 문제점을 분석하고 미래 발전 방향을 탐색한다.

도서소개 #어떤 책일까?

핀란드는 사회민주주의를 바탕으로 두고 있어 공동체를 우선하는 사회이다. 이런 사회 분위기는 경쟁보다 협력을, 대결보다 관용에 가치를 둔다. 핀란드에서는 다른 학생과 경쟁하지 않는다. 자기 자신의 성취 수준을 목표로 자신과 경쟁한다. 이해가 더딘 학생들은 내버려 두는 것이 아니라 성취를 달성할 수 있도록 제도적 지원이 이루어진다. 지방자치와 마을공동체가 연결되어 주도적으로 교육을 만들어 간다. 또한 교사 주도의 교육개혁이다. 핀란드에서는 교육혁명 과정에서 교사의 참여가 실질적으로 이어졌다. 사회가 교사를 신뢰하는 상황 속에서 교사들은 자발적 책무성을 갖고 교육에 더욱 매진할 수 있었고, 이는 공교육의 질을 높이는 중요한 역할을 했다. 이와 같은 핀란드 교육과 우리나라 교육을 비교하며 우리 교육의 나아갈 길을 만들어 가 보자.

진로탐색 #무엇을 더 볼까

관련매체 : 핀란드의 평등 교육, 단 한명도 포기하지 않는다
https://www.youtube.com/watch?v=LCFaSm1uA0Y

관련도서 : 『핀란드 부모혁명』(박재원, 비아북)

진로토론 #무엇을 이야기해 볼까

1. 경쟁이 없는 교육이 현실적으로 가능한지 이야기해 보자.
2. 다양성과 특수성이 조화된 거대학교가 가능한지 토론해 보자.
3. 핀란드 교육의 성공, 그 역사와 사회적 조건은 무엇인지 말해 보자.
4. 차별과 구별이 없는 통합교육에서 배울 점은 무엇인지 생각해 보자.
5. 우리나라와 비교하여 핀란드의 예술교육은 어떠한지 살펴보자.

진로활동 #무엇을 해 볼까

1. 핀란드 교육과 우리나라 교육을 교사의 관점에서 비교해 보자.
2. 신뢰, 자율, 민주주의로 운영되는 핀란드 교육정책과 행정을 살펴보고, 우리나라의 교육 방향을 설계해 보자.

22. 한나 아렌트, 교육의 위기를 말하다

도서정보	박은주 / 빈빈책방 / 2021년 / 272쪽 / 20,000원	
진로정보	교육 - 교육자, 교사	
교과정보	교육의 이해	[12교이03-01] 교육 제도가 형성되고 변화해 온 역사적 배경과 사회적 맥락에 비추어 현대 교육 제도의 특징과 문제점을 분석하고 미래 발전 방향을 탐색한다.

도서소개 #어떤 책일까?

학생중심·학습중심 교육이 시대적 흐름이 된 지금, '교사의 가르침'이 갖는 의미와 가치를 한나 아렌트의 『인간의 조건』을 바탕으로 보수, 진보와 같은 이론적 프레임을 벗어나 우리가 물어야 할 질문은 '교육이 무엇을 위해 존재하는가?'라고 묻고 진단한다. 아렌트의 '탄생성' 선언과 "교육은 반드시 가르침과 동시에 이루어진다"라는 주장을 바탕으로, 가르침이 갖는 의미에 관한 저자의 학문적 고민은 '배움'에 경도된 교육을 돌아보게 한다.

진로탐색 #무엇을 더 볼까

관련매체 : 인간의 조건_무엇이 인간을 인간답게 하는가?
https://www.youtube.com/watch?v=ofj4YwDhTII&t=17s
관련도서 : 『인간의 조건』 (한나 아렌트, 한길사)

진로토론 #무엇을 이야기해 볼까

1. '탄생성'이라는 말의 의미는 무엇인가?
2. 지금이 '교육의 위기'라면 이를 해소하기 위한 대안은 무엇인가?
3. 교육에서 '학습'으로 대체된 이유를 이야기해 보자.
4. 진실을 왜곡된 상태로 교육할 때, 어떤 우려가 나타날 것인가?
5. 『인간의 조건』에서 제시하는 인간의 활동적 삶을 주제로 토론해 보자.

진로활동 #무엇을 해 볼까

1. 우리 학교 사제동행 동아리를 알아보고, 활동을 정리해 보자.
2. 주변의 교육 기반 시설들을 찾아보고, 조사하여 보고서를 작성해 보자.

제2장

인문

◈ 인문 영역 소개 ◈

#인문 분야 소개

인문계열은 언어·문학, 인문과학으로 구성됩니다. 언어·문학 영역은 인류의 언어를 과학적으로 연구하는 언어학과 언어를 표현매체로 하는 예술 활동 및 그 작품을 일컫는 문학 등을 바탕으로 하고 있습니다. 따라서 이 영역에는 세계 각 국가의 언어 및 문학을 연구하는 학문들이 포함됩니다. 인문과학은 넓은 의미로 인간 및 인간적 사상 일반에 관한 과학적 연구라는 의미로 해석되는데, '언어·문학'을 제외한 나머지 영역 즉 인류문화 관련 학문, 심리학, 역사학, 종교학, 철학 등이 인문과학 영역에 포함됩니다.

#인문 계열 학과 정보 및 권장 선택과목과 진로독서

인문계열은 모든 학문의 근본이 되는 인문학을 교육하고 연구함을 목표로 합니다. 인문학은 라틴어의 '후마니타스(Humanitas)'라는 말에서 유래되었으며, 이는 인간과 인간의 문화에 관심을 갖거나 인간의 가치와 인간만이 지닌 자기표현능력을 바르게 이해하기 위한 과학적인 연구 방법에 관심을 갖는 학문 분야로서, 단순히 전문 지식을 연구하는 데 그치지 않고 '삶'과 '앎' 그리고 '함'에 대한 보편적 진리와 가치를 함양하고 전수하는 기초학문에 속합니다. 전통적으로 '文(문)·사(史)·哲(철)'을 아울렀던 인문학은 현재 어학, 문학, 역사학, 철학 등으로 구성되며, 오늘날 인문대학의 학과편제도 그러한 분류에 입각해 있습니다.

언어·문학 계열의 경우 국어국문학과, 동양어학과, 서양어학과, 영어영문학과, 문예창작학과, 통번역학과 등이 있습니다. 권장선택과목으로는 일반선택의 경우 생활과 윤리, 윤리와 사상, 세계지리, 동아시아사, 세계사, 사회·문화, 제2외국어Ⅰ, 한문Ⅰ, 철학, 논술 등이 있습니다. 진로 선택과목의 경우 심화 국어, 고전 읽기, 영어권 문화, 진로 영어, 영미 문학 읽기, 고전과 윤리, 사회문제탐구, 제2외국어Ⅱ, 한문Ⅱ 등이 있습니다.

인문과학 계열의 경우 고고학과, 문헌정보학과, 문화재보존학과, 문화콘텐츠학과, 사학과, 인류학과, 철학과 등이 있습니다. 권장 선택과목으로는 일반선택의 경우 생활과 윤리, 윤리와 사상, 한국지리, 세계지리, 동아시아사, 세계사, 정치와 법, 사회·문화, 제2외국어Ⅰ, 한문Ⅰ, 눈술, 심리학 등이 있습니다. 진로 선택과목의 경우 고전 읽기, 고전과 윤리, 사회문제 탐구, 제2외국어Ⅱ, 한문Ⅱ등이 있습니다.

인문계열 희망학생들은 지식의 이해와 습득뿐만이 아니라 보다 폭넓은 정보와 지식이 필요합니다. 이를 위해서 인간과 세계에 대한 관심, 다양한 문화에 대한 깊이 있는 식견 및 인문학 전반에 대한 이해가 있어야 합니다. 언어·문학 계열의 경우 언어보다 해당 언어권의 문학, 언어, 문화 등 그 나라 전반에 대한 관심이 있으면 충분합니다. 각 언어권 국가의 잠재력을 스스로 평가해보고 자신의 진로를 설계하는 것이 보다 의미 있고 즐거운 준비가 될 것입니다. 인문과학 계열의 경우 기본적인 지식을 바탕으로 그 사실들을 어떻게 바라볼 것인지 관점에 대해 고민하고 탐구하는 것이 중요합니다. 관련 학문 서적들을 꾸준히 읽고 토론하며 자시의 생각을 정리해 보는 습관을 길러 보시길 바랍니다.

◈ 인문 도서 목록 ◈

순	영역	진로정보	교과정보	도서명	집필자	비고
1	인문	사회비평가	독서 토론과 글쓰기	언어는 인권이다	신홍규	대표
2	인문	요리 전문가 및 관련 종사자/요리연구가	한문 고전 읽기	해유록	최종한	대표
3	인문	상담전문가	한문	3분 고전	최종한	
4	인문	기업 고위직 및 공무원	독서와 작문	강신주의 장자 수업 1	강인진	
5	인문	역사/문학 관련직	세계사	거꾸로 읽는 세계사	강인진	
6	인문	시민 단체 활동가	기후변화와 지속가능한 세계	내일은 못 먹을지도 몰라	최종한	
7	인문	공공 및 기업 고위직 공무원	독서와 작문	다산선생 지식경영법	강인진	
8	인문	작가	공통국어	당신은 제법 쓸 만한 사람	김혜연	
9	인문	심리/성장 관련직	문학	데미안	강인진	
10	인문	심리/상담가	인간과심리	말의 진심	강인진	
11	인문	평론가	독서와 작문	미각의 제국	최종한	
12	인문	역사/예술/문화 관련직(사회복지 관련 포함)	문학	바르톨로메는 개가 아니다	강인진	
13	인문	미술관/박물관 안내원	미술사	박물관 보는 법	최종한	
14	인문	심리/정신/상담/성장 관련직	인간과 철학	사랑의 기술	강인진	
15	인문	인류학 연구원	사회와 문화	사피엔스	김형중	
16	인문	문화 예술 스포츠 전문가 및 관련직/ 문학 작가	한문	삶이 허기질 때 나는 교양을 읽는다	최종한	
17	인문	역사학 연구원	동아시아 역사기행	세계 최고의 여행기 열하일기 上	최종한	
18	인문	요리 연구가	기술가정	쉽게 보는 난중일기 완역본	최종한	
19	인문	국회의원	정치	시시콜콜 조선복지실록	최종한	
20	인문	작가	공통국어1	어른의 어휘력	안장호	
21	인문	사서	진로와 직업	어서오세요 휴남동 서점입니다	김혜연	
22	인문	웹 기획자	한국사	역사의 쓸모	최종한	
23	인문	통역가	영어 발표와 토론	위대한 명연설	최종한	
24	인문	상담가	공통국어	이어령의 마지막 수업	안장호	

1. 언어는 인권이다

도서정보	이건범 / 피어나 / 2017년 / 312쪽 / 16,000원	
진로정보	인문 - 교육자, 사회비평가	
교과정보	독서 토론과 글쓰기	[12독토01-06] 사회적인 현안이나 쟁점이 담긴 책을 읽고 독서 토론하고 글을 쓰며 공동체 문제를 해결하고 사회적 담론에 참여한다.

도서소개 #어떤 책일까?

"언어는 인권이다"는 민주주의 사회에서 언어가 어떻게 중요한 역할을 하는지를 강조하면서, 표준어와 고운 말의 중요성에 대한 깊은 이해를 제시하고 있다. 뿐만 아니라, 언어와 인권 간의 밀접한 연관성을 살펴보며, 언어가 인권을 실현하는 데 어떤 역할을 하는지도 설명하고 있다. 이 책은 언어를 올바르게 사용하고, 전통과 문화를 존중하며, 미래를 향한 방향을 찾는 데 도움을 주고 있다. "언어는 인권이다"는 국어 공부에만 국한되지 않고, 더 나아가 민주적이고 평등한 사회를 이해하는 데에도 유익한 책으로 평가받고 있다.

진로탐색 #무엇을 더 볼까

관련매체 : 동영상 '그 말에 난 반대요'(ebs'지식채널e')
관련도서 : 『독서토론 이야기』(임영규, 박이정)

진로토론 #무엇을 이야기해 볼까

1. 디지털 시대에 독서의 가치: 어떻게 언어와 연결되어 있는가?
2. 소셜 미디어 시대, 독서의 중요성과 온라인 텍스트의 영향은?
3. 언어의 다양성과 인권: 다문화 사회에서의 언어적 권리는 무엇인가?
4. 인공지능과 독서문화: 기술이 독서와 언어의 역할에 미치는 영향은?
5. 언어의 힘과 책임: 매체의 사용이 인권에 미치는 영향은?

진로활동 #무엇을 해볼까

1. 우리말의 잘못된 사용으로 인해 인권이 침해된 사례를 찾고, 이를 우리 사회의 문제와 연관 지어 비판적 글로 작성해 보자.
2. 세계에 퍼져있는 세종학당을 조사해 보자..

◈ 책 이야기 ◈

1. 이 책에서 가장 인상 깊게 읽은 부분을 찾아 써보고, 이유를 말해 보자.

2. 저자는 국어 운동 선배님들과 다른 시각을 가지고 있다고 한다. 저자의 시각과 달리 기존 선배들이 우리말을 가꾸고 지켜야 한다고 한 이유는 무엇인가?

우리말과 우리 한글이 우리 민족의 자랑스러운 자주 문화이기에

3. 저자는 개인적 수다, 일터 전문가 사이의 대화, 연인들의 사랑싸움에서는 영어든 인도어든 러시아어든 마음대로 써도 문제가 되지 않는다고 했다. 그러면서 'OO언어'에서는 문제가 된다고 주장했는데 'OO'에 들어갈 말은? 그리고 그 이유는?

공공

4. 저자에게 있어서 '퍼실리테이터'라는 말과 '무릎 지뢰'의 공통점은?

당황스럽고 고통스럽게 하며 때로는 자괴감에 빠지게 하기도 함

5. 미국 오바마 대통령의 '공문서 쉽게 쓰기 법안'의 목표는 무엇인가?

㉠ 국민의 알권리를 보장하는 것 ㉡ 민원대응 비용을 줄이는 것

6. '도깨비 말', '야민정음'과 같은 한글 파괴 현상에 대하여 저자는 어떻게 생각한다고 하는가?

국민의 생활을 규정하는 말이 아니기 때문에 심각한 문제가 아니다.
(한자나 어려운 말을 사용하여 국민의 알 권리를 제한하는 것이 더 큰 문제이다.)

7. 우리나라의 속담 중 말과 관련된 속담을 이야기해 보자.

낮말은 새가 듣고 밤말은 쥐가 듣는다. / 발 없는 말이 천리 간다. / 물이 깊을수록 소리가 없다. / 말 한마디로 천 냥 빚을 갚는다. / 빈 수레가 요란하다. / 가는 말이 고와야 오는 말이 곱다.

8. 저자는 자신이 우리말 운동을 하는 이유가 우리말과 한글이 우리 것이니 잘 지키자는 단순한 생각을 넘는 것이라고 하였다. 국어를 지키자는 제안은 어떤 관점에서 나온 것이라고 하였는가?

민주주의와 인권을 지키기 위해서

◈ 질문하고 토론하고 ◈

* 영상자료를 통해 알게 된 내용들을 질문에 따라 정리해 보자. * 대상도서를 참고하여 건의문을 작성해 볼 수 있다.

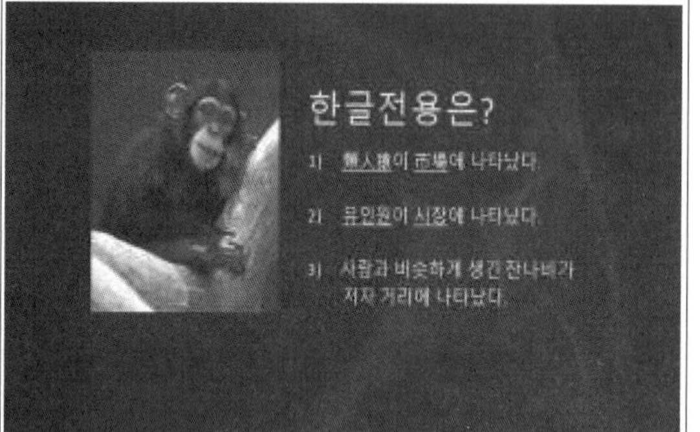

[영상 자료]
(자)영상자료
'한자 교육' 왜 해야하는가

1. '영상자료'를 보고 개인 질문을 작성해 보자.

1) 한자교육에 있어서 주입식 교육이 가장 이상적인가?
2) 한자교육과 문해력의 상관성은 어떻게 증명되는가?
3) 한자어를 한글로 쓰면 우리말이 되는가?
4) 한자의 뜻을 알면 우리말 이해가 잘 되는가?
5) 우리말에 있어서 한자 비중을 어느 정도로 유지해야 하나?
6) 한자 학습의 시기는 언제가 적절할까?
7) 한자 학습의 단점은 존재하는가?
8) 한글전용의 불편함은 없는가?
9) 한글전용의 장점은 무엇인가
10) 바람직한 한자교육은?

2. 개인 질문을 활용하여 모둠별/짝 토론을 해 보자.

3. 대상 도서를 읽고 건의문을 작성해 보자.

안녕하세요! "언어는 인권이다"라는 책을 읽고 어려운 말 때문에 생기는 사회적 피해들을 알게 되어, 외교부 누리집에의 사례를 살펴보고 여행 안내의 비자 부분에 대한 언어 개선을 제안합니다. 해외 안전 여행 안내 사항 중 "우리나라 사람이 무사증으로 입국 가능한 지역" 표현이 어려워 보입니다. 이 부분을 "입국 허가없이 입국 가능한 지역"으로 바꾸면 여행자들이 정보를 빠르게 이해할 수 있고, 더 효율적인 누리집 이용이 가능할 것입니다. 제안을 통해 정보 전달의 명확성을 높이고 여행객들에게 편의를 제공할 수 있을 것으로 기대합니다. 감사합니다.

◈ 진로 이야기 ◈

1. '언어는 인권이다'를 읽고 그 내용 중 우리말의 잘못된 사용으로 인해 인권이 침해된 사례를 찾고, 이를 우리 사회의 문제와 연관 지어 비판적으로 감상한 것을, 완결된 글로 작성해 보자.

2. 언어의 다양성과 인권: 다문화 사회에서의 언어적 권리는 무엇인가?를 학교나 사회에서 언어의 다양성과 인권에 대해 토론해 보자.

3. 언어와 인권 간의 밀접한 연관성을 살펴보며, 언어가 인권을 실현하는 데 어떤 역할을 하는지 설명하고, 그 사례를 제시해 보자.

4. 문학 작품을 분석하여 언어의 차별적 요소를 분석하고, 공동체의 언어문화 발전을 모색하고 분석한 내용을 논리적으로 구성하여 비평 글을 작성해 보자.

2. 해유록(조선 선비 일본을 만나다)

도서정보	신유한(김찬순) / 보리 / 2006년 / 454쪽 / 22,000원	
진로정보	인문 - 요리 전문가 및 관련 종사자, 요리 연구가	
교과정보	한문고전 읽기	[12한고01-08] 다양한 삶의 양태를 존중하고 더불어 사는 포용적 태도를 갖춘다.

도서소개 #어떤 책일까?

통신(通信)이라는 단어 중 信은 '믿다'라는 뜻 말고도 '신호'라는 뜻으로도 사용이 된다. 다시 말하면 통신(通信)은 '신호를 통하게 하다'라는 뜻 외에 '믿음을 통하게 하다'라는 뜻으로도 사용된다는 것이다. 임진왜란과 정유재란의 치욕에 대한 적개심과 조선이 문명국임에 대한 자부심을 품고 에도의 관백을 만나러 가는 제술관 신유한이 일본의 산천을 보며 감탄과 한탄이 교차하는 역설적인 글을 통해 오랜 역사 속에서 동반자의 역할을 하던 시기도 있었으며 하나의 하늘을 두고 함께 할 수 없는 철천지원수였던 시기도 있었던 두 나라 관계를 생각해 보면서 과연 두 나라가 미래를 살아가기 위해 어떻게 살아가야 하는지에 대한 물음을 주고 있다.

이 책을 읽으면서 '펜은 칼보다 강하다'라는 옛말을 통해 문화의 중요성에 대해 생각해보는 계기가 되기를 바란다.

진로탐색 #무엇을 더 볼까

관련매체 : 역사채널e - The history channel e 한류, 믿음을 통하다.
관련도서 : 『나의 문화유산답사기 일본편 1 규슈』(유홍준, 창비)

진로토론 #무엇을 이야기해 볼까

1. 문화의 전파에 따른 경제 성장은 상관관계가 있다.
2. 전통문화를 알리는 것이 한류를 알리는 데 무엇보다 소중하다.
3. 문화의 전파는 항상 긍정적 영향을 끼쳐 왔다.
4. 음식문화는 문화전파에 있어서 중요한 요소로 작용한다.
5. 일본 역사교육의 문제점을 한류 열풍으로 변화시킬 수 있다.

진로활동 #무엇을 해 볼까

1. 서울에서 부산까지의 여정을 토대로 여행 지도를 제작해 보자.
2. 역사적 사실을 토대로 한 작품들을 읽고 자신만의 기행문을 제작해 보자.
3. 전통음식 가운데 하나인 식혜를 만들어 보고 식혜를 알리는 광고를 제작해 보자.

◈ 책 이야기 ◈

1. 신유한은 조선통신사 중 제술관으로 뽑혀 일본에 가게 되었을 때 어떤 생각을 했을지 써보고 그 이유를 이야기해 보자.

2. 신유한이 대마도를 떠나 강호에 이르기까지의 여정을 지도에 표시해 보자. 글에 등장하는 옛 일본의 지명을 오늘 우리가 알고 있는 지명으로 찾아 써보자.

3. 신유한이 조선을 출발한 뒤 보이는 심경의 변화가 드러나는 부분을 찾아 보고 그 이유에 관해 이야기해 보자.

◈ 질문하고 토론하고 ◈

※ 논제와 쟁점을 읽고 자신의 입장을 밝힌 후 토론을 해 보자.

논제	음식문화는 문화전파에 있어서 중요한 요소로 작용한다.
쟁점	우리 문화의 전파 방법으로 외국인들에게 우리의 전통음식만을 소개해야 하는가?
입론	※ 찬성과 반대의 입장에서 자신의 입장을 밝히고 이를 뒷받침하는 논거를 제시해 보자.
반론(반박)	※ 상대방의 주장이나 근거의 부족한 점이나 논리적 모순점에 대해 지적해 보자.
마무리	※ 반론을 통해 확인했던 상대방 입장에 대한 논리적 허점을 지적하고 자신의 입장을 간단명료하게 강조해 보자.
메모	※ 상대방 발언을 경청하며 메모해 보자.

◈ 진로 이야기 ◈

※ 우리의 전통 음료 중 하나인 식혜를 만들어 보자.

필요 재료	※ 식혜 2리터를 만들기 위한 재료와 분량을 적어 보자. 엿기름: g 설탕: g 물: 리터 쌀밥: g
참고 자료	※ 도서 및 인터넷 자료(링크 주소) 출처를 적어 보자.
만들기	※ 만드는 순서와 방법을, 사진을 첨부하여 나만의 조리예시를 만들어 보자. (직접 찍어서 만들어 보자.)
소감 작성	※ 주변 사람들과 나누어 먹어본 뒤에 들은 것, 느낀 것을 적어 보자.
더 알아보기	※ 식혜와 같이 쌀을 이용하여 만든 음료가 있다면 찾아보자. 차이점이 있다면 그 차이점에 관해서도 설명해 보자.

3. 3분 고전

도서정보	박재희 / 김영사 / 2023년 / 468쪽 / 22,000원	
진로정보	인문 - 상담전문가	
교과정보	한문	[12한문02-05] 글에 담긴 선인들의 지혜를 이해하여 미래 사회에 필요한 인성을 함양한다.

도서소개 #어떤 책일까?

"우리는 무엇을 위해 살아가고 있는 것일까?"라는 고민이 들었을 때 우리는 무엇이라고 답할 수 있을까? 잠시를 돌아볼 틈 없이 바쁘게 살아가는 사람들에게 자신의 과거를 되돌아보면서 잊었던 기억을 되살리는 것은 가능한 것일까?

이 책은 저자가 KBS 제1라디오에서 7년간 사서삼경과 제자백가 사상가들의 명문장을 발췌하여 1,577회 방송한 내용 중 일부를 재해석한 내용을 담고 있다. 중국의 공자가 중국 전역의 제후들에게 유세한 지 14년여 만에 깨달은 것과 신라의 원효대사가 해골바가지 물을 마신 후 깨달음은 우리의 고민은 지극히 현실적이며 그 해답은 우리 주변에 있다는 것일 수도 있을 것이다.

우리 모두 선인들의 이야기를 통해 앞으로 우리는 어떻게 살아가야 할지에 대한 해답을 하나씩 얻어가길 바란다.

진로탐색 #무엇을 더 볼까

관련매체 : 인생의 열가지 생각(이해인, 마음산책)

"제발..죽기 직전에 후회하기 싫으면 읽으세요" 세뇌 당하지 않은 '진짜 나'를 찾게 해주는 인문 고전의 힘 | 개그맨 고명환 | 빅퀘스천 #인문학#고전#독서

https://youtu.be/_0YvxsPri08?si=wdwwUQRmDpzbbmpP

진로토론 #무엇을 이야기해 볼까

1. 미래를 살아가는 데 있어 경험은 중요한 참고 지표가 된다.
2. '온고지신'은 삶을 살아가는 데 중요한 가치다.
3. 인간의 삶에서 과정과 결과 중 결과만이 그 가치를 가진다.

진로활동 #무엇을 해 볼까

1. 인문학 고전 도서 중 핵심 문장을 선정하고 이를 실천하는 활동을 만들어 보자.
2. 제자백가 사상가들의 명문장을 선정하여 우리의 삶을 되돌아볼 수 있는 라디오방송을 제작해 보자.
3. '나'라는 브랜드를 확립하기 위한 마인드맵을 만들어 보자.

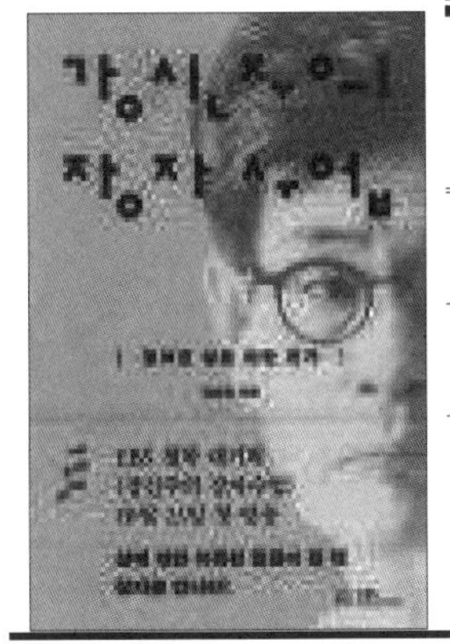

4. 강신주의 장자수업 1

도서정보	강신주 / EBS BOOK / 2023년 / 360쪽 / 19,000원	
진로정보	인문 - 기업 고위직 및 공무원	
교과정보	독서와 작문	[12독작01-03] 글에 드러난 정보를 바탕으로 글의 내용을 파악하고 글에 드러나지 않은 정보를 추론하며 읽는다.

도서소개 #어떤 책일까?

장자는 '무용(無用)의 철학자'다. 2,500년 전 중국 전국시대(戰國時代, BC 403~BC 221)는 부국강병이라는 슬로건 아래에서 모두가 자신의 쓸모와 존재를 증명하던 시절에 타자(他者)의 철학을 내세워 우리에게 가르침을 주고 있다.

이 책에는 48가지 이야기로 장자의 쓸모 없음과 쓸모 있음을 논한다. 그 안에 나만의 시점이 아닌 다른 사람의 시점을 중요하게 여기라고 장자는 가르친다. 노나라 임금이 바닷새를 보고 반해 가둬두고 좋은 음식을 주지만 결국 바닷새는 나흘만에 죽는다. 여기서 장자는 말한다. 이 이야기는 자신의 시선으로 타자를 바라봤기에 타자는 죽을 수밖에 없다고. 이것을 보며 우리는 다름도 인정하고 더불어 사는 삶도 추구해야 한다는 교훈을 얻는다.

진로탐색 #무엇을 더 볼까

관련매체 : 거리의 철학자 강연 https://youtu.be/zcR1w42RXaM?feature=shared
관련도서 : 『아낌없이 주는 나무』 (쉘 실버스타인, 분도출판사)

진로토론 #무엇을 이야기해 볼까

1. 나는 타인에게 어떤 사람일까?
2. 내가 좋아하는 것은 다른 사람도 정말 좋아할까? (반대로 생각 바꾸기)
3. 원칙을 추구하는 것보다 편법을 추구하는 것은 좋지 않은 것일까?
4. 쓸모 있는 사람이란 어떤 사람인가?
5. 양보만이 진정한 미덕이다. (찬반토론)

진로활동 #무엇을 해 볼까

1. 나는 내가 원하는 것을 하고 있는지 나만의 점검 목록을 작성해 보자.
2. 가장 친한 친구는 누구이며 어느 정도의 친분이 있는지 도표로 나타내 보자.
3. 행복의 척도는 무엇인지 책 속 내용을 근거로 들어 한 편의 글을 써보자.

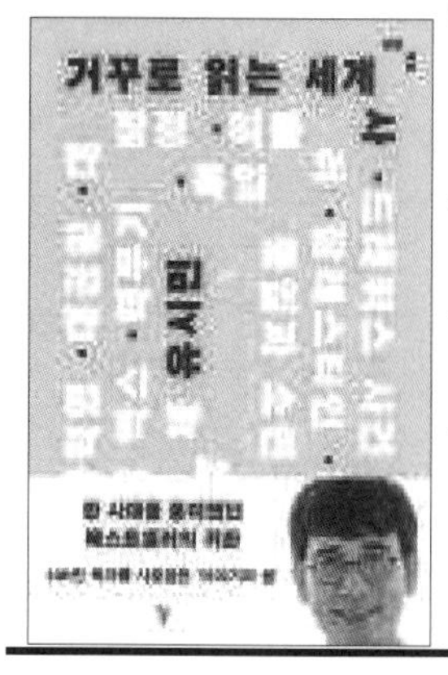

5. 거꾸로 읽는 세계사

도서정보	유시민 / 돌베개 / 2021년 / 404쪽 / 17,500원	
진로정보	인문 – 역사, ·문학 관련직	
교과정보	세계사	[12세사01-02] 동아시아, 인도 세계의 형성을 문화의 상호 작용과 관련지어 이해한다. [12세사01-03] 서아시아, 지중해, 유럽 세계의 형성과 문화적 특징을 종교의 확산과 관련지어 분석한다.

도서소개 #어떤 책일까?

우리나라를 제대로 보고 바로 잡기 위해 세계에서 벌어진 다양한 사건을 스토리텔링으로 전달하여 편하게 세계사의 굵직굵직한 일들을 이해하도록 쓰여 있다. 20세기를 논하는 이야기가 대부분이지만 지금의 사건을 토대로 미래를 논하고 우리가 행하지 말아야 할 것들과 그럼에도 불구하고 반드시 해야 할 일들을 알려 주고 있다. 공산정권의 붕괴가 민주사회에 어떤 긍정적인 결과를 가져왔는지 생각해 보고, 과학의 발전으로 생긴 핵무기가 인류를 멸종시키는 무기가 되어 우리가 만든 것이 우리를 위협하는 상황이 되어버려 공동체를 구축하기 힘든 현실을 어떻게 타개할 것인가 하는 미래지향적인 물음에 답을 찾도록 한다.

진로탐색 #무엇을 더 볼까

관련매체 : 유시민 북토크 https://youtu.be/D24jUwKfVvU?feature=shared

진로토론 #무엇을 이야기해 볼까

1. 전쟁은 왜 일어날까?
2. 핵무기는 우리에게 필요한 것인가?
3. 4차 산업혁명은 미래를 밝게 할까?
4. 자유경제 시장에서 살아남는 방법은 무엇일까?
5. 남북통일은 반드시 해야 한다. (찬반토론)

진로활동 #무엇을 해 볼까

1. 공산주의와 민주주의 개념을 정리해 보자.
2. 1에서 조사한 내용을 바탕으로 각 이념에서 추구하는 경제적 가치를 조사해 보자.
3. 미래 세계에서 우리가 할 일이 무엇인지 찾아보자.

6. 내일은 못 먹을지도 몰라

도서정보	시어도어 C. 듀머스(정미진) / 롤러코스터 / 2021년 / 224쪽 / 14,500원	
진로정보	인문 - 시민 단체 활동가	
교과정보	기후변화와 지속가능한 세계	[12기지03-04] 기후변화에 대응하기 위한 적정기술과 순환 경제의 역할의 중요성을 파악하고, 에너지 전환의 중요성에 대한 이해를 바탕으로 지속가능한 세계의 모습을 제안한다.

도서소개 #어떤 책일까?

우리나라 사람들의 커피 소비량은 1년에 350잔 정도라고 한다. 세계인 평균이 130잔 정도하고 하니 약 3배 정도 많은 수준으로 우리나라 사람들의 커피 사랑을 짐작할 만하다. 끝을 모르고 증가하던 커피의 소비가 2020년을 시작으로 점차 줄어들고 있다. 엘니뇨 현상 등 이상 기후로 인해 전 세계 수확량이 줄어들었고 이에 따라 커피 원두의 가격 상승이 이어졌다. 이 같은 기후변화는 커피의 생산에 영향을 미칠 뿐만 아니라 세계의 사람들이 모두 좋아하고 많이 소비하는 농산물들을 더 이상 먹을 수 없다는 생각도 조심스레 해 볼 수 있다는 것이다.

기후변화의 원인은 자신과 집단의 이익만을 위해 뒤를 돌아보지 않고 달려온 사람들의 책임만을 아닐 것이다. 누구의 책임인지 탓할 것만이 아니라 우리의 책임임을 공감하고 나 자신부터 어떤 노력을 해야 할지 생각해 보자.

진로탐색 #무엇을 더 볼까

관련매체 : [NBS 인터뷰 4.0_1회] 한국 세계식량위기 극복을 선도하다! '임형준 소장'
https://youtu.be/aOFh4JoeOU4?si=F8eLtPVf63R7x8q6 46:30
관련도서 : 『6번째 대멸종 시그널, 식량 전쟁』(남재철, 21세기 북스)

진로토론 #무엇을 이야기해 볼까

1. 기후변화는 인류에게 위협이 된다.
2. 인간은 기후변화를 제어할 수 있다.
3. 말은 사람의 행동에 영향을 미친다.
4. 미래 인간의 삶은 예측될 수 있다.
5. 사랑하는 먹거리를 지키기 위해 화석연료의 사용을 중단해야 한다.

진로활동 #무엇을 해 볼까

1. 텃밭을 꾸며 농사일지를 작성해 보자.
2. 환경 보호를 주제로 한 연설문을 작성해 보자.

7. 다산선생 지식경영법

도서정보	정민 / 김영사 / 2006년 / 611쪽 / 28,000원	
진로정보	인문 - 공공 및 기업 고위직, 공무원	
교과정보	독서와 작문	[12독작01-04] 글의 내용이나 관점, 표현 방법, 필자의 의도나 사회・문화적 이념을 평가하며 읽는다.

도서소개 #어떤 책일까?

우리가 알고 있는 다산 정약용의 삶이 녹아있는 책이다. 유학자이자 실학자다운 면모를 볼 수 있는 곳곳에 드러난 학문적 소양은 그가 세상을 떠난 지 200여 년이 지난 지금도 새겨볼 것들이 많다.

정약용은 당시 조선왕조가 직면한 위기를 해소하고 왕도정치가 실현되는 이상적 사회로 재편되기를 희구하면서 각종 개혁 사상을 개진하였다.

토지개혁도 단행하고 이용후생을 위한 기술 연구에 종사하는 것을 높이 평가한 인물의 내력과 그가 가르치는 다양한 삶을 통해 고등학생은 자신의 가치관을 형성하기에 필요한 서적이고 졸업 후 대학에 진학하여선 다양한 학문에 접목하여 자신의 꿈을 펼치는 데 도움이 될 것이다.

진로탐색 #무엇을 더 볼까

관련매체 : 북튜버 설명 https://youtu.be/xmwxU_I-R20?feature=shared
관련도서 : 『마흔에 읽는 쇼펜아우어』 (강용수, 유노북스)

진로토론 #무엇을 이야기해 볼까

1. 내가 하고 싶은 것과 내가 잘하는 것은 무엇일까?
2. 21세기를 넘어 살아남기 위해 해야 할 일은 무엇일까?
3. 지속 가능한 사회를 만드는 방법은 없을까?
4. 우리의 삶에서 발상의 전환은 어떻게 할 것인가?
5. 바른길보다 지름길이 낫다. (찬반토론)

진로활동 #무엇을 해 볼까

1. 나만의 일기장을 작성해 보자.
2. 목표를 세우고 실천할 수 있는 계획을 세워보자.
3. 가치 있는 것과 실용적인 것을 구분해 보자.

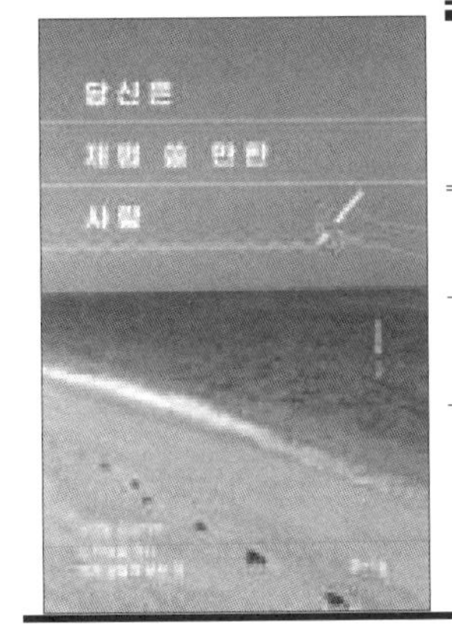

8. 당신은 제법 쓸 만한 사람

도서정보	김민섭 / 북바이북 / 2023년 / 220쪽 / 16,800원	
진로정보	인문 – 작가	
교과정보	공통국어2	[10공국2-03-01] 언어 공동체가 공유하는 작문 관습의 특성을 이해하고 쓰기 과정과 전략을 점검하며 책임감 있게 글을 쓴다.

도서소개 #어떤 책일까?

작가를 꿈꿔본 사람이나 글을 쓰는 삶을 좋아하는 사람이라면 '작가 생활의 모든 것'을 진솔하게 풀어낸 이 책을 외면하기 어렵다. 특히 작가의 첫 글이 평범한 고등학생의 기록이었던 것을 통해 우리가 경험하거나 경험한 학창 시절의 에피소드를 글감으로 떠올리게 도와준다. 또한 작가와의 만남 행사에서 학생들이 가장 궁금해하는 '직업으로서의 작가가 겪는 현실적인 한계점'에 대한 답변도 찾아 읽을 수 있다는 점에서 꿈을 꾸되, 현실적인 안전장치도 생각하게 만든다. 무엇보다도 좋은 사람으로 살아가기 위한 시작으로 글쓰기를 선택할 수 있다는 작가의 말이 마음에 울림을 주면서, 그가 자연스럽게 전파하고 있는 선한 영향력을 독자도 글을 쓰며 느끼고, 또 전파할 수 있다는 용기와 자신감을 느끼게 하는 책이다.

진로탐색 #무엇을 더 볼까

관련매체: 작가초청 사이트 북크루 https://naver.me/GvF8Xxxw

관련도서: 『은유의 글쓰기 상담소』 (은유, 김영사)

진로토론 #무엇을 이야기해 볼까

1. 작가가 되기 위해 문예창작과에 가려는데, 부모님의 반대에 부딪힌다면 어떻게 할까?
2. 나름대로 글을 꾸준히 써 왔다고 생각하지만, 슬럼프가 찾아왔다면, 어떻게 극복할 수 있을까?

진로활동 #무엇을 해 볼까

1. 작가가 되는 가장 좋은 법은 글을 쓰는 것이고, 무엇보다도 계속 쓰는 것이라고 한다. 꾸준히 글을 쓰기 위한 첫 시작으로 1주일 글쓰기를 한다면 다음 키워드 중 첫날 어떤 키워드를 선택해서 글을 쓰고 싶나? 그리고 짧은 글이라도 지금 써보자.
   [생일, 인사, 반성, 도전, 친구, 자화상, 공간, 여행, 계획, 꿈]
2. 지금까지의 삶에서 가장 기억에 남는 일을 5가지 정하고, 그중에 하나를 선택해서 소개한 후 기억에 남는 이유와 자기 생각을 5문장 이상의 글로 작성해 보자.

9. 데미안

도서정보	헤르만 헤세(전영애) / 민음사 / 2009년 / 240쪽 / 8,000원	
진로정보	인문 - 심리, 성장 관련직	
교과정보	문학	[12문학01-07] 작품을 공감적, 비판적, 창의적으로 감상하며, 다양한 방식으로 작품에 대해 비평한다.

도서소개 #어떤 책일까?

모든 사람은 불안과 좌절과 고독에 쌓여 살고 있다. 그것을 얼마만큼 떨어내느냐에 따라 성공과 실패의 갈림길에 서게 된다. 사춘기에 접어들어 중2병이 걸리면 한없이 엇나가기도 하고, 끝없이 나락으로 떨어져 제자리로 돌아올 수 없기도 하지만 자신에게 정신적인 영향을 줄 멘토를 만나는 행운을 얻는다면 그 뒤로는 승승장구할 수 있다. 그러나 우리에게 그런 행운이 따르지 않을 테니 정신 차리고 살아야겠지. 그때 나에게 정신적인 지주의 역할을 해줄 도서라도 있다면 위로를 얻고 나의 삶에 빛이 되어 줄 것이다. 이 도서에서 우리의 길을 찾고 빛을 따라가기를 바란다.

진로탐색 #무엇을 더 볼까

관련매체 : 책 읽어주는 남자 https://youtu.be/KF-qhYMSpC8?feature=shared
관련도서 : :『양철북 1, 2』(권터 그라스, 민음사)

진로토론 #무엇을 이야기해 볼까

1. 나는 멘토가 있을까? 있다면 누구일까?
2. 나에게 어쩐 변화가 필요한가?
3. 지금 가장 큰 고민은 무엇인가?
4. 나의 고민을 해결할 방법은 어떤 것일까?
5. 세상에 중 2병은 없다. (찬반토론)

진로활동 #무엇을 해 볼까

1. 나의 진로를 트리다이어그램으로 그려보자
2. 친구와 각자의 고민을 이야기해 보자
3. 친구와 고민을 나누기 어려운 경우, 상담 선생님을 찾아가 의논해 보자

10. 말의 진심

도서정보	최정우 / 밀리언서재 / 2023년 / 236쪽 / 17,500원	
진로정보	인문 - 심리, 상담가	
교과정보	인간과 심리	[12심리02-05] 부정 · 긍정 정서의 종류와 기능을 탐색하고 실생활에서 효과적인 정서 조절 방법을 이해하고 실천한다.

도서소개 #어떤 책일까?

우리가 평소에 하는 말은 어떤 감정이 담겨있을까? 가지 않은 길을 두고두고 가보고 싶다고 생각하면서도 절대로 갈 수 없듯이 말은 우리 입을 떠나는 순간 절대로 되돌릴 수 없는 것이 된다. 이처럼 말이란 참으로 무서운 것이다. 과도한 칭찬도, 현실을 판단하도록 직설적인 표현도 독이 될 수 있음을 파악하며 표현한다는 것은 말처럼 쉽지 않다. 청소년들의 대화법을 보면 줄임말투성이라서 이해할 수 없는데 그런 말이 습관이 되면 표현에 더욱 서툴게 됨을 깨닫고 상대의 마음을 읽는 표현법을 배우고 나의 진심을 전달하는 대화법을 익히기를 바란다.

진로탐색 #무엇을 더 볼까

관련매체 : 언어 심리학 https://youtu.be/6MwSi-Ei34s?si=NUzF6zxdMEOOkLHY
관련도서 : 『대화의 정석』 (캐정흥수, 피카)

진로토론 #무엇을 이야기해 볼까

1. 다른 사람의 말에 상처를 받아본 경험이 있다면 말해 보자.
2. 다른 사람에게 말로 상처를 준 경험이 있다면 말해 보자.
3. 나는 상대의 진심을 파악할 줄 아는지 이야기해 보자.
4. 용감하게 상대의 부탁을 거절해 본 적이 있다면 이야기해 보자.
5. 말 한마디에 천 냥 빚을 갚을 수 있다. (찬반토론)

진로활동 #무엇을 해 볼까

1. 고운 말을 쓰고 줄인 말을 쓰지 안는 날을 정해서 나만의 언어 일지를 써보자.
2. 그룹을 지어 진실 게임을 해 보자.
3. 나의 솔직한 마음을 편지글로 표현해 보자.

II. 미각의 제국

도서정보	황교익 / 따비 / 2010년 / 227쪽 / 12,000원	
진로정보	인문 - 평론가	
교과정보	독서와 작문	[12독작01-11] 글이나 자료에서 타당한 근거를 수집하고 효과적인 설득 전략을 활용하여 논증하는 글을 쓴다.

도서소개 #어떤 책일까?

돼지 삼겹살, 김치찌개, 돼지갈비, 비빔밥, 만두, 잡채 등 호불호가 갈리지 않는 대중적인 인기를 얻는 음식들은 무수히 많다. 이런 '맛있는 음식'들의 '맛'이라는 것은 어떻게 설명될 수 있을까?

이 책은 우리가 식탁에서 만나게 되는 요리와 그 재료들 가운데 83개를 선정하여 재료의 본연의 맛과 우리가 잊고 있었던 맛의 세계로 이끌어 주는 역할을 하고 있다. 작가가 오랜 세월 맛칼럼니스트로 활동하며 얻은 지식을 책으로 엮어내어 우리가 음식을 먹으며 느끼지 못했던 것들에 대한 새로운 발견을 이끌어 줌과 동시에 음식을 먹으며 평소 궁금했던 것들에 대한 해답을 찾아주고 있다.

하늘과 땅과 바다가 만들어 준 음식 재료들을 먹으며 감사하는 마음과 더불어 우리의 생명을 이어가기 위해 어떻게 먹어야 할지도 생각해 보자.

진로탐색 #무엇을 더 볼까

관련매체 : 내가 먹는 것이 나를 만든다/식생활교육/먹거리교육/식습관교육/동물복지
https://youtu.be/UvCX9bWQaeI?si=eakQ6y_lxRybq8oR

관련도서 : 『추억의 절반은 맛이다』 (박찬일, 푸른숲)

진로토론 #무엇을 이야기해 볼까

1. 책을 읽고 내가 가장 좋아하는 음식 다섯 가지를 선정하고 그 이유를 밝혀 보자.
2. 오미(五味)외에 맛을 결정하는 요소는 무엇이 더 있는지 말해 보자.
3. 맛있는 떡볶이에 대한 정의를 내려 보자.
4. 음식의 맛을 결정하는 것은 재료 본연의 맛이다. (찬반토론)
5. 로컬푸드 소비를 권장하는 것은 소비자의 권리를 침해하는 것이다. (찬반토론)

진로활동 #무엇을 해 볼까

1. 미식가클럽 일기를 만들어 보자.
2. 판매 중인 밀키트에 들어있는 재료들의 푸드마일리지를 계산해 보자.

12. 바르톨로메는 개가 아니다

도서정보	라헐 판 코에이(박종대) / 사계절 / 2017년 / 336쪽 / 13,000원	
진로정보	인문 - 역사, 예술, 문화 관련직(사회복지 관련 포함)	
교과정보	문학	[12문학01-01] 문학이 인간과 세계에 대한 이해를 돕고, 삶의 의미를 깨닫게 하며, 정서적・미적으로 삶을 고양함을 이해한다.

도서소개 #어떤 책일까?

벨라스케스의 〈시녀들〉은 스페인 국왕 펠리세 4세의 공주 마르가리타를 중심으로 공주의 하녀와 시동들이 등장하는 그림인데 이 그림에 등장하는 개를 난쟁이 바르톨로메로 표현하여 인간 개노릇을 하는 것으로 설정해 인간의 존엄성에 대해 생각하도록 한다. 중세의 기독교적 가치관에 따라 바르톨로메 같은 장애(꼽추로 묘사됨)아는 하늘로부터 벌을 받은 죄인으로 취급했는데, 이런 부정적 시선을 극복하고 화가로 거듭나는 인생 역전 서사를 담고 있다. 이 글은 소외당하는 사람에 관한 관심이 담겨있는데, 장애에 대한 사회적 불평등을 마음속에 새길 수 있다. 또한 미술을 바탕으로 새로운 이야기를 만들어내는 융합적 사고를 추구하기도 한다.

진로탐색 #무엇을 더 볼까

관련매체 : 역사채널e https://youtu.be/tW_8yH9aRwI?feature=shared
관련도서 : 『허생전』 (박지원, 범우사)

진로토론 #무엇을 이야기해 볼까

1. 나는 차별하는 사람인가? 차별받는 사람인가?
2. 우리 사회에서 가장 좋지 않은 차별 대우는 어떤 것일까?
3. 차별 없는 세상을 만들기 위한 노력에는 어떤 것이 있을까?
4. 우리 손으로 서로 존중하는 사회를 만들 수는 없을까?
5. 계급사회는 필요하다. (찬반토론)

진로활동 #무엇을 해 볼까

1. 내가 속한 사회의 차별 종류를 조사해 보자.
2. 우리 가족은 서로 존중하고 있는지 조사해 보자.
3. 교실 안에서 친구들의 생각이 얼마나 다른지 설문 조사해 보자.

13. 박물관 보는 법

도서정보	황윤 / 유유 / 2015년 / 234쪽 / 10,000원	
진로정보	인문 – 미술관 · 박물관 안내원	
교과정보	미술사	[12미사02-05]기타 다양한 문화권 미술의 시대별 특성과 배경 요인을 맥락적으로 이해하고 설명할 수 있다.

도서소개 #어떤 책일까?

'보이지 않는 것을 보는 감상자의 안목'을 부제로 하는《박물관 보는 법》은 역사 유물을 전시하는 박물관이 가지는 또 다른 가치에 대해 흥미롭게 이야기하며 박물관이 이제는 교육과 전시, 체험이라는 다양한 서비스 공간의 역할도 제시하고 있음을 이야기한다. 이 책은 고려의 명장이며 충신이었던 신숭겸이 오랜 세월 동안 가문을 빛낼 수 있었던 이야기를 시작으로 하여 우리나라의 유물들이 세계에 알려지게 된 과정과 우리나라의 유물을 지키기 위해 노력한 인물들을 이해할 수 있는 박물관에 관해 이야기하고 있다. 약 100년간의 역사에서 생겨난 세계의 박물관에 관한 이야기를 통해 박물관의 운영 목적의 다양성과 박물관을 통해 알 수 있는 설립자의 철학까지 이해할 수 있는 도서로 역사의 소중함에 대해 생각해 볼 수 있는 계기가 될 것이다.

진로탐색 #무엇을 더 볼까

관련매체 : AI가 그린 그림이 1위 · 미국 미술전 우승 갑론을박
https://youtu.be/vcoi4aAJT1E?si=Cc_q_HZQTTQvZ4fS

진로토론 #무엇을 이야기해 볼까

1. 세계의 박물관에서 공통으로 보이는 가치는 무엇일까?.
2. 우리나라 광고에서 항상 언급되는 역사 속 소재와 그 이유는 무엇일까?
3. 인공지능이 만든 그림은 예술적 가치가 있다. (찬반토론)
4. 스토리텔링만으로 문화유산의 가치를 높일 수 있다. (찬반토론)
5. 일제가 도굴한 우리 문화 유적은 우리 문화의 가치를 알리는 데에 긍정적인 영향을 미쳤다. (찬반토론)

진로활동 #무엇을 해 볼까

1. 지역의 역사 유적을 시대별 또는 사건별로 구분하여 소개하는 영상을 만들어 보자.
2. 우리나라 박물관 지도와 함께 박물관 주변 맛집 지도를 제작해 보자.
3. 역사적 가치가 있는 것들을 수집하여 박물관을 만들어 보자.

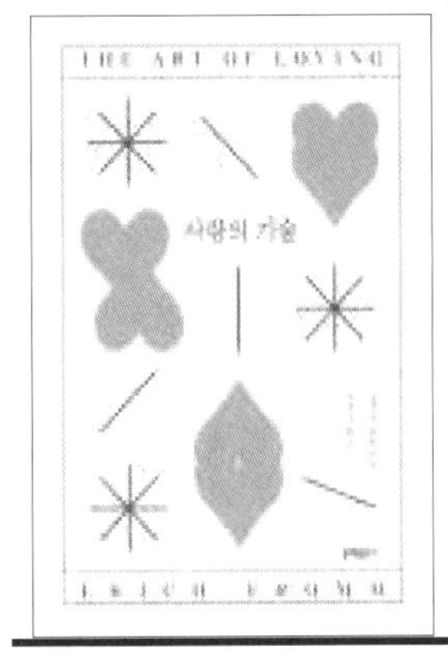

14. 사랑의 기술

도서정보	에리히 프롬(황문수) / 문예출판사 / 2019년 / 232쪽 / 16,000원	
진로정보	인문 - 심리, 정신, 상담, 성장 관련직	
교과정보	인간과 철학	[12인철01-03] 몸과 마음의 관계를 비교·분석하고 인간 본성을 비판적으로 검토하여 진정한 나로 살아가는 습관을 익힌다.

도서소개 #어떤 책일까?

우리가 생각하는 사랑의 개념보다 정신적인 것에 치우친 사랑을 논하고 있다. 글 안에 '사랑은 수동적인 감정이 아니라 활동이다. 사랑은 빠져드는 것이 아니라 참여하는 것이다.' 그러면서 '사랑은 기본적으로 받는 것이 아니라 주는 것이다.'라는 정의를 내린다. 그러면서 사랑에는 존경을 바탕으로 한 책임이 있어야 한다고 논한다. 현대인들은 점점 이기적인 삶을 추구하고 있다. 그래서 존경심이 점점 사라지고 있다고 생각한다. 존경이 아니라 상대를 존중하는 마음이라도 있다면 사회에 나쁜 일은 그리 많이 생기지 않을 듯하다. 이 책을 읽고 잠시 침묵하며 스스로 누군가를 사랑하고 있는지, 아니면 사랑한다고 착각하고 있는지 확인해 보기를 바란다.

진로탐색 #무엇을 더 볼까

관련매체 : 사랑의 기술 https://youtu.be/gAF9-g7JZYc?si=1C2CqmOrv2ztsnZd

관련도서 : 『인간 본성의 법칙』 (로버트 그린, 위즈덤하우스)

진로토론 #무엇을 이야기해 볼까

1. 나는 사랑을 해 본 적이 있는지 생각해 보자.
2. 사랑이 무엇이라고 생각하는지 이야기해 보자.
3. 내가 나를 아끼는 것처럼 다른 사람을 아껴본 적이 있는지 생각해 보자.
4. 내 사랑의 목표는 무엇인지 말해 보자.
5. 사랑의 정의는 없다. (찬반토론)

진로활동 #무엇을 해 볼까

1. 내 사랑의 척도를 그림으로 그려보자.
2. 지금 내가 가장 사랑하는 사람에게 편지를 써보자.
3. 사랑의 고민을 듣고 해결하는 상담사 역할을 해 보자.

15. 사피엔스

도서정보	유발 하라리(조현욱) / 김영사 / 2023년 / 636쪽 / 26,800원	
진로정보	인문 – 인류학 연구원	
교과정보	사회와 문화	[12사문02-02] 사회 집단 및 사회 조직의 유형과 변화 양상에 대한 이해를 바탕으로 사회 집단 및 사회 조직이 개인의 사회생활과 사회적 관계에 미치는 영향을 설명한다.

도서소개 #어떤 책일까?

'인류는 어떻게 지구에 정착하게 되어 오늘날에 이르렀을까?', '미래를 살아가는 인간의 모습은 오늘날과 무엇이 다를까?'와 같은 궁금증을 풀어줄 만한 책으로 어떤 것이 있을까?

이 책은 수렵 채집을 하던 호모사피엔스가 지구를 정복하기 시작했던 때부터 지적 설계를 시작한 현재까지 그 변화를 이끌었던 힘과 인간에게 주어진 능력이 무엇인지, 나아가 행복한 미래를 위해 어떻게 해야 하는지에 대한 책이다.

우리가 역사적 발전이라고 믿어왔던 혁명들이 과연 인류의 행복에 기여했는지, 오늘날의 풍요로움과 윤택함을 누릴 수 있게 만들었다고 믿었던 과학기술이 우리 인류에게 미친 영향을 다양한 관점에서 톺아보게 할 것이다.

진로탐색 #무엇을 더 볼까

관련매체 : EBS 컬렉션-사이언스, 역사적 고증을 통해 조명한 '호모 사피엔스'의 생존 비결
https://www.youtube.com/watch?v=-INCW8HMPUI

관련도서 : 『총, 균, 쇠』 (재러드 다이아몬드, 김영사)

진로토론 #무엇을 이야기해 볼까

1. 저자가 역사를 이끈 힘으로 제시한 인지혁명, 농업혁명, 과학혁명의 개념을 각각 요약하여 말해 보자.
2. 인지혁명, 농업혁명, 과학혁명이 역사의 진보와 인류의 행복에 기여했을까?
3. 이 책을 통해 새롭게 알게 된 인류의 역사 이야기는 무엇일까?
4. 사피엔스의 입장에서 오늘날 인류가 해결해야 할 과제는 무엇일까?

진로활동 #무엇을 해 볼까

1. 역사박물관에 게시할 사피엔스 홍보물을 작성해 보자.
2. 인류가 처해 있는 문제를 해결하는 데 어떻게 기여할 수 있는지를 나의 진로와 연계하여 발표해 보자.

16. 삶이 허기질 때 나는 교양을 읽는다

도서정보	지식브런치 / 서스테인 / 2022년 / 360쪽 / 16,800원	
진로정보	인문 - 문화 예술 스포츠 전문가 및 관련직, 문학 작가	
교과정보	한문	[12한문01-08] 한자 문화권의 문화에 대한 지식을 익혀 이해와 교류 증진에 참여하려는 태도를 기른다.

도서소개 #어떤 책일까?

우리는 매일 삶을 살아가면서 수많은 질문에 부딪히고 산다. '아침 식사하셨어요?', '문 닫고 들어가'와 같은 우리의 언어생활에서 '서양 사람들은 왜 젓가락을 쓰지 않는가?'라는 문화생활에서도 우리는 수많은 질문을 하곤 한다.

이 책은 일상에서 우리가 항상 품고 있는 일상의 궁금증에 대한 해답을 주고 있는 책이다. 모두가 궁금해하는 질문들에 대한 답은 교양으로 내 몸에 남아 타인들과의 대화에 있어서 윤활유 역할을 하게 되기도 한다. 나 홀로 세상의 모든 질문에 대한 답을 찾을 수 없다고 생각했을 때 비로소 이 책이 우리의 삶을 더욱 윤택하게 해 줄 것이라 믿는다.

이 책을 통해 나와 다른 문화를 이해하고 함께하는 공존의 가치를 깨닫게 되는 계기가 되어 주길 바란다.

진로탐색 #무엇을 더 볼까

관련매체 : [성장문답] 역사지식이 부족한 당신이 반드시 들어야 할 대답
https://youtu.be/-J9uJ51_xq4?si=UmzK78hNLJdzZ0lE

관련도서 : 『사피엔스』 (유발 하라리, 김영사)

진로토론 #무엇을 이야기해 볼까

1. 한국도 중립국이 될 수 있을까?
2. 인류는 언제부터 맛을 즐기기 시작했을까?
3. 국제사회의 비난에도 중국이 티베트를 포기하지 않는 이유는 무엇일까?
4. 조선 시대 언어 천재 신숙주의 7개 국어 학습법은 무엇일까?
5. 교양은 적극적 수용을 통하여 형성된다. (찬반토론)

진로활동 #무엇을 해 볼까

1. 일상의 궁금증들을 수집하여 해답을 정리해 보자.
2. 역사 속 사진의 내용을 토대로 질문을 해결하는 커뮤니케이터가 되어 보자.

17. 세계 최고의 여행기 열하일기 上

도서정보	박지원(고미숙, 길진숙, 김풍기) / 북드라망 / 2013년 / 312쪽 / 19,000원	
진로정보	인문 – 역사학 연구원	
교과정보	동아시아 역사기행	[12동역01-01] 역사 기행을 통한 탐구의 방법을 이해하고, 동아시아의 범위와 특징을 파악한다.

도서소개 #어떤 책일까?

'우물 안 개구리'라는 속담은 세상 넓은 줄 알지 못하는 어리석은 사람에게 쓰이는 비유적 표현이다. 중국 춘추시대 사람인 손자의 손자병법에 '지피지기 백전불태(知彼知己百戰不殆)'란 말이 있는데 나를 아는 것도 남을 아는 데에서 시작한다는 말이니 바깥세상을 배우면서 우리나라를 더욱 잘 이해할 수 있을 거라는 생각은 당연하지 않을까?

이 책은 1780년 청나라 황제인 건륭제의 칠순을 축하하기 위해 파견된 사신단 중 정사 박명원의 팔촌 동생 박지원이 기록한 열하일기를 통해 사신단의 여정뿐만 아니라 동아시아 최대 선진국이었던 청나라의 문화, 정치, 경제 등 다양한 내용들을 접할 수 있다.

조선에서 출발하여 다시 돌아오는 5개월의 여정에 함께 참여하는 기분으로 책을 읽어 내려가며 그 당시는 사람들의 세계관과 자아정체성을 느껴 보자.

진로탐색 #무엇을 더 볼까

관련매체 : [위대한 유산] 열하일기 (고미숙 고전평론가)
https://youtu.be/L7KG9J21-Jw?si=h_sRzXXIpn_q3pCM
관련도서 : 『역사 속의 젊은 그들』 (하영선, 을유문화사)

진로토론 #무엇을 이야기해 볼까

1. 열하일기를 통해 알 수 있는 박지원의 생각에 대한 세상의 평가에 대해 말해 보자.
2. 실학의 전파 과정에 대해 정리해 보자.
3. 중국과 우리나라의 관계를 시대별로 정리해 보자.
4. 변화는 기존의 가치를 부정하면서 시작된다. (찬반토론)
5. 국가의 수도(首都)의 전제 조건 중 생태적 환경이 가장 중요하다. (찬반토론)

진로활동 #무엇을 해 볼까

1. '코끼리를 통해 본 우주의 비의(상기)'를 읽고 글에 따라서 코끼리를 그려보자.
2. 삼국 시대 이후로 중국과의 관계를 무역 중심으로 알아보자.

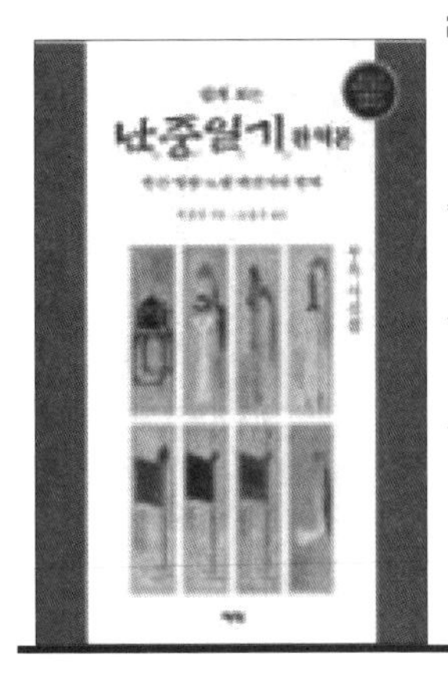

18. 쉽게 보는 난중일기 완역본

도서정보	이순신(노승석) / 여해 / 2022년 / 424쪽 / 16,000원	
진로정보	인문 – 요리연구가	
교과정보	기술·가정	[12기가01-02] 생활문화에 대한 문화감수성을 바탕으로 한국 의식주 생활문화의 독창적 요소를 탐색하고, 다른 나라의 생활문화를 비교 · 분석한다.

도서소개 #어떤 책일까?

우리나라를 뛰어넘어 세계 역사 속 최고의 해군제독이었던 이순신이 임진왜란과 정유재란의 시기에 40여 해전을 치르면서도 한 번도 패한 적이 없는 사실을 글로 만나본다. 많은 인물에 관한 이야기, 전쟁을 준비하는 이야기 등 책을 읽는 이들이 다양한 시각으로 바라볼 수 있는 내용들도 담겨있다.

1795년 정조의 명으로 처음 해독되어 사람들에게 읽히기 시작한 난중일기는 장군이자 신하이며 아버지, 아들, 남편의 다양한 캐릭터를 볼 수도 있다. 또 당시 생활상을 엿볼 수도 있으며 조선 사회의 주요 가치도 확인할 수 있는 주요 자료로 활용되기도 한다. 이 책을 읽으며 좀 더 다양한 시각으로 이순신 장군을 평가해 보자.

진로탐색 #무엇을 더 볼까

관련매체 : 순천향대학교 이순신 연구소 www.yiyeon.com
관련도서 : 『전쟁이 요리한 음식의 역사』 (도현신, 시대의 창)

진로토론 #무엇을 이야기해 볼까

1. 임진왜란이 바꿔놓은 우리의 음식문화를 이야기해 보자.
2. 전투식량의 다양한 보존 방식을 정리해 보자.
3. 7년간의 전쟁을 통해 조선과 일본 양국에 미친 문화적 영향을 알아보자.
4. 전쟁의 승패를 가르는 기준은 잘 공격하는 것이다. (찬반토론)
5. 대의를 위해 개인의 굴욕은 감수할 수 있다. (찬반토론)

진로활동 #무엇을 해 볼까

1. 보존식의 대표 격인 고추장과 된장의 레시피를 만들어 보자.
2. 통영지역의 특성을 살려 '장군님의 식단'을 완성해 보자.

19. 시시콜콜 조선복지실록

도서정보	박영서 / 들녘 / 2022년 / 308쪽 / 15,000원	
진로정보	인문 - 국회의원	
교과정보	정치	[12정치01-01] 정치의 의미와 공동체 유지 발전에 정치가 필요한 이유를 이해하고, 일상생활에서 나타나는 정치의 사례를 찾아 분석한다.

도서소개 #어떤 책일까?

사서삼경 가운데 하나인 맹자(孟子)를 읽다 보면 항산(恒産)과 항심(恒心)이라는 어휘가 등장한다. 항산은 오늘날로 따지면 생계 수단으로 설명할 수 있고 항심은 인간이 가진 본성을 이야기하는데, 위정자가 백성들에게 적어도 굶어 죽지 않을 수 있는 시스템을 만들어야 한다는 뜻이다.

이 책은 유교 정치를 추구하였던 조선 시대의 왕들은 민본주의에 입각한 왕도정치를 실현하기 위해 얼마나 노력하였는지 현실과 이상의 괴리를 극복하기 위한 노력은 어땠는지를 알아볼 수 있는 책이다.

국가라는 공동체 시스템이 유지되기 위해 정치는 어떤 역할을 하는지 오늘날 그 구체적 사례는 무엇인지 생각해 보게 한다.

진로탐색 #무엇을 더 볼까

관련매체 : [복지국가] 유시민 " 위험에서 시민을 최대한 보호해주는 것 " 차이나는 클라스 https://youtu.be/VzhNuLRsCto?si=DVSuzBzG6MRkUtEo

관련도서 : 『맹자』 (맹자, 휴머니스트)

진로토론 #무엇을 이야기해 볼까

1. 민본주의와 왕도정치를 이야기해 보자.
2. 우리나라 <사회보장기본법> 제3조를 네 가지로 요약한 것에 대해 말해 보자.
3. 현재 우리가 받는 복지의 구체적 사례 다섯 가지를 말해 보자.
4. 복지는 선별적 가치가 의미 있다. (찬반토론)
5. 복지는 불평등을 해소하는 중요한 역할을 한다. (찬반토론)

진로활동 #무엇을 해 볼까

1. 지역의 정치인(지방의회 의원 중심)들을 만나보고 정치의 역할에 대한 답변을 수집해 보자.
2. 학교에 불필요하다고 여겨지는 교칙의 문제점을 지적하고 대안을 제시해 보자.

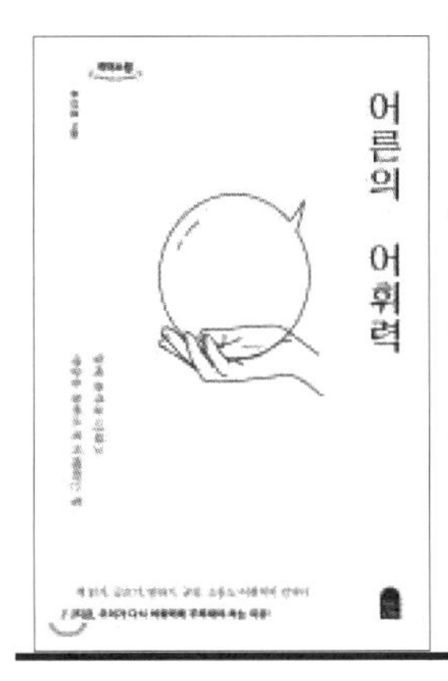

20. 어른의 어휘력

도서정보	유선경 / 앤의서재 / 2020년 / 342쪽 / 16,500원	
진로정보	인문 - 작가	
교과정보	공통국어1	[10공국1-04-03] 다양한 분야의 글과 담화에 나타난 문법 요소 및 어휘의 표현 효과를 평가하고 적절한 표현을 생성한다.

도서소개 #어떤 책일까?

『어른의 어휘력』에는 낱말을 살피고 음미하는 언어적 즐거움부터 자기 생각과 감정을 적절한 어휘로 표현하는 기쁨, 대상과 사물에 대한 새로운 시각을 깨우는 흥분, 타인의 마음을 두드리는 설렘으로 가득하다. 또 작가가 익숙한 어휘와 생소한 어휘를 골고루 선택해 촘촘히 써 내려가, 이 책을 읽는 것만으로도 미처 발견하지 못했던 수많은 어휘를 발견하는 희열을 느낄 수 있다. 특별히 280여 개에 이르는 주석에서 만나는 낱말의 사전적 정의를 통해 문장에서 다른 낱말과 함께 배치했을 때 의미나 어감이 무엇이 달라지는지 직접 체감하고 문맥을 이해하는 힘을 기르게 될 것이다. 작가의 노하우가 담긴 어휘력 키우는 12가지 방법도 만나보자.

진로탐색 #무엇을 더 볼까

관련매체 : EBS, 당신의 문해력 플러스 - 어른을 위한 어휘력_#003

진로토론 #무엇을 이야기해 볼까

1. 어휘력을 키우는 필수 조건을 알아보자.
2. 어휘력을 키우는 방법들과 어휘를 만나는 즐거움을 알아보자

진로활동 #무엇을 해 볼까

1. 여러분이 주로 이용하는 SNS에 최근에 게시한 게시물을 살펴본 뒤, 나의 어휘력 실력을 알아보자.
2. 신문이나 잡지를 정하여 읽어보고 다양한 어휘를 찾아보고, 자료와 근거를 활용하여 글을 써보는 활동을 해 보자.

21. 어서오세요 휴남동 서점입니다

도서정보	황보름 / 클레이하우스 / 2022년 / 364쪽 / 15,000원	
진로정보	인문 - 사서	
교과정보	진로와 직업	[12진로01-01] 관심 분야 직업인의 삶과 진로 특성을 탐구함으로써 관심 직업 및 전공 분야에서 요구되는 진로 특성을 이해한다.

도서소개 #어떤 책일까?

작은 책방을 운영하게 된 주인공의 삶이 마치 우리 바로 옆에서 함께 살아가는 이웃처럼 가깝게 느껴지는 작품이다. 책에 관한 관심과 책방을 운영하며 손님들을 대하는 자세와 소소한 독서 이벤트로 독서 흥미를 유발하기 위해 노력하는 모습을 통해 책과 책을 좋아하는 사람들을 소중히 여기는 사서나 사서교사의 모습을 상상하게 하는 책이다.

특히 책 읽기에 진심인 영주 사장의 언행 속에서 내가 만약 휴남동 서점의 주인장이라면 어떻게 할지 즐거운 상상을 하게 만든다. 누구나 머물고 싶고, 다시 오고 싶은 공간으로서의 서점이자 도서관을 꿈꾸는 사람들에겐 동료 같은 책이 될 수 있다.

진로탐색 #무엇을 더 볼까

관련매체: 한국학교도서관협의회 https://ksla.net/default/
관련도서: 『매일 읽겠습니다』 (황보름, 어떤책)
『교사의 모든 것_사서교사』 (김혜연, 꿈결)

진로토론 #무엇을 이야기해 볼까

1. 학교 도서관에서는 학생들을 위한 추천도서 목록을 제공해야 한다.
2. 서점(or동네 책방)에 자주 오는 손님이 있다. 그런데 책을 사진 않고, 매일 일정 분량씩 책만 읽고 간다면 어떻게 해야 할까?
3. 학교 도서관에서 사서교사는 학습에 도움이 되는 독서행사를 중심으로 기획하고 운영해야 한다.

진로활동 #무엇을 해 볼까

1. 내가 학교 도서관 사서교사가 되었다는 가정하에 관심을 둔 분야를 중심으로 북큐레이션을 해 보자.
2. 청소년들의 독서 흥미를 유발할 수 있는 독서 행사나 이벤트를 기획하고, 학교에서 직접 진행해 보자.

22. 역사의 쓸모

도서정보	최태성 / 다산초당 / 2019년 / 296쪽 / 15,000원	
진로정보	인문 - 웹기획자	
교과정보	한국사	[10한사-02-05] 근대 이전 한국사 주제를 설정하여 탐구하고, 그 결과를 다양한 방법으로 표현한다.

도서소개 #어떤 책일까?

"어떻게 살아갈 것인가?"라는 질문에 당신은 어떻게 답할 수 있을까? 아무것도 보이지 않는 어두운 밤길을 걸으라고 한다면 어떻게 걸어갈 수 있을까? 우리는 이처럼 누군가가 주었거나 아니면 스스로가 내린 문제에 대한 답을 스스로에게서 얻을 수 있을까?

해답을 내리기는 쉽지 않을 것이다. 그럼에도 불구하고 여전히 시간은 흐르고 있고 우리는 소년기를 지나 청년에서 장년으로 늙어갈 것이다. 억겁의 세월을 살아온 지구 앞에서 우리는 스쳐 지나가는 바람보다도 짧은 삶을 살고 있지만 그래도 무언가 의미를 찾고자 한다면 이 책이 한 줄기 빛을 내려주지 않을까?

역사를 통해 더욱더 긍정적으로 발전하고 빛나는 자신을 계획하기를 바란다.

진로탐색 #무엇을 더 볼까

관련매체 : "과거는 과거대로 직시하고 솔직히 자기 반성해야" 일본 의원들 앞에서도 할 말은 한 노무현
https://youtu.be/c149fccja7g?si=9V36Dui4JEdSUwXe

관련도서 : 『철학은 어떻게 삶의 무기가 되는가』 (야마구치 슈, 다산초당)

진로토론 #무엇을 이야기해 볼까

1. 잉카의 마지막 황제와 연개소문의 공통점은 무엇인가?
2. 서희의 강동 6주 담판의 교훈은 무엇인가?
3. 내 주변의 모든 것이 나에게 가르침이 된다. (찬반토론)
4. 비언어적요소는 의사전달에 있어 가장 중요한 요소가 된다. (찬반토론)

진로활동 #무엇을 해 볼까

1. 각 목차에서 예로 제시된 역사적 사실 외 다른 것들을 찾아보자.
2. 영상자료와 자막을 활용하여 '한국사에서 보여 주는 교훈'이라는 제목으로 3분짜리 영상을 만들어 보자.

23. 위대한 명연설

도서정보	에드워드 험프리(홍선영) / 베이직북스 / 2020년 / 456쪽 / 17,500원	
진로정보	인문 - 통역가	
교과정보	영어 발표와 토론	[12영발01-01] 발표의 목적과 맥락에 맞게 정보를 수집하고 발표 개요를 준비한다.

도서소개 #어떤 책일까?

반향(反響)이란 말은 '어떤 사건이나 발표 따위가 세상에 영향을 미치어 일어나는 반응'이라는 뜻으로 우리는 주변에 일들에 관심이 있으며 공통의 문제 또한 그렇다고 생각한다. 더 직접적인 반향을 일으킨다는 것은 직접적인 언어를 통해서 이루어질 것이다. 그 방법 가운데 하나로 우리는 연설이라는 방법을 이용하는데 연설은 사람을 귀 기울이게 하고 그 마음을 감동시켜 스스로 움직이게 하는 힘을 가지고 있다.

이 책을 읽으면서 연설자의 연설 의도와 명연설의 서사를 분석해 보고 사람들을 감동하게 할 수 있는 명연설의 주인공이 나도 될 수 있음을 생각해 보자.

진로탐색 #무엇을 더 볼까

관련매체 : 스티브잡스 스탠포드대 졸업식 축사
https://youtu.be/fitGVeIgKYE?si=10uc2ZBcwgGTnjgw
관련도서 : 『힘있는 말하기』 (데이비드 크리스탈, 토트출판사)

진로토론 #무엇을 이야기해 볼까

1. 명연설은 어떤 효과를 지니는가?
2. 20세기를 대표하는 4대 연설문과 연설문 간의 공통점은 무엇인가?
3. 에멀린 팽크허스트의 연설의 배경과 그 의의는 무엇인가?
4. 대중을 향한 연설은 서사를 가져야 한다. (찬반토론)
5. 연설은 우리의 눈과 귀를 멀게 한다. (찬반토론)

진로활동 #무엇을 해 볼까

1. '3의 법칙'을 활용하여 영어연설문을 작성한 후 발표해 보자.
2. 단문(單文)만 사용해 '우리의 꿈'을 주제로 영어연설문을 작성한 후에 발표해 보자

24. 이어령의 마지막 수업

도서정보	김지수 / 열림원 / 2023년 / 382쪽 / 16,500원	
진로정보	인문 - 상담가	
교과정보	공통국어2	[10공국2-02-03] 의미 있는 사회적 독서 활동에 참여함으로써 타인과 교류하고 다양한 지식이나 정보, 삶에 대한 가치관 등을 이해하는 태도를 지닌다.

도서소개 #어떤 책일까?

2021년 10월 출간된 이후 20만 부 이상 판매되며 많은 독자에게 사랑받고 있는 『이어령의 마지막 수업』. "내 말과 생각이 남아 있다면 더 오래 사는 셈"이라던 스승의 말처럼, 그 온기는 여전히 우리 곁에 남아 "삶과 죽음에 대한" 스승의 지혜를 붙잡고 살아가는 이들에게 위로가 되어주고 있다. 이어령 선생님의 1주기를 맞아 선생님을 그리워하고 추모하는 마음을 담아 출간되는 『이어령의 마지막 수업』 특별판은 마지막까지 어지러운 세상에 두고 가는 제자들 생각뿐이었던 스승의 따뜻한 마음을 다시 한번 느껴볼 수 있는 선물 같은 책이 되어줄 것이다.

진로탐색 #무엇을 더 볼까

관련매체 : #이어령의 내가 없는 세상 "잘 있으세요, 여러분들. 잘 있어요."
인간 이어령이 세상에 마지막으로 남기는 인사 / tvN 220317 방송

관련도서 : 『모리와 함께 한 화요일』 (미치앨봄, 살림)

진로토론 #무엇을 이야기해 볼까

1. 스승은 "죽음이 무엇인지 알려주기 위해" "생사를 건네주는 사람"이라고 한다. 책을 읽는 동안 그 의미를 생각해 보자.
2. 내가 만약 교사가 된다면 학생들에게 어떤 진심을 보여줄 수 있을지 고민하며 책을 읽어보고 이야기해 보자.

진로활동 #무엇을 해 볼까

1. 나에게 스승의 존재란 어떤 의미인가? 교권에 대한 나의 생각은 무엇인지 발표해 보자.
2. 내가 존경하는 선생님을 떠올리며 작가처럼 인터뷰해 보자.

제3장

사회

◈ 사회 영역 소개 ◈

#사회 영역의 정의

사회는 인간관계에서 발생하는 사회현상과 인간의 사회적 행동을 탐구하는 과학의 한 분야로서, 과학적이고, 체계적으로 연구하는 모든 경험과학에 바탕을 두고 있으며, 사회학, 정치학, 법학, 지리학, 경영·경제학 등이 이에 포함된다. 인간 사회의 다양한 측면과 관련된 기초학문을 교육하고 연구하여 사회의 문제를 진단하고 처방할 수 있는 기본적인 소양을 육성하는 데 목표가 있다.

#사회 영역의 종류

사회학은 인간을 둘러싼 사회와 사회적 존재로서 인간을 연구하는 학문으로서, 사회적 상황과 맥락이 인간의 행위에 미치는 영향력에 주목한다.

정치외교학은 정치학의 정치사상, 정치사, 한국 정치, 비교정치학, 국제정치학, 지역 정치 분야를 연구하는 학문이며, 외교학은 국제정치학의 세부 분야이다.

법학은 법률을 연구 대상으로 하는 학문으로서, 법의 개념을 정리하고 법률의 종류를 분류하며, 법의 효력과 적용, 해석 등을 연구한다.

지리학은 지표상에서 발생하는 자연 및 인문 현상을 지역적 관점에서 연구하는 과학의 한 분야이다.

경영학은 조직체의 구조와 행동의 원리를 연구하는 학문이며, 경제학은 인간의 경제활동에 기초를 둔 사회적 질서를 연구하는 학문이다.

#사회 영역을 위한 준비

사회를 공부하기 위해서는 평소 사회문제에 관심이 있어야 하며, 복잡한 사회현상에 대한 원인과 결과, 상관관계, 여러 요인 간의 관계, 법, 제도, 정책 등에 대한 지식을 논리적으로 분석할 수 있는 수리·논리력이 필요하다.

아울러 문화, 역사 등 다양한 분야의 지식을 갖추어야 하며, 연구 및 분석 결과를 보고서로 작성할 수 있는 논리적인 글쓰기와 발표를 위한 언어능력 또한 필요하다. 그래서 평소 여러 사회문제나 현상에 관심을 가지고 자료를 직접 찾고 조사하거나 탐구하는 활동을 즐길 수 있어야 한다.

◈ 사회 도서 목록 ◈

순	영역	진로정보	교과정보	도서명	집필자	비고
1	사회	광고 기획자	국어, 매체 의사소통	청소년을 위한 광고 에세이	안장호	대표
2	사회	기자(르포 기자)	사회와 문화	로기완을 만났다	김혜연	대표
3	사회	감독/연출가	매체 의사소통	1인 미디어	최종한	
4	사회	사회교사	통합사회2	10년 후 세계사 두 번째 미래	김형중	
5	사회	사회교사	통합사회1	공간과 장소	김형중	
6	사회	기자	국어, 매체 의사소통	뉴스를 보는 눈	안장호	
7	사회	인류학자	사회와 문화	문화의 수수께끼	김형중	
8	사회	경제학자/사회학자 및 관련 전문가	세계사	비주얼 경제사	노연실	
9	사회	경제학자/심리학자	통합사회	생각에 관한 생각	황초희	
10	사회	사회교사	통합사회2	선량한 차별주의자	김형중	
11	사회	마케팅전문가	통합사회, 경제	소비자의 마음	황초희	
12	사회	판사	법과 사회	오늘의 법정을 열겠습니다	김형중	
13	사회	NGO 및 세계기구종사자	생태와 환경	왜 세계의 절반은 굶주리는가?	강인진	
14	사회	사회교사	통합사회1	우리도 행복할 수 있을까	김형중	
15	사회	군인/정치인	통합사회2	전쟁은 여자의 얼굴을 하지 않았다	안장호	
16	사회	중앙정부 고위 공무원	정치	정세현의 통찰	김형중	
17	사회	경제학자/사회학자 및 관련 전문가	경제	죽은 경제학자의 살아있는 아이디어	노연실	
18	사회	사회과학 연구원	세계시민과 지리	지리의 힘	최종한	
19	사회	경영/경제 관련직	금융과 경제생활	창업은 처음이지? 초보사장의 세금노하우	강인진	
20	사회	사회교사	통합사회	청소년을 위한 경제학 에세이	황초희	
21	사회	기자/언론 관련 전문가	국어	청소년을 위한 매체 이야기	김혜연	
22	사회	역사학 연구원	한국사	친절한 한국사	김혜연	

1. 청소년을 위한 광고 에세이

도서정보	정상수 / 해냄 / 2022년 / 276쪽 / 15,800원	
진로정보	사회 – 광고 기획자	
교과정보	국어, 매체 의사소통	[12매의01-06] 개인적 · 사회적 관심사에 대한 자신의 관점이 드러나는 주제를 선정하여 설득력 있는 매체 자료를 제작하고 공유한다.

도서소개 #어떤 책일까?

35년 차 광고 전문가인 저자는 '네스카페' '피자헛' 등 유명 광고를 만들었던 풍부한 현장 경험을 바탕으로 살아 있는 광고 이야기를 들려준다. 일상에서 가장 쉽게 접할 수 있는 콘텐츠인 광고를 통해 청소년들이 배울 수 있는 현명한 소비자가 되기 위해 꼭 알아야 할 광고의 문법과 거짓 광고에 속지 않기 위해 갖춰야 할 미디어 리터러시 역량을 길러준다. 특히, 광고인을 꿈꾸는 청소년에게 필요한 진로 가이드 역할을 하는 이 책은 미래의 광고인을 꿈꾸는 독자들에게 유용한 정보를 담았다. 직업으로서 광고인은 어떤지부터 광고인이 되기 위해 필요한 자질, 광고의 미래까지 상세하게 다루었다. 광고인을 꿈꾸는 청소년들이 이 책을 통해 구체적인 정보를 얻고 스스로 진로를 진지하게 고민할 시간을 통하여 진로를 탐색할 수 있다.

진로탐색 #무엇을 더 볼까

관련매체 : 클래스로그, [직업탐구생활] 광고 기획자
- 광고로 세상과 소통하다

관련도서 : 『광고천재 이제석』 (이제석, 학고재)
『인문학으로 광고하다』 (박웅현, 알마)

진로토론 #무엇을 이야기해 볼까

1. 광고는 소비자를 설득하는 것이 목적이라면 '창의성'이 중요한 이유와 다양한 설득의 전략은 어떤 것이 있을지 생각해 보자.
2. 디지털 광고의 등장으로 생겨난 인플루언서 마케팅의 유형에는 어떤 것이 있는지 말해 보자.

진로활동 #무엇을 해 볼까

1. 최근 본 광고 중에서 소비자 혜택을 슬기롭게 표현한 광고와 제품의 효능에만 치중한 광고를 찾아서 비교하면서 친구들과 이야기해 보자.
2. 영화 제목이나 명대사를 활용하여 자신의 물건 중에서 하나를 홍보하는 광고 카피를 직접 써보고 친구들에게 그 반응을 확인한 후 광고 보고서를 써보자.

◈ 책 이야기 ◈

1. 가장 인상 깊게 읽은 내용을 찾아 옮겨 보고, 이유를 말해 보자.

2. 광고를 표현하는 매체는 무엇인지 조사해 보자.

<TV 광고>
TV 광고는 짧은 시간 내에 집중적으로 제품을 알려 제품에 대한 소비자의 인지도를 금방 높일 수 있다는 장점을 갖고 있다. 우리나라에서는 대개 15초~30초 길이로 광고를 만들어 방송하는데 짧은 시간 안에 메시지를 잘 담아 전달하는 것이다. 또한 기업이 원하는 시간에 광고를 방송할 수 있어 효과가 높으며 제품의 특징과 시청자의 성향, 라이프스타일 등을 조사하여 광고할 수 있다.
<라디오 광고>
라디오 광고는 성우 목소리를 통해 TV 광고처럼 생동감 있게 메시지를 전달할 수 있으면서도 매체 비용은 비교가 되지 않을 정도로 낮은 것이 장점이다. TV 광고를 제작한 후 화면은 빼고 음향만 녹음하여 똑같은 내용으로 라디오 광고를 만들어 방송하기도 한다.
영상과 음향을 통해 소비자의 시청각에 호소하는 tv 광고에 비해 전달력이 다소 떨어진다는 아쉬움이 있지만 청각 매체의 특성을 잘 살려 새로운 시도를 하는 라디오 광고도 많이 등장하고 있다.
<신문 광고>
신문 광고는 TV 광고에 비해 매체 비용이 저렴하고, 활자 매체의 장점을 살려 제품의 정보를 충분히 전달할 수 있다는 장점이 있다. 이해가 잘 가지 않으면 기사를 여러 번 다시 읽을 수 있으며, 종이 신문이나 디지털 신문 모두 활자를 인쇄한 상태로 오랫동안 보존할 수 있는 것도 특징이다.
<잡지 광고>
잡지는 비용이 비교적 낮은 광고 매체이다. 잡지의 종류가 많기는 하지만, 독자의 성격에 따라 신문보다 확실하게 분류할 수 있어 좋다. 예를 들어, 젊은 여성 독자와 낚시 애호가가 즐겨 보는 잡지는 다르므로 거기에 맞추어 관련 광고를 실을 수 있어서 효과적이다.

3. 최근 광고를 싣는 미디어 환경도 달라지고 있는데 어떤 광고가 확산하고 있는지 알아보자.

정보통신 기술의 발달로 미디어는 디지털화되고 있다. 특히 MZ 세대를 대상으로 광고가 기획된다. 이들은 그 어느 세대보다도 디지털 기기를 잘 다루고, 코딩을 배워 앱이나 프로그램을 직접 개발할 줄 안다. 이들은 주로 인터넷의 산물인 스마트폰과 소셜 미디어를 무기로 세상을 살아간다. 인터넷을 기반으로 한 모든 미디어가 광고 매체가 된다. 따라서 기업은 4대 매체는 기본이고, 각종 소셜 미디어를 통해 빠르게 확산하고 있다.

◈ 질문하고 토론하고 ◈

* 영상자료를 통해 알게 된 내용들을 질문에 따라 정리해 보자.
* 주어진 질문 외 새로운 질문을 만들 수 있습니다.

[영상자료]
한국방송광고진흥공사,
2019 대한민국 공익광고제 대상
<안전한 반려견 예절문화-우리 개는 순한데>

1. 위 자료를 보고 느낀 점을 말해 보자.

영상 광고에서 이야기 구조는 4단계로 구성할 수 있다. 즉 '기-승-전-결' 의 구조를 이용해서 영상 광고의 스토리텔링을 창의적으로 만들 수 있다. 첫 장면은 도심을 걷는 엄마와 딸을 자연스럽게 등장한다. 두 번째와 세 번째 장면에서는 개를 호랑이로 전환하여 보여주고, 네 번째 마지막 장면에서는 반려견의 주인이 자기 개는 순하다고 말한다. 그러나 다른 사람에게는 공포의 대상이 될 수 있다는 서사 구조를 보여주고 있다.

2. 책과 자료를 보고 궁금한 것을 질문해 보자.

광고가 지닌 설득의 힘은 무엇일까?
영상 광고에서 스토리텔링은 어떻게 구성해야 할까?
사람의 마음을 움직이는 광고 카피는 어떻게 만들어지나?
창의적인 아이디어로 사람을 설득하기 위해서 어떻게 표현해야 할까?

3. 다음 광고의 내용과 주제에 대하여 말해 보자.

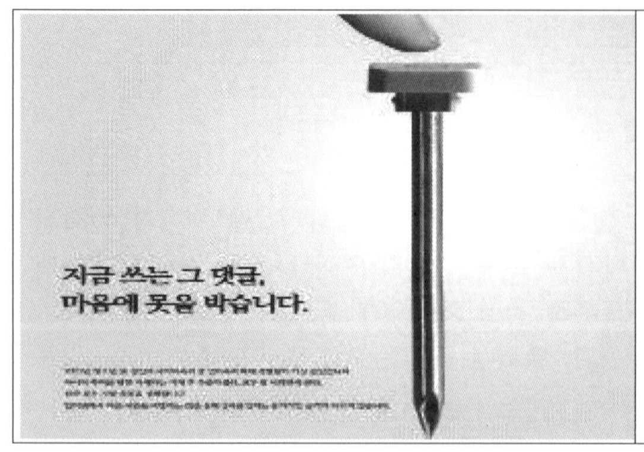

<인쇄 공익광고>
한국방송광고진흥공사, 마음의 못, 2022,
디지털 사회의 빠른 전환으로 인해 사이버 언어폭력이 날로 심각해지고 있다. 욕설, 비방 글의 차원을 넘어 최근에는 '사이버 블링' 이라는 온라인에서의 따돌림 현상도 증가하고 있는 현실이다. 이에 스마트폰이나 인터넷강의 심한 인격적 모욕과 다른 사람을 비방하는 일 때문에 자살 충동까지 경험하는 일에 대한 경각심을 강조하는 공익광고의 메시지를 읽을 수 있다.

◈ 진로 이야기 ◈

1. 광고인이 되려면 어떤 일에 관심을 기울이는 사람이 되어야 하는지 말해 보자.

-상상을 좋아하고 상상력과 비유적인 표현이 풍부한 사람
-호기심과 매사 궁금한 것이 많은 사람
-남을 웃기기 좋아하고 주변 사람들에게 즐거움을 주는 사람
-이야기하기와 낙서하기와 그림 그리기를 좋아하는 사람

2. 광고카피 중 인상적이거나 기억에 남는 문구를 찾아 조사해 보자.

*열심히 일한 당신 떠나라 -현대카드
*작은 차 큰 기쁨 - 티코 자동차
*침대는 가구가 아닙니다. 과학입니다. - 에이스 침대
*그녀의 자전거가 내 가슴 속으로 들어왔다. -빈폴
*나이는 숫자에 불과하다. -KTF

3. 광고와 관련한 다양한 진로의 직종을 조사해 보자.

<광고 기획자(AE): Account Executive>
*광고회사의 내부 업무가 효율적으로 진행될 수 있도록 관리하는 리더
*시장조사와 분석, 광고 마케팅 기획 및 실행, 광고 제안서 및 결과 보고서 작성 업무

<광고 전략(AP): Account Planning>
*AE업무 중 일부였던 광고주의 마케팅 전략을 담당
*광고 제작물을 효과적으로 도출하여 효과를 극대화하기 위해 미디어 전략을 짜는 역할

<카피라이터(CW)>
*광고 카피를 작성하는 전문가
*사람의 심리를 잘 파악하여 창의적인 표현으로 광고 문구를 작성

<아트 디렉터(AD)>
*광고 기획, 제작, 영업 등 각 분야를 총 지휘하고 처리하는 전문가
*광고의 사진, 그림, 카피 등 담당자를 선정하고 광고의 전체적인 컨셉을 조정

4. 광고와 관련한 나만의 명함을 만들어 보자.

1. 명함에 들어갈 기본 정보는? 2. 자기소개의 창의적인 문구는? 3. 명함의 재질과 색상은?	

5. 나의 학교생활기록부에 기록하고 싶은 내용을 적어 보자.

2. 로기완을 만났다

도서정보	조해진 / 창비 / 2011년 / 200쪽 / 13,000원	
진로정보	사회 – 기자(르포 기자)	
교과정보	사회와 문화	[12사문04-02] 현대 사회에서 나타나는 다양한 사회 불평등 양상을 분석하고, 차별받는 사람들의 입장에 대한 공감을 바탕으로 다양한 불평등 현상에 대한 해결 방안을 모색한다.

도서소개 #어떤 책일까?

탈북자 로기완이 벨기에 브뤼셀을 거쳐 영국까지 간 여정을 방송작가인 '나'의 시선으로 되짚어 보는 내용을 담은 작품이다. 위조한 신분증으로 어디에서도 '존재'를 인정받지 못하는 위기 속에서 로기완을 돕는 한두 사람의 손길과 관심이 마음 저리게 만든다.

특히 방송작가로 일하던 '나'는 어느 시사 주간지에 로기완이 남긴 한 문장에 사로잡혀 직장도 그만두고 벨기에로 떠나 그의 행적을 하나씩 밟아보는데, 그 과정에서 로기완이 느낀 희로애락에 완벽히 공감하는 모습을 보고 있노라면 독자는 더 이상 '독자'로만 머물지 않고, 그와 함께 공존하는 세상으로 들어가 있음을 발견한다. 인간이기에 누구나 존중받고 보호받아야 할 이유에 대해서도 생각해 볼 수 있는 작품이자 어느 순간에서든 정서적이고 인간적인 방식을 외면해선 안 된다는 경종을 울린다.

진로탐색 #무엇을 더 볼까

관련매체: 우리 시대의 소설 조해진의 <로기완을 만났다> 소개
KBS 뉴스 영상

관련도서: 『휴먼카인드』 (뤼트허르 브레흐만, 도솔인플루엔셜)
『인생박물관』 (김동식, 요다)
『나만 공감 안 되는 거였어?』 (이은호, 파랑새)

진로토론 #무엇을 이야기해 볼까

1. 르포 기사(르포 스케치 기사)를 작성할 때 주의해야 할 점은 무엇일까?
2. 기자는 기사를 쓸 때 사실 확인만 제대로 되었다면 보도해도 된다. (찬반토론)
3. 인간에 대한 연민은 인류애를 회복하는 데 도움을 줄 수 있다. (찬반토론)

진로활동 #무엇을 해 볼까

1. 작품 속에서의 김 작가는 로가 남긴 한 문장에 사로잡혀 그의 여정을 따라나서며 글을 쓰기 시작했다. 자신이 만난 한 문장이 행동으로 옮기게 할 수 있었던 경험을 나눠 보자. (또는 어떤 문장이 나를 변화시킬 수 있을지 이야기해 보자.)
2. 자신이 존경하는 인물의 행적을 탐구해서 기사문으로 작성해 보자.

◈ 책 이야기 ◈

1. 작가의 시선에서 로기완의 행적을 따라가는 과정을 순서대로 적어 보자.

2. 이 작품에서 낭독하고 싶은 부분을 소개하고, 낭독해 본 느낌을 적어 보자.

3. 로기완이 처한 상황이나 경험한 일 중, 그를 변호하고 싶은 상황과 자기 의견을 써보자.

◈ 질문하고 토론하고 ◈

* 영상자료를 통해 알게 된 내용을 바탕으로 아래 질문에 답해 보자.

[영상자료]
우리 시대의 소설
조해진의 〈로기완을 만났다〉 소개
KBS 뉴스 영상

1. 위 뉴스 영상을 보고 기억에 남는 내용은 무엇인가? 단어 또는 문장으로 적어 보자.

2. 선택한 단어 또는 문장이 왜 인상적인지 적어 보자.

3. 작가는 이 책을 통해 독자에게 어떤 메시지를 남기고 싶어 하는가?

4. 국적(國籍)을 가졌다는 것은 어떤 의미일까?

◈ 진로 이야기 ◈

1. 르포란 무엇인지 찾아보고, 르포 기사에 관해 설명해 보자.

▸ 르포:

▸ 르포 기사:

2. 르포 기사 작성 시 유의점을 조사해 보자.

3. 자기 삶에서 르포로 서술해 보고 싶은 이야기를 적어 보자.

4. 빅카인즈(https://www.bigkinds.or.kr/)에서 '르포'로 검색해서 나온 기사 중 관심을 두는 것을 하나 골라서 간략히 소개해 보자. (단, 부제는 기사에 따라 없을 수도 있음.)

▸ 큰 제목(표제):
▸ 작은 제목(부제):

▸ 주요 내용 요약:

▸ 소감:

3. 1인 미디어

도서정보	변용수 / 커뮤니케이션북스 / 2023년 / 138쪽 / 12,000원	
진로정보	사회 – 감독, 연출가	
교과정보	매체 의사소통	[12매의01-06] 개인적·사회적 관심사에 대한 자신의 관점이 드러나는 주제를 선정하여 설득력 있는 매체 자료를 제작하고 공유한다

도서소개 #어떤 책일까?

일상생활에서 자신의 감정들을 솔직하게 표현하고 싶은 사람들이나 자신이 본 영화에 대해 사람들과 자유롭게 이야기하고 싶을 때 오늘날의 소통 창구인 1인 미디어 플랫폼을 이용하여 대화를 나눌 수 있는 시대에 살고 있다.

이 책은 문화로 자리 잡은 1인 미디어가 인터넷의 발전에서 시작되었음을 알 수 있으며 1인 미디어 환경에 참여하면서 콘텐츠를 즐기는 사람들의 경험과 인식에 대한 논의를 포함하고 있다.

우리는 모두 대중 미디어가 될 충분한 가능성을 가지고 있다. 참여자가 아닌 제작자의 관점에서 콘텐츠를 기획하고 제작하여 공유하는 기회를 가져 보자.

진로탐색 #무엇을 더 볼까

관련매체 : 1인 라디오방송 만들기(반승원, 커뮤니케이션북스)
[교육프라임] 교육대기획 다시, 학교 6부 - 01 학생들이 눈, 1인미디어에 열광하는 이유 https://youtu.be/0bwjYggqLu0?si=nvyTCgPqYJ7v5Hu2

진로토론 #무엇을 이야기해 볼까

1. 미디어에서 가장 강조되는 것은 공공성이다.
2. 언론에 대한 규제는 필요하다.
3. 공익 보도를 위해 사생활 침해가 가능하다.
4. 먹방은 사람들의 비만을 조장한다.
5. 미디어리터러시 역량의 성장은 독서를 통해 해결할 수 있다.

진로활동 #무엇을 해 볼까

1. 마을방송국 제작자가 되어 콘텐츠를 개발하고 정기적인 방송 운영을 해 보자.
2. 5분짜리 방송 대본을 제작하고 녹음을 직접 해 보자.

4. 10년 후 세계사 두 번째 미래

도서정보	구정은 외 / 추수밭 / 2021년 / 312쪽 / 16,000원	
진로정보	사회 – 사회교사	
교과정보	통합사회2	[10통사2-04-01] 세계화의 다양한 양상을 살펴보고, 세계화 시대의 문제점과 그에 대한 해결 방안을 제안한다.

도서소개 #어떤 책일까?

2015년에 발간된 '10년 후 세계사'가 미래를 바꾸기 위해 알아야 할 것들을 정리한 보고서였다면, 이 책 '10년 후 세계사 두 번째 미래'는 세계의 흐름을 내다보는 전망서라고 할 수 있다. 초국가적·문명적·지구적 차원에서 현대 사회의 흐름을 탐색함으로써, 오늘의 문제에서 내일의 위기를 전망하고, 방대한 숫자와 통계 속에 가려진 우리들의 삶을 살펴보는 책이다.

기계와 일, 사람과 지구, 자본과 정치 등을 중심으로 현대인들이 알아야 할 내용을 다루면서, 저자는 예측하기 어려운 10년 후를 적극적으로 창조해 나가자고 역설한다.

진로탐색 #무엇을 더 볼까

관련매체 : 정해진 미래, 인구학이 말하는 10년 후 한국, 그리고 생존전략
https://www.youtube.com/watch?v=92twITHF5WQ

관련도서 : 『21세기를 위한 21가지 제언』 (유발 하라리, 김영사)
『명견만리 시리즈』 (KBS 〈명견만리〉 제작진, 인플루엔셜)

진로토론 #무엇을 이야기해 볼까

1. 로봇과 AI의 발전은 인간의 노동 시장에 어떤 영향을 미칠까?
2. 우리나라에서는 이주민을 어느 정도 수용해야 할까?
3. 스스로 외주화하는 플랫폼 노동의 문제점은 무엇일까?
4. 초고령사회에서 경쟁력이 있는 산업은 무엇일까?
5. 유전자 편집 기술을 허용해야 한다. (찬반토론)

진로활동 #무엇을 해 볼까

1. AI 시대에 인간의 노동이 갖는 가치와 의의를 발표해 보자.
2. 초고령사회에 적합한 노인 정책을 글로 작성해 보자.

5. 공간과 장소

도서정보	이-푸 투안(윤영호 외 1) / 사이 / 2020년 / 392쪽 / 18,500원	
진로정보	사회 – 사회교사	
교과정보	통합사회1	[10통사1-05-03] 자신이 거주하는 지역을 사례로 공간 변화가 초래한 양상 및 문제점을 탐구하고, 공동체의 구성원으로서 지역사회의 변화를 위한 방안을 모색하고 이를 실천한다.

도서소개 #어떤 책일까?

인문지리학의 고전으로 평가받는 이 책의 저자는 공간과 장소를 대비하여 구분하며, 인간과 장소 간의 정서적 유대감을 뜻하는 '토포필리아(장소애)'라는 개념을 도입한다. 즉 저자는 공간과 장소에서 겪는 '경험'과 '감정'을 중시하는데, 공간에 의미를 부여할 때, 그 공간은 장소로 발전할 수 있다고 주장한다.

일상적이고 미묘한 삶의 경험들이 장소에 대한 감정에 어떤 영향을 미치는지를 강조하는 이 책은 우리의 삶이 안정과 모험, 애착과 자유, 공간과 장소 사이에서 변증법적으로 전개된다고 한다. 공간 속에서 살고 있으나, 항상 장소를 갈망하는 현대인들에게 장소의 소중함을 전하는 책이다.

진로탐색 #무엇을 더 볼까

관련매체 : 이정우의 공간에서 장소로
https://www.youtube.com/watch?v=U1KxnOCAXgc

관련도서 : 『어디서 살 것인가』(유현준, 을유문화사)
『문학 속의 지리 이야기』(조지욱, 사계절)

진로토론 #무엇을 이야기해 볼까

1. 공간과 장소의 차이점이 무엇인지 예를 들어 설명해 보자.
2. 약속 공간이라고 하지 않고, 약속 장소라고 하는 이유는 무엇일까?
3. 같은 평원인데도, 미국인들과 러시아 농부들은 왜 다르게 인식하는 것일까?
4. 나의 고향이 어디이고, 왜 그렇게 생각하는지 말해 보자.
5. 문학 작품 속 공간 중에서 장소로 인식하게 된 사례 있다면 말해 보자.

진로활동 #무엇을 해 볼까

1. 우리 지역을 대표하는 랜드마크를 하나 선정하여 분석하는 글을 작성해 보자.
2. 공간과 장소 인식을 고려하여 건축물이나 도시 공간 구조 계획을 수립해 보자.

6. 뉴스를 보는 눈

도서정보	구본권 / 풀빛 / 2019년 / 328쪽 / 17,000원	
진로정보	사회 – 기자	
교과정보	국어, 매체 의사소통	[12매의01-04] 디지털 매체 환경에서 매체 생산자의 관점을 파악하고 매체 자료의 신뢰성을 판단한다.

도서소개 #어떤 책일까?

이 책은 30여 년 동안 취재와 보도를 해온 현직 신문 기자이면서, 언론학과 디지털 사회 변화를 연구하는 언론학 박사로서 저술과 강연 등 지금까지 쌓아온 농축된 이론과 실무를 바탕으로 '미디어 리터러시'의 필요성을 언론의 본질과 시민의 자질이라는 측면에서 정리한 책이다. 언론이 무엇이고 좋은 보도란 어떤 것인지, 언론의 힘은 어디까지이며 특권을 이용해 비뚤어진 언론이 사회에 끼치는 해악이 무엇인지 짚는다. 디지털 시민 역량을 키우는 핵심을 '미디어 리터러시'라고 파악하여 가짜 뉴스가 확산 되는 이유를 기술 및 사회문화적 환경 변화에서 찾고, 가짜 뉴스와 왜곡 정보를 식별할 수 있는 구체적인 노하우를 자세히 설명했다.

진로탐색 #무엇을 더 볼까

관련매체 : EBS뉴스, [뉴스G] 가짜 뉴스를 구분하기 위한 질문, 2021. 03. 04 https://www.youtube.com/watch?v=Z8L-WjkXIxc

관련도서 : 『장면들- 손석희의 저널리즘 에세이』 (손석희, 창비)

『뉴스의 시대』 (알랭 드 보통, 문학동네)

진로토론 #무엇을 이야기해 볼까

1. 미디어는 '세상을 보는 창'이라는 말이 있다. 그렇다면 미디어로 보는 우리들의 세상은 모두 진짜라고 생각하는지 말해 보자.
2. 미디어를 통한 현실 재현이 다양한 유형으로 제작될 때 관점과 가치의 차이를 비판적으로 이해해야 한다는 말의 의미에 대해 이야기해 보자.
3. 중요한 뉴스가 되는 기준은 무엇이며, 뉴스의 공정성은 어떻게 판단해야 할까?

진로활동 #무엇을 해 볼까

1. 동일한 사건에 대하여 뉴스의 표제가 어떻게 다른지 파악하여 관점에 따라 달라지는 언론 보도의 예를 찾아 비교 평가하는 탐구 보고서를 작성해 보자.
2. 가짜 뉴스(허위 거짓 정보)의 다양한 사례를 찾아보고 소셜 미디어에 확산되는 이유를 통하여 '필터 버블'이 의미와 개선 방안에 대한 보고서를 만들어 보자.

7. 문화의 수수께끼

도서정보	마빈 해리스(박종렬) / 한길사 / 2017년 / 364쪽 / 18,000원	
진로정보	사회 - 인류학자	
교과정보	사회와 문화	[12사문03-04] 문화 변동의 다양한 요인과 양상, 문화 변동 과정에서 발생하는 문제점을 이해하고, 문화의 세계화로 인해 나타나는 쟁점에 대해 탐구한다.

도서소개 #어떤 책일까?

이 책은 마빈 해리스의 문화인류학 3부작의 제1권으로서, 유물론적 관점에서 문화인류학에 접근하여 수수께끼 같은 기이한 생활양식의 배경에 감춰진 원인을 규명하고자 하였다. 생활양식의 배경에 감춰진 원인을 오랫동안 지나쳤던 주된 이유는 모든 사람이 "그 대답은 신밖에 모른다."라고 믿어왔기 때문이라는 저자는 암소 숭배, 돼지고기 혐오, 유령화물, 마녀사냥, 구세주 등의 생활양식을 사회적으로, 경제적으로 분석함으로써 문화인류학의 흥미로운 세계로 이끈다.

수수께끼와 같이 이해하기 어려운 다른 문화를 서양의 객관적, 과학적 관점으로만 해석하려는 시도에 경종을 울리는 책이다.

진로탐색 #무엇을 더 볼까

관련매체 : 음식문화의 수수께끼 : 왜 사람은 빵만으로 살 수 없는가?
https://www.youtube.com/watch?v=FpBdFrIB-SM&t=1804s

관련도서 : 『우리 문화의 수수께끼』 (주강현, 서해문집)

진로토론 #무엇을 이야기해 볼까

1. 힌두인들의 암소 숭배 사상의 긍정적 측면과 부정적 측면은 무엇일까?
2. 뉴기니아 마링족의 돼지 숭배 사상과 카이코 축제를 야만적인 것으로만 볼 수 있을까?
3. 메시아 운동과 마녀사냥 간의 상관관계를 어떻게 이해해야 할까?
4. 인간의 보편적 사고를 벗어난 문화를 어디까지 허용해야 할까?
5. 우리 문화와 다른 문화를 어떤 관점과 태도로 이해하면 좋을까?

진로활동 #무엇을 해 볼까

1. 오늘날에도 마녀사냥에 해당하는 사건들이 발생하고 있는지 조사해 보고, 그 원인과 해결 방안에 대해 글을 작성해 보자.
2. 우리 주변의 문화 중에서 수수께끼처럼 이해하기 어려운 문화로는 어떤 것이 있으며, 그 문화를 어떻게 이해해야 하는지 발표해 보자.

8. 비주얼 경제사

도서정보	송병건 / 아트북스 / 2015년 / 312쪽 / 18,000원	
진로정보	사회 - 경제학자, 사회학자 및 관련 전문가	
교과정보	세계사	[12세사02-03] 세계적 상품 교역이 가져온 사회적 · 경제적 변화를 이해한다.

도서소개 #어떤 책일까?

경제 분야는 현대 사회의 토대가 되는 중요한 영역으로 우리가 살아가는 현실의 경제 문제를 합리적이고 능동적으로 해결해 나가기 위해 꼭 필요한 분야이다. 최근 눈높이 경제 교육이 활성화되고 있지만 어려운 용어와 낯선 현상으로 인해 학생들이 접근하기에 쉽지만은 않은 영역이다. 이 도서는 경제 현상이나 이론을 단편적으로 알려 주는 것을 넘어서 인류 경제활동의 역사와 그것에 영향을 준 요인에 대해 그림을 중심으로 숨겨진 경제사의 이모저모를 살피고 있다. 또한 특정 나라나 소수 국가 간에 발생한 역사적 사건들이 어떤 상호 작용을 갖게 되었는지 세계화의 측면에서 경제사를 바라보게 해 주어 오늘날의 세계화와 경제 흐름에 대해 비판적인 시각을 키울 수 있을 것이다.

진로탐색 #무엇을 더 볼까

관련매체 : 글로벌 경제사-성균관대 K-MOOC 송병건 교수
https://youtu.be/BLjZ0C7JSDQ?si=OD42_x7yf-h2pVvj
관련도서 : 『세계화, 무엇이 문제일까?』 (최배근, 동아엠앤비)

진로토론 #무엇을 이야기해 볼까

1. 임진왜란이 동북아시아의 정세뿐 아니라 전세계에 끼친 영향은 무엇인가?.
2. 동서양의 활발한 무역으로 인한 세계화가 오히려 무서운 전염병을 전세계적으로 확산시킨 것처럼 세계화의 모순된 상황에는 또 어떤 것이 있는지 말해 보자.
3. 아프리카 흑인의 노예제도가 서양에 미친 영향을 인권과 경제 측면에서 생각해 보자
4. 신항로 개척에 성공한 콜롬버스는 영웅이라고 말할 수 있는가?
5. 강제적 세계화와 자발적 세계화의 사례를 통해 바람직한 세계화를 토론해 보자.

진로활동 #무엇을 해 볼까

1. 만국(세계)박람회에서 우리나라의 전시 품목을 담은 전시 기획서를 제작해 보자.
2. 최근에 관심 있는 사회현상이나 경제 현상이 있다면 무엇인지 찾아 정리해 보고 이에 대해 자세히 알아보기 위해 참고할 도서나 매체를 찾아 목록을 만들어 보자.

9. 생각에 관한 생각

도서정보	대니얼 카너먼(이창신) / 김영사 / 2018년 / 727쪽 / 25,000원	
진로정보	사회 – 경제학자, 심리학자	
교과정보	통합사회	[10통사2-08-02] 합리적 선택의 의미와 그 한계를 파악하고, 기업가, 노동자, 소비자의 바람직한 역할과 책임에 관해 탐구한다.

도서소개 #어떤 책일까?

하드커버에 굉장히 두꺼워 보이는 책, 이 책은 노란 표지와 다르게 선뜻 집어 들었다가 다시 놓을까 말까, 고민을 만들게 되는 책이다. 하지만 그만큼 깊이가 있는 책이며 인간 경제학의 근원인 심리학에 관해 서술하기 시작하며 인간을 경제와 사회활동의 주체로 정의한 행동경제학에 기본이 되는 책이다. 이 책은 총 5부로 구성이 되어있으며, 1부는 판단과 선택에 두 시스템이 미치는 영향의 기본 원리, 2부는 판단 어림짐작을 다룬 최신 연구 결과의 소개, 3부는 통계적 사고의 어려움, 4부는 결정의 본질과 관련하여 모든 경제주체의 합리성이라는 부분에 의문을 제기하며, 마지막 5부에서는 두 가지 자아, 즉 '경험하는 자아'와 '기억하는 자아'의 차이점을 소개한다.

진로탐색 #무엇을 더 볼까

관련도서 : 『국부론』 (애덤스미스, 박영사)
『꿈의 해석』 (지그문트 프로이트, 열린책들)

진로토론 #무엇을 이야기해 볼까

1. 기준점 효과란 무엇일까?
2. 전망 이론이 무엇인지 구체적인 예를 들어 설명해 보자.
3. 소유 효과가 대학 진학을 결정하는 데에 어떠한 관련성이 있을까?

진로활동 #무엇을 해 볼까

1. 평소 내가 가장 되고 싶은 것을 떠올리며 그것에 대해 다양한 관점에서 이유를 설명해 보자. (경제적, 사회적, 심리적 등)
2. 1번에 대답한 내용들을 토대로 자신의 진로를 위해 오늘부터 바로 실천해야 할 사항들을 5가지만 글로 작성해 보자.

10. 선량한 차별주의자

도서정보	김지혜 / 창비 / 2019년 / 244쪽 / 17,000원	
진로정보	사회 - 사회교사	
교과정보	통합사회2	[10통사2-02-03] 사회 및 공간 불평등 현상의 사례를 조사하고, 정의로운 사회를 만들기 위한 다양한 제도와 시민으로서의 실천 방안을 제안한다.

도서소개 #어떤 책일까?

이 책은 자신이 선량하다고 착각하는 사람들이 은밀하고 사소하며 일상적이고 자연스럽게 벌어지는 일들 가운데 놓치고 있던 차별과 혐오의 순간을 예리하게 포착한다.

1부에서는 우리가 차별을 인식하지 못하고 선량한 차별주의자가 되는 과정과 이유를, 2부에서는 다양한 사례를 통해 차별이 없는 것처럼 보이거나 공정함으로 착각하게 만드는 메커니즘을, 3부에서는 평등을 지향하는 사람들이 차별과 혐오에 어떻게 대응해야 하는지를 다룬다.

저자가 제기한 우리 사회의 문제를 고민하다 보면, 아무리 선량한 사람이라 하더라도 차별을 전혀 하지 않을 가능성은 거의 없다는 것을 새삼 깨닫게 된다.

진로탐색 #무엇을 더 볼까

관련매체 : 나는 편견 없는 사람일까?
https://www.youtube.com/watch?v=_5pbwxx69z8

관련도서 : 『아몬드』 (손원평, 다즐링)
『어떤 호소의 말들』 (최은숙, 창비)

진로토론 #무엇을 이야기해 볼까

1. 대학 간판, 대학 서열화에 대해 어떻게 생각하는지 말해 보자.
2. 혐오 표현과 비하성 유머는 어떻게 만들어지는지 이야기해 보자.
3. 반응 없는 반응의 필요성에 대해 어떻게 생각하는지 말해 보자.
4. 블라인드 채용의 장단점에 대해 생각해 보자.
5. 우리나라는 난민을 수용해야 한다. (찬반토론)

진로활동 #무엇을 해 볼까

1. 혐오나 차별이 나타난 사례를 조사해 보고, 이를 해결하기 위한 공익광고를 만들어 보자.
2. 사회 불평등의 문제를 해결하는 데 어떻게 기여할 수 있는지를 나의 진로와 연계하여 발표해 보자.

II. 소비자의 마음

도서정보	멜리나 파머(한진영) / 사람in / 2023년 / 352쪽 / 18,000원	
진로정보	사회 – 마케팅전문가	
교과정보	통합사회, 경제	[10통사2-08-02] 합리적 선택의 의미와 그 한계를 파악하고, 기업가, 노동자, 소비자의 바람직한 역할과 책임에 관해 탐구한다. [10통사2-08-03] 경제적, 사회적 환경의 변화가 금융과 관련된 의사 결정에 미치는 영향을 탐구한다.

도서소개 #어떤 책일까?

'인간이 합리적으로 행동한다.'라고 보는 전통 경제학으로는 소비자의 비이성적이고 비합리적인 행동들을 쉽게 설명하지 못한다. 우리가 경제학을 공부하는 이유는 현명한 소비자가 되는 것은 물론이며 여기에 현명한 생산자가 되는 경우도 포함일 것이다. 그런 이유라면 소비자의 진짜 속마음을 알아야 그들의 선택에 영향을 미치는 무의식적 요소들을 체크하여 보다 전략적으로 마케팅을 할 수 있도록 도와주는 책이다. 또한 경제활동뿐만 아니라 일상생활 속에서도 많은 심리적인 요인들을 느끼며 배울 수 있도록 도와주는 책이다.

진로탐색 #무엇을 더 볼까

관련도서 : 『행동경제학』 (리처드탈러, 웅진지식하우스)

진로토론 #무엇을 이야기해 볼까

1. 비합리적 선택의 사전적 정의는 무엇일까?
2. 잘 사용하지도 않는 OTT서비스 구독 해지를 꺼리는 이유는 무엇일까?
3. 프레이밍 효과, 점화효과, 호혜성 중 하나를 선택하여 구체적인 예를 들어 설명해 보자.

진로활동 #무엇을 해 볼까

1. 사야하는 것과 사는 것이 다른 이유에 대해 마케팅의 효과를 통해 설명할 수 있을까?
2. 향후 어떠한 제품을 어떠한 방식에 따라 누군가에게 판매할 것인지 이윤을 극대화할 수 있는 방법을 들어 설명해 보자.
3. 요즘 활발한 마케팅 중의 하나인 SNS등을 이용하여 자신의 제품이나 서비스를 더 적극적으로 홍보하여 매출을 올릴 수 있는 방법에는 무엇이 있을지 간략하게 설명해 보자.

12. 오늘의 법정을 열겠습니다

도서정보	허승 / 북트리거 / 2020년 / 348쪽 / 16,500원	
진로정보	사회 - 판사	
교과정보	법과 사회	[12법사02-04] 법원과 헌법재판소의 법적 문제 해결 과정을 탐구하고, 사법의 의미와 한계를 인식하여 입법론적 해결이 필요한 경우를 탐구한다.

도서소개 #어떤 책일까?

현직 판사인 저자가 사회적 문제에서 사적인 갈등에 이르기까지 법정에서 다루어진 실제 사례 24가지를 바탕으로 분쟁의 쟁점과 해결방안을 모색하며 보다 정의롭고 공정한 사회를 어떻게 만들어 갈 수 있는지를 제시한 책이다.

각 장의 본문도 흥미롭지만, 후반부에 실린 영화 속 사례를 통하여 법이 어떠한 논리로, 어떻게 작동하는지를 살펴볼 수 있다.

객관성을 앞세워 기계적인 중립을 취하기보다는 공정하고 합리적인 판결을 통해 우리 사회의 갈등을 최소화함으로써, 국가와 국민을 위한 법치가 무엇인지를 알게 해 준다.

진로탐색 #무엇을 더 볼까

관련매체 : 세상을 변화시킨 재판 이야기
https://www.youtube.com/watch?v=vJk6T7SFHEM

관련도서 : 『헌법 쉽게 읽기』 (김광민, 인물과사상사)
『판사유감』 (문유석, 문학동네)

진로토론 #무엇을 이야기해 볼까

1. 국가가 갑질에 대해 어디까지 개입해야 하는 것일까?
2. 대리모와 의뢰모 중 누가 엄마일까?
3. 지역 인재 선발 전형은 배려일까, 수도권 역차별일까?
4. 동성결혼은 존중받아야 하는 것일까?
5. 양심의 자유는 국방의 의무보다 우선해야 한다. (찬반토론)

진로활동 #무엇을 해 볼까

1. 법이 개인의 자유와 권리를 어디까지 보장해야 하는지에 대해 발표해 보자.
2. "악법도 법이다."라는 주장에 대해 어떻게 생각하는지 글로 작성해 보자.

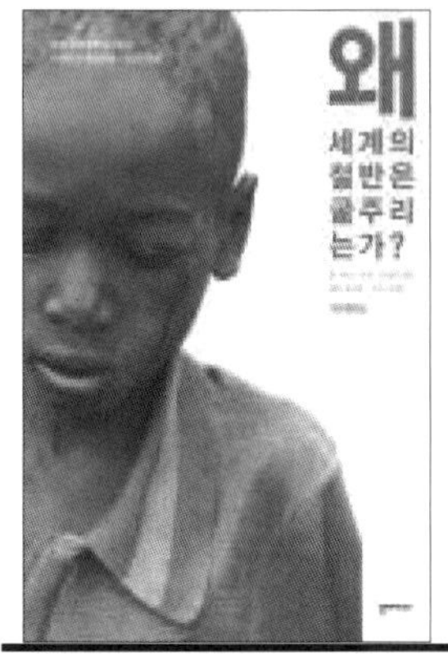

13. 왜 세계의 절반은 굶주리는가?

도서정보	장 지글러(유영미) / 갈라파고스 / 2016년 / 232쪽 / 12,800원	
진로정보	사회 - NGO 및 세계기구 종사자	
교과정보	생태와 환경	[12생환01-02] 다양한 환경관을 비교 · 분석하고, 윤리적고려 범위가 인간에서 동물, 생명, 생태계로 확장되는 과정을 사회 변화 및 환경 변화와 연결지어 설명한다.

도서소개 #어떤 책일까?

오늘도 우리는 급식을 남기고 많은 음식을 버리지는 않았는가 먼저 생각하게 하는 책이다. 누군가는 먹어서 죽고 또 누군가는 굶어서 죽는다. 이러한 현실 속에서 우리가 현실을 극복할 수 없는 것일까? 아마 책 속에는 답이 있을 것이다. TV나 인터넷 매체에서 굶고 있는 아프리카 어린이를 도와야 한다는 내용을 자주 봤으면서도 우리는 선뜻 도움의 손길을 뻗지 못하고 있다. 왜 그럴까? 남의 눈을 의식하는 것일까? 도움을 줄 형편이 안 돼서일까? 곰곰이 생각해보자. 그리고 마음속에서 답을 찾아보자. 이 책이 그 답을 찾는 데 많은 도움을 줄 것이다.

진로탐색 #무엇을 더 볼까

관련매체 : 6분 동안 세계를 침묵시킨 소녀 https://youtu.be/S-m36mcRHYw?feature=shared
관련도서 : 『부자나라들이 가난한 사람들을 도와야 하는가』
(데이비드 흄, 한울아카데미)

진로토론 #무엇을 이야기해 볼까

1. 나는 얼마나 먹고 사는가?
2. 기아가 생기는 이유는 무엇일까?
3. 세계 최대의 복지 국가는 어디인가?
4. 지구온난화를 막는다면 식량문제는 해결할 수 있는가?
5. 가난은 나라님도 구할 수 없다. (찬반토론)

진로활동 #무엇을 해 볼까

1. 내가 할 수 있는 봉사활동은 어떤 것일까?
2. 자연재해를 막는 방법은 무엇일까?
3. 전쟁이 없는 세상을 만들어 보자.

14. 우리도 행복할 수 있을까

도서정보	오연호 / 오마이북 / 2014년 / 320쪽 / 16,000원	
진로정보	사회 – 사회교사	
교과정보	통합사회1	[10통사1-02-01] 시대와 지역에 따라 다르게 나타나는 행복의 기준을 사례를 통해 비교하여 평가하고, 삶의 목적으로서 행복의 의미를 성찰한다.

도서소개 #어떤 책일까?

즐거운 학교, 자유로운 일터, 신뢰의 공동체가 숨 쉬는 행복한 나라 덴마크를 1년 6개월에 걸쳐 심층 취재한 이 책은 실제 사례, 적확한 분석, 명쾌한 통찰로 행복한 사회의 비밀을 탐색해나간다. 행복 지수 1위라는 덴마크는 자유·안정·평등·신뢰·이웃·환경이라는 6개의 키워드를 중심으로 행복한 교실, 일터, 사회를 만든다.

시대를 이끄는 리더와 깨어 있는 시민들이 함께 일구어낸 덴마크의 놀라운 변화와 혁신은 "우리가 행복해야 나도 행복하다!"라는 믿음에서 비롯되었다. 격변의 시대를 건너며 절망과 두려움에 지친 이들에게 위로와 희망을 전하는 책이다.

진로탐색 #무엇을 더 볼까

관련매체 : 행복의 저력 https://www.youtube.com/watch?v=I38e6Rr_bm8&t=425s
관련도서 : 『행복의 지도』 (에릭 와이너, 어크로스)
『곰의 부탁』 (진형민, 문학동네)

진로토론 #무엇을 이야기해 볼까

1. 덴마크 직장처럼 우리나라 직장을 행복한 곳으로 만들 방법은 무엇일까?
2. 시험과 등수 없이도 평가와 선발이 가능할까?
3. 인생 설계 학교(애프터 스콜레)에 다닌다고 가정한다면, 무엇을 가장 배우고 싶은가?
4. 주인의식과 자존감을 높일 수 있는 교육 방법은 무엇일까?
5. 각자의 능력에 따라 대우를 받아야 한다. (찬반토론)

진로활동 #무엇을 해 볼까

1. 행복에 관한 명언들을 조사해 보고, 행복에 대한 나만의 정의를 만들어 보자.
2. 보다 자유롭고, 평등한 사회를 만드는 데 내가 기여할 수 있는 분야 또는 일은 무엇인지 글을 작성해 보자.

15. 전쟁은 여자의 얼굴을 하지 않았다

도서정보	스베틀라나 알렉시예비치(박은정) / 문학동네 / 2015년 / 558쪽 / 16,000원	
진로정보	사회 - 군인, 정치인	
교과정보	통합사회2	[10통사2-04-02] 평화의 관점에서 국제 사회의 갈등과 협력의 사례를 조사하고, 세계 평화를 위한 행위 주체의 바람직한 역할을 탐색한다.

도서소개 #어떤 책일까?

2015년 노벨문학상을 수상한 벨라루스의 저널리스트이자 작가 스베틀라나 알렉시예비치의 『전쟁은 여자의 얼굴을 하지 않았다』가 문학동네에서 출간되었다. 스베틀라나 알렉시예비치는 소설가도, 시인도 아니다. 그러나 그는 자기만의 독특한 문학 장르를 창시했다. 일명 '목소리 소설(Novels of Voices)', 작가 자신은 '소설-코러스'라고 부르는 장르이다. 다년간 수백 명의 사람들을 인터뷰해 모은 이야기를 Q&A가 아니라 일반 논픽션의 형식으로 쓰지만, 마치 소설처럼 읽히는 강렬한 매력이 있는 다큐멘터리 산문, 영혼이 느껴지는 산문으로 평가된다.

진로탐색 #무엇을 더 볼까

관련매체 : EBS 클립뱅크(Clipbank) - 관점에 따라 달라지는 그림

진로토론 #무엇을 이야기해 볼까

1. 전쟁을 겪은 여성들에겐 어떤 일이 벌어졌을까? 그들은 전쟁 이후 어떻게 변했으며, 사람을 죽이는 법을 배우는 건 어떤 체험이었나?
2. 전쟁이 끝나고도 여자들에겐 또 다른 전쟁이 기다리고 있다. 무엇이었을까?

진로활동 #무엇을 해 볼까

1. 남자들은 전쟁에서 거둔 승리와 공훈과 전적을 이야기하고 전선에서의 전투와 사령관이니 병사들 이야기를 하지만, 여자들은 전혀 다른 것을 이야기한다. 남녀의 차이점을 진로와 연계하여 보자.
2. 독소 전쟁은 연합국 vs 추축국 사이의 전쟁, 혹은 일본과 미국의 태평양 전쟁에 비해 거의 관심조차 없었던 영역이었다. 조를 짜서 독소 전쟁에 대해 알아보고 보고서를 작성해 보자.

16. 정세현의 통찰

도서정보	정세현 / 푸른숲 / 2023년 / 292쪽 / 19,000원	
진로정보	사회 - 중앙정부 고위 공무원	
교과정보	정치	[12정치04-03] 우리나라를 둘러싼 국제 관계를 이해하고, 외교적 관점에서 한반도를 둘러싼 국제 질서를 분석한다.

도서소개 #어떤 책일까?

외교 분야의 전문가로서 한반도의 평화와 통일을 위해 살아온 저자의 탁월한 국제적 감각과 안목이 반영된 이 책은 한마디로 국제정세 분석서라고 할 수 있다. 국제 관계의 기본 작동 원리라고 할 수 있는 자국 이익 우선주의를 '자국 중심성'이라는 개념으로 정리한 후, 동서고금을 넘나들며 각국의 정치와 국제 관계를 예리한 관점으로 분석하고, 앞으로 전개될 국제정세까지 예측함으로써, 외교 분야에 관심 있는 독자들에게 유익한 정보와 시각을 제공한다.

국가별 사례를 통해 힘에 의해 좌우되는 국제 질서를 논한 이 책을 읽고 나면, 국제적 시각과 외교적 측면의 통찰력을 키울 수 있을 것이다.

진로탐색 #무엇을 더 볼까

관련매체 : 한반도에 중요한 것은 통일이 아니다
https://www.youtube.com/watch?v=uRWfAN1XKuI

관련도서 : 『차이나는 클라스 국제정치 편』(김원중, 중앙북스)
『지리의 힘』(팀 마샬, 사이)
『세계는 왜 싸우는가』(김영미, 김영사)

진로토론 #무엇을 이야기해 볼까

1. 외교의 궁극적인 목적은 무엇일까?
2. 우리나라 입장에서 특히 외교가 중요한 이유는 무엇일까?
3. '팍스 아메리카'가 형성되기 전과 후에, 국제사회에는 어떤 변화가 있었을까?
4. 러시아-우크라이나 전쟁이 한반도에 미치는 영향으로는 어떤 것이 있을까?
5. 남북통일은 꼭 해야 하는 것일까?

진로활동 #무엇을 해 볼까

1. 내가 외교부 장관이라는 가정하에 남북관계를 어떻게 풀어갈지 발표해 보자.
2. 미국, 중국, 일본 등과 같은 강대국과는 어떤 관계를 맺어야 할지 글을 써보자.

17. 죽은 경제학자의 살아있는 아이디어

도서정보	토드 부크홀츠(류현) / 김영사 / 2023년 / 748쪽 / 32,800원	
진로정보	사회 - 경제학자, 사회학자 및 관련 전문가	
교과정보	경제	[12경제01-02] 경제 문제를 해결하는 다양한 방식점을 비교하고, 시장경제의 기본 원리와 이를 뒷받침하는 제도를 파악한다.

도서소개 #어떤 책일까?

현대 사회의 경제는 경제적 요인뿐 아니라 비경제적 요인에도 많은 영향을 받는다. 인류가 전혀 예상하지 못했던 코로나 19 시대가 경제 영역을 비롯한 다양한 영역에서 큰 변화를 야기한 것처럼 말이다. 이렇듯 급변하는 현대 사회는 기술 및 제도적 환경의 변화를 지속적으로 맞이하고 있기에 어떻게 하면 합리적이고 안정적으로 미래를 설계해야 하는지는 어려운 일이 되었다. 여기에 대한 대안은 과거 300년 동안 경제학 역사를 이끌어 온 경제 사상가들의 지혜와 아이디어를 통해 세상을 더욱 폭넓게 이해해 보는 일일 것이다. 이 책은 2008년 금융위기부터 코로나 팬데믹 이후까지 사회 변화와 최신 연구 결과를 반영한 개정판으로 어렵고 복잡한 경제 이론의 자연스러운 흐름과 더불어 오늘날 우리가 직면한 문제를 경제학적 관점으로 풀어 볼 수 있는 훌륭한 지침서가 될 것이다.

진로탐색 #무엇을 더 볼까

관련매체 : 교육(학교)협동조합이란? 경기도교육청 TV
https://www.youtube.com/watch?v=u9YaJ46u6W8

관련도서 : 『세계시민이 된 실험경제반 아이들』 (김나영, 리틀에이)

진로토론 #무엇을 이야기해 볼까

1. 경제학과 우리 삶과의 영향 관계에 대해 다양한 관점에서 말해 보자.
2. 가장 인상 깊었던 경제학자의 사상을 정리해 보고 그 이유에 관해 이야기해 보자.
3. 경제 분야를 이해하는 일은 능동적인 민주시민으로서 왜 중요한지 이야기해 보자.
4. 현대 사회의 경제 위기를 해결하기 위해 방안을 책 속의 아이디어를 활용해 말해 보자.
5. 기본소득이 자본주의 기본 체제에 대한 대안이 될 수 있다. (찬반토론)

진로활동 #무엇을 해 볼까

1. 학급 친구들이 참여하고 있는 경제활동을 조사해 보고 현황 및 문제점을 분석해 보는 보고서를 작성해 보자.
2. '사회적 경제 활동가'란 무엇인지 찾아보고 청소년으로서 실천할 수 있는 사회적 경제 활동 계획을 세워보자.

18. 지리의 힘

도서정보	팀 마샬(김미선) / 사이 / 2016년 / 368쪽 / 20,000원	
진로정보	사회 – 사회과학 연구원	
교과정보	세계시민과 지리	[12세지04-03] 다양한 지정학적 분쟁을 국제정세의 변화와 관련지어 조사하고, 세계 평화와 정의에 기여할 수 있는 방안을 찾아 실천한다.

도서소개 #어떤 책일까?

미국의 오늘날 세계의 초강대국이 될 수 있었던 배경은 무엇이며 한 때 세계의 중심을 외치던 중국은 왜 아편전쟁에서 영국에게 패하였을까에 대한 의문에 대해 우리는 어떻게 답을 찾을 수 있을까?

영국 《파이낸셜 타임스》의 터키 특파원과 BBC 기자로도 일한 저자는 25년 이상 30개 이상의 분쟁지역을 직접 현장에서 취재하며 [지리라는 렌즈]를 통해 세계를 조망한 내용이 담겨있는 책으로 지리가 우리 개인의 삶에 어떤 영향을 끼치는지, 세계의 정치와 경제를 어떻게 좌우하는지를 살펴볼 수 있다. 이 책을 통해 우리나라의 지정학적 특성을 알아보고 주어진 문제를 극복하는 방법에 대해서도 생각해 보게 하는 계기가 될 것이다.

진로탐색 #무엇을 더 볼까

관련 매체 : 김지윤의 지식Play - 중국은 왜 티베트를 포기 못할까?
https://youtu.be/Av6tAulbTQ4?si=QavanrNufuOEDB0I
관련 도서 : 세계사를 한눈에 꿰뚫는 대단한 지리(팀 마샬, 비룡소)

진로토론 #무엇을 이야기해 볼까

1. 우리나라의 경제 성장은 주변국의 경제 성장 여부에 달려 있다.
2. 자국의 이익을 위해 타국의 내정에 간섭하는 것은 필요하다.
3. 미국은 세계 초강대국의 자리에서 내려올 것이다.
4. 신재생에너지로 자원분쟁을 해결할 수 있다.
5. 기후변화가 지역분쟁의 해결책을 제시할 수 있다.

진로활동 #무엇을 해 볼까

1. 역사 속 세계의 경제 중심 지역의 변천을 조사하고 그 이유를 지정학 특성으로 밝혀보자.
2. 지금도 진행 중인 분쟁지역의 지정학적 특성을 조사해 보자.

19. 창업은 처음이지? 초보사장의 세금노하우

도서정보	김정철 / 서울창업신문사 / 2023년 / 291쪽 / 17,000원	
진로정보	사회 - 경영, 경제 관련직	
교과정보	금융과 경제생활	[12금융01-03] 안전한 금융 거래를 위한 계약(약관)의 중요성을 인식하고, 금융 사기 예방과 피해 구제를 위해 마련된 주요 금융 소비자 보호 제도를 탐구한다.

도서소개 #어떤 책일까?

요즘 젊은 사람들은 회사에 얽매이지 않고 자유롭게 살고 싶어 한다. 그래서 자기 일을 하려고 찾는 경우가 허다하다. 그래서 만약 창업을 생각하는 사람이 있다면 사업만 잘하면 되고 나머지 세금 관련 업무는 세무사를 통하면 될 것이라는 안이한 태도를 버리고 자기 주도적인 세금 신고를 하고 이익을 창출하도록 도움을 받기를 바란다. 세무법에 대한 기본 상식과 사업자등록증에서 과세와 비과세를 이해하며 직원의 급여와 아르바이트생 고용, 세금계산서와 신용카드 매출전표 등을 어떻게 처리해야 하는지 쉽고 재미있게 알려 주는 교과서와 같은 지침서를 활용한다면 나의 창업은 처음부터 성공이 아닐까 한다.

진로탐색 #무엇을 더 볼까

관련매체 : 세무회계상식 : https://youtu.be/0Tn_Kwu1W_s?si=SNCnu9gr_sl3mV0A

관련도서 : 『나는 장사의 신이다』 (은현장, 떠오름)

진로토론 #무엇을 이야기해 볼까

1. 나도 사장님이 될 수 있을까?
2. 나의 화술은 영업에 어느 정도 도움이 될까?
3. 사업이 최고의 직장이다.
4. 어떻게 하면 사업을 확장할 수 있을까?
5. 만약에 사업이 망하면 어떻게 대처해야 할까?

진로활동 #무엇을 해 볼까

1. 우리 동네에서 가장 손님이 많은 상점을 찾아보자
2. 1에서 찾은 상점에 손님이 많은 이유를 열거해 보자
3. 사업 아이템을 생각해서 가상의 상점을 열어 보자

20. 청소년을 위한 경제학 에세이

도서정보	한진수 / 해냄 / 2016년 / 316쪽 / 16,800원	
진로정보	사회 – 사회교사	
교과정보	통합사회	[10통사2-08-01] 자본주의의 역사적 전개 과정과 그 특징을 조사하고, 시장과 정부의 관계를 중심으로 다양한 삶의 방식을 비교 평가한다.

도서소개 #어떤 책일까?

연예기획사가 아이돌 그룹을 구성할 때는 비교우위라는 경제 원리를 적용한다는 사실을 알고 있을까? 구성원 각자의 능력을 철저히 분석해 저마다 비교우위 분야를 정하고 이에 특화하도록 역할을 나누며, 보컬, 미모, 랩, 안무, 미모 담당 등을 적절히 섞어 그룹을 구성할 때 성공 가능성이 높다는 사실, 우리 청소년들이 좋아하는 아이돌부터 시작하여 친숙하게 우리의 일상생활 속에 접하게 되는 경제학의 원리에 대해 구체적인 예를 들어 자세하게 설명해 주는 책이다. 단연코 청소년 시기에 꼭 읽어야 하는 경제학 입문서이다.

진로탐색 #무엇을 더 볼까

관련도서 : 『미니멀 경제학』(한진수, 중앙북스)

진로토론 #무엇을 이야기해 볼까

1. 투자, 자본, 희소성, 공짜, 지출의 용어를 경제학적으로 정의해 보자.
2. 매점의 물건 가격은 왜 그렇게 비쌀까? (독점, 대체재, 진입장벽)
3. 시너지 효과와 메기 효과에 대해 설명해 보자.

진로활동 #무엇을 해 볼까

1. 국가 발전의 원동력을 들자면 사유재산제를 설명할 수 있을 것이다. 이에 대한 자신의 생각을 소신껏 글로 써보자.
2. 용돈을 받기 시작한 청소년들에게 절약의 역설을 참고하여 중요성을 설명할 수 있을까? 혹은 반대로 설명할 수 있을까?

21. 청소년을 위한 매체 이야기

도서정보	김봉섭 외 6인 / 한울 / 2020년 / 256쪽 / 20,000원	
진로정보	사회 – 기자 및 언론 관련 전문가	
교과정보	공통국어	[10공국1-06-01] 사회적 의제를 다룬 매체 자료를 비판적으로 분석한다.

도서소개 #어떤 책일까?

한국방송학회에서 다섯 명의 전문가로부터 매체에 대한 이해부터 영역별 매체 이야기 그리고 매체 윤리까지 다룬 내용을 엮어서 낸 책이다. 얼핏 무미건조해 보일 수 있지만 의외로 술술 읽힌다. 단원별로 정의, 특성 유형, 사회적 영향력, 매체 환경의 변화, 올바른 매체 이용자 역량 쌓기 등 독자가 알아야 할 매체 지식과 활용 및 윤리까지 골고루 살펴볼 수 있도록 구성된 점이 눈에 띈다. 특히 각 단원의 마지막에는 탐구활동을 제시하며, 이 책을 활용한 진로 탐색 활동 및 적용 방안을 모색해 볼 수 있도록 유도한 점에서 교육적인 가치가 인정된다. “대중 스스로가 자신의 문화적 취향이 무엇인지 알고, 자신의 취향을 충족시켜 줄 대중문화를 생산하도록 요구할 수 있는 주체적 역량을 키워야 한다. 36쪽의 필자의 조언을 기억하며 읽어보자.

진로탐색 #무엇을 더 볼까

관련매체 : 한국언론진흥재단 사이트 https://www.kpf.or.kr/front/user/main.do

관련도서 : 『인공지능 시대, 십 대를 위한 미디어 수업』(정재민, 사계절)
『미디어 리터러시, 세상을 읽는 힘』(강용철, 샘터사)
『정원사 챈스의 외출』(저지 코진스키, 미래M&B)

진로토론 #무엇을 이야기해 볼까

1. 유튜브에 업로드되어 사회적 논란을 일으킨 가짜 뉴스, 또는 허위 조작 정보의 유통 사례를 조사하고, 문제점과 해결 방안을 논의해 보자.
2. 게임 속에서 반칙을 저지르는 플레이어에게 가장 적절한 대응책은 무엇일까?
3. 매체를 통한 의사소통에 실패 경험으로 발생 원인, 이유, 극복 방안을 논의해 보자.

진로활동 #무엇을 해 볼까

1. 자신이 주로 이용하는 SNS에 최근에 게시한 게시물을 20개 정도 살펴본 뒤, 자신의 SNS 콘텐츠의 특징이 무엇인지 분석해 보자.
2. 신문사나 방송국의 윤리 규범 또는 취재 준칙을 찾아 해당 언론사의 보도 또는 내용이 윤리 규범이나 취재 준칙에 부합한 사례와 벗어난 사례들을 찾아 비교해 보자.

22. 친절한 한국사

도서정보	심용환 / 사계절 / 2022년 / 272쪽 / 16,800원	
진로정보	사회 – 역사학 연구원	
교과정보	한국사1	[10한사1-02-05] 근대 이전 한국사 주제를 설정하여 탐구하고, 그 결과를 다양한 방법으로 표현한다.

도서소개 #어떤 책일까?

역사 지식을 일방적으로 수용하지 않고 편견을 깨고, 관점을 달리해서 생각할 힘을 길러주는 책이다. 크게 세 가지 분류 속에서 역사적 사실을 선별하여 소개하고, 그것을 통해 우리가 미처 생각지 못했던 부분을 짚어주는 구성이 역사에 대해 따분함이나 지겨움이란 생각에 빠진 사람들에게 신선함을 던져준다. 가령 세종대왕이 한글을 만든 이유를 통해 민본주의와 민주주의의 개념을 구분해서 이해할 수 있도록 도와주는 것이 그 예다. 마치 역사를 역사로만 보지 않고, 삶에 녹아든 사상과 사회현상, 정치의 구석구석까지 연계해서 생각해 볼 힘을 길러준다. 이는 독자가 관심을 두고 탐구하고 싶은 분야를 골라 역사 속에서 정치, 경제, 사회, 문화 등의 영역을 생각해 보는데 도움을 주는 책이다.

진로탐색 #무엇을 더 볼까

관련매체 : 국사편찬위원회 사이트 https://www.history.go.kr/

관련도서 : 『고전 소설 속 역사 여행』(노대환, 돌베개)

『역사 드라마, 상상과 왜곡 사이』(주창윤, 역사비평사)

진로토론 #무엇을 이야기해 볼까

1. 전국적으로 역사적 유적과 유물, 각종 문화유산을 알리는 축제나 행사 중의 하나를 골라 재미뿐만 아니라 의미를 더하는 행사로 만들기 위해 방안을 주제로 토론해 보자.
2. '역사 관련 영화는 영화로 보고, 역사는 교육을 통해 배워야 한다.'는 주장은 학생들의 역사에 대한 흥미를 잃게 만든다. (찬반토론)

진로활동 #무엇을 해 볼까

1. '간호사의 탄생(141쪽)' 부분을 보면 우리가 간과하고 있던 간호사의 진짜 롤 모델은 누가 되어야 할지 생각해 보게 한다. 역사 속 하나의 소재를 찾아서 관련 정보를 탐구한 후 진로나 직업과 연계하여 새로 발견한 이야기를 써서 친구와 공유해 보자.
2. 사극이나 영화를 바탕으로 '사실 논쟁'과 '의미 논쟁'을 해 보자. (113쪽 참조)

제4장

자연과학

◈ 자연과학 영역 소개 ◈

#자연과학 분야 소개

과학 계열은 미래에 많은 기회와 도전이 있는 분야입니다. 과학 계열의 직업은 다양하고 흥미로운 분야가 많습니다. 예를 들어, 소프트웨어 개발자, 환경 과학자, 생명 과학자, 화학자, 의사, 공학자 등이 있습니다.

과학은 우리 주변의 자연 현상을 탐구하고 설명하는 방법입니다. 과학을 통해 우리는 우주, 지구, 생명, 물질, 기술 등에 대해 더 많이 알 수 있고 호기심과 창의력을 발휘할 수 있는 재미있고 유익한 활동입니다. 과학을 하면서 우리는 새로운 질문을 던지고, 가설을 세우고, 실험을 하고, 결과를 공유하고, 지식을 쌓아간다면 인류의 문제를 해결하고 삶의 질을 향상시키는 데 많은 기여를 하게 될 것입니다. 과학을 이용하면 우리는 건강, 환경, 에너지, 의료, 교통 등의 분야에서 혁신적인 발전을 이룰 수 있습니다.

고등학교 자연과학은 이러한 성과를 이루기 위한 과학의 기본적인 개념의 이해와 과학탐구방법을 학습하기 위한 중요한 과정입니다.

#자연 과학 계열의 분류와 미래 전망

수학 및 통계학 : 수학은 숫자, 기호, 공식, 논리 등을 이용하여 추상적인 개념과 구조를 연구하는 학문입니다. 통계학은 자료의 수집, 분석, 해석, 표현 등을 통해 현상을 이해하고 예측하는 학문입니다. 수학 및 통계학은 과학, 공학, 경제, 사회, 의학 등 다양한 분야에 적용되고 있습니다. 수학 및 통계학을 전공한 사람들은 수학자, 통계학자, 암호학자, 데이터 과학자, 금융 분석가, 보험 수리사, 교육자 등의 직업을 가질 수 있습니다.

물리학, 화학 및 천문학 : 물리학은 물질과 에너지, 그리고 그들의 상호작용을 연구하는 학문입니다. 화학은 원자와 분자, 그리고 그들이 이루는 물질의 성질과 변화를 연구하는 학문입니다. 천문학은 우주와 천체, 그리고 그들의 구조와 운동을 연구하는 학문입니다. 물리학, 화학 및 천문학은 자연의 기본 법칙과 구조를 밝히고, 새로운 기술과 발견을 이끌어내는 학문입니다. 물리학, 화학 및 천문학을 전공한 사람들은 물리학자, 화학자, 천문학자, 재료 과학자, 핵 과학자, 광학 과학자, 교육자 등의 직업을 가질 수 있습니다.

생명과학 : 생명과학은 생명체의 구조와 기능, 그리고 그들의 다양한 형태와 상호관계를 연구하는 학문입니다. 생명과학은 생물학, 농학, 수의학, 약학, 식품과학, 환경과학 등으로 구성되어 있습니다. 생명과학은 생명의 기원과 진화, 생명의 다양성과 보전, 생명의 건강과 복지 등을 탐구하고 개선하는 학문입니다. 생명과학을 전공한 사람들은 생물학자, 농업과학자, 수의사, 약사, 식품 과학자, 환경 과학자, 교육자 등의 직업을 가질 수 있습니다.

지구과학 : 지구과학은 지구와 그 주변의 구성과 변화, 그리고 그들의 영향과 관련을 연구하는 학문입니다. 지구과학은 지질학, 지리학, 기상학, 해양학, 대기과학, 지구물리학 등으로 구성되어 있습니다. 지구과학은 지구의 과거와 현재, 그리고 미래의 모습과 문제, 그리고 해결 방안을 제시하는 학문입니다. 지구과학을 전공한 사람들은 지질학자, 지리학자, 기상학자, 해양학자, 대기 과학자, 지구물리학자, 교육자 등의 직업을 가질 수 있습니다.

◈ 자연과학 도서 목록 ◈

순	영역	진로정보	교과정보	도서명	집필자	비고
1	자연과학	연구원	생명과학	물고기는 존재하지 않는다	김희진	대표
2	자연과학	과학 전문가 및 관련직	생태와 환경	오래된 미래	강인진	대표
3	자연과학	연구원	통합과학2	객관성의 칼날	김희진	
4	자연과학	지구학자/환경공학자	기후변화와 환경생태	기후 책	김희진	
5	자연과학	물리학자	전자기와 양자	김상욱의 양자 공부	김희진	
6	자연과학	생물학자	생명과학	다정한 것이 살아남는다	김희진	
7	자연과학	환경과학자	생명과학 통합과학	모두의 내일을 위한 기후위기와 탄소중립 수업 이야기	정종호	
8	자연과학	물리학자	물리학	시간은 흐르지 않는다	김희진	
9	자연과학	농•임학자	생명과학	식물분류학자 허태임의 나의 초록목록	김희진	
10	자연과학	AI 공학자/ 로봇·자동차 공학자	과학의 역사와 문화	십 대를 위한 미래과학 콘서트	최창준	
11	자연과학	화학자	화학 반응의 세계	역사를 바꾼 17가지 화학 이야기 1, 2	김희진	
12	자연과학	식품학자/영양사/ 요리사	진로와 직업	요리사, 요리책을 말하다	김희진	
13	자연과학	화학자	통합과학1	원소 이야기	김희진	
14	자연과학	지구 및 기상과학 연구원	생태와 환경	위기의 지구, 물러설 곳 없는 인간	최종한	
15	자연과학	생물학자	생명과학	이기적 유전자	황초희	
16	자연과학	생물학자	생명과학	이중나선	김희진	
17	자연과학	뇌과학자	통합과학	인간 VS 기계	정종호	
18	자연과학	지구학자/환경공학자	지구과학	인류세: 인간의 시대	김희진	
19	자연과학	연구원	생명과학	종의 기원	김희진	
20	자연과학	천문/우주학자	진로와 직업	천문학자는 별을 보지 않는다	김희진	
21	자연과학	농•임학자	과학의 역사와 문화	총균쇠	김희진	
22	자연과학	지구학자/환경공학자	기후변화와 환경생태	최종경고: 6도의 멸종	김희진	
23	자연과학	환경과학자	생명과학 환경	침묵의 봄	정종호	
24	자연과학	천문/우주학자	통합과학	코스모스	김희진	
25	자연과학	생명과학자	생명과학	특종! 생명과학뉴스	정종호	
26	자연과학	심리학자/ 진화생물학자	생명과학	협력의 유전자	최창준	

1. 물고기는 존재하지 않는다

도서정보	룰루 밀러(정지인) / 곰출판 / 2021년 / 300쪽 / 17,000원	
진로정보	자연과학 - 연구원	
교과정보	생명과학	[12생과03-04] 생물의 분류 체계를 바탕으로 각 분류군의 차이를 이해하고 생물군을 분류 체계에 따라 설명할 수 있다.

도서소개 #어떤 책일까?

저자는 어류 분류학자 데이비드 스타 조던이 왜 열정을 갖고 평생을 어류 분류에 몰두하였는가 연구하면서 자기 삶에 대한 해답까지 발견한다. 그 과정에서 이 분류학자의 아집와 학문적 오류까지 밝히며 모든 생명이 소중함에 대해 이야기한다.

생물학, 분류학에 관해 관심이 있는 학생들은 이 책을 읽게 되면 생물학, 분류학에 대해 낯선 감정과 함께 더욱 호기심이 생길 것이다. 올바른 과학자의 학문적 태도란 무엇인가에 대해서도 생각하게 될 것이다.

진로탐색 #무엇을 더 볼까

관련매체 : 2022 봄 카오스강연 '식물행성 (plant planet)'
관련도서 : 『자연에 이름 붙이기』 (캐럴 계숙 윤, 월북)

진로토론 #무엇을 이야기해 볼까

1. 데이비드 스타 조던의 과학에 대한 열정은 존경받아야 한다.
2. 어류라는 말은 더 이상 사용하지 말아야 한다.
3. 연구자는 사회 발전에 따라 자신의 신념을 바꿀 수 있다.
4. 내가 관심 있는 연구 분야는 어떤 학과에서 배울 수 있을까?
5. 과학계에서 과거에는 있었지만, 지금은 없어진 직종은 무엇이 있을까?

진로활동 #무엇을 해 볼까

1. 생물의 분류에 대한 최신 정보를 검색하여 교과서와 다른 점을 찾아 정리해 본다.
2. 과학자 중에 자신의 신념을 따랐지만, 역사적으로 비판받는 과학자를 찾아 그 이유를 정리하여 발표해 보자.

◈ 책 이야기 ◈

1. 표지를 보고 처음 든 느낌과 책을 읽은 뒤 느낌이 어떠했는지 이유와 함께 적어 보자.

2. 나라면 책의 표지를 어떻게 디자인했을지 그려보고, 의도를 이야기해 보자.

책 뒷면	책등	책 표지

3. 가장 인상적이었던 내용은 무엇이었는지 요약하여 적어 보고 그 이유에 대해 말해 보자.

◈ 질문하고 토론하고 ◈

[영상자료]
[물고기는 존재하지 않는다] 크고 작은 삶의 문제를 풀어나갈 용기, 다른 세계는 있지만, 그것은 이 세계 안에 있습니다.
bookbook(2022.5.15.)

1. 위 자료를 보고 느낀 점은 무엇인가?

2. 책은 데이비드 스타 조던이라는 분류학자의 행적에 대해 소개한다. 데이비드 스타 조던의 어류 분류 연구는 의미 있다고 생각하는가, 아니라고 생각하는가? 그 이유는 무엇인가?

3. 데이비드 스타 조던은 자신의 신념을 따라 행동했다. 특히 말년의 행적은 당시에는 찬사를 받기도 했으나 지금의 가치관에 비추어 보면 옳지 않았다. 그의 행적은 지금의 잣대에 비추어 비판받아야 하는가, 당시의 잣대에 비추어 업적으로 보아야 하는가? 자기 생각을 말해 보자.

4. 내가 평생을 바친 연구가 틀렸다는 이론을 주장하는 과학자가 나타난다면 나는 어떻게 하는 것이 옳을지 말해 보자.

◈ 진로 이야기 ◈

1. 요즘은 과학자들이 TV를 비롯한 영상매체에 나오는 일이 많다. 좋아하거나 자주 본 과학자가 있는가? 없다면 찾아보고 한 분을 골라 연구 영역을 찾아보자.

2. 과학 연구의 분야 중 관심이 가는 분야는 무엇인가?

3. 관심 있는 분야의 연구를 전공하려면 어떤 학과에 가야 하는지, 또 그 학과를 전공하면 어떤 직업을 가질 수 있는지 커리어넷이나 대학 홈페이지 학과 소개를 활용해 알아보자.

4. 20년 후 내 연구 분야나 내 삶을 소개하는 책을 쓴다면 나의 프로필을 어떻게 쓸지 혹은 목차를 어떻게 구성할지 적어 보자.

5. 그 분야를 전공하려면 가장 필요한 역량은 무엇이라고 생각하는가?

2. 오래된 미래

도서정보	헬레나 노르베리 호지(양희승) / 중앙북스 / 2015년 / 364쪽 / 14,000원	
진로정보	자연과학 – 과학 전문가 및 관련직	
교과정보	생태와 환경	[12생환01-03] 환경에 관한 윤리적 갈등 상황을 분석하여 현상을 바라보는 다양한 관점을 인식하고, 타인의 의견을 경청하며, 갈등 해결을 위한 책임감을 갖고 자신의 의견을 제시한다.

도서소개 #어떤 책일까?

2023년 전 세계의 날씨(기후)는 엉망이었다. 유난히 여름이 긴 나라도 긴 나라도 있었고, 때아닌 겨울이 와서 사람들을 혼란에 빠지게 하기도 했다. 우리나라도 12월 초, 중순까지 봄 날씨가 지속되었다. 과학의 발전보다 자신들의 전통을 지키고, 선조들이 살던 방식을 고수하며 불편함을 불편하다고 생각하지 않으며 라다크인들은 살고 있다. 편리한 세상에서 과거의 삶을 추구하지만 전혀 촌스럽지 않은 생활을 하고 있다. 그런 사람들을 보면서 아마도 그것이 공동체 삶이고 지구를 보존하는 삶이 아닌가 하는 생각을 작가는 하는 것이다. 우리의 미래는 온고이지신(溫故而知新)이 아닐까 반문하며 쓰레기를 함부로 버리는 자기 모습을 되돌아보게 한다.

진로탐색 #무엇을 더 볼까

관련매체 : 경성, 오래된 미래

관련도서 : 『적당히 불편하게』 (김한솔이, 키효북스)

진로토론 #무엇을 이야기해 볼까

1. 내가 생각하는 최고의 발명품은 무엇인가?
2. 집에서 사용하는 가장 편리한 기계는 무엇일까?
3. 나는 쓰레기 분리수거를 잘하고 있나?
4. 지속 가능한 사회를 만들기 위해 우리가 할 수 있는 것이 무엇일까?
5. 과학의 발전이 지구를 파괴한다. (찬반토론)

진로활동 #무엇을 해 볼까

1. 환경보호단체에서 하는 일을 조사해 보자
2. 내가 만약 환경운동가라면 무슨 일을 할 것인지 나열해 보자
3. 우리 선조들이 사용하던 것 중 지금도 편리하게 사용하는 것을 조사해 보자

◈ 책 이야기 ◈

1. 가장 인상 깊게 읽은 내용을 찾아 옮겨 보고, 이유를 말해 보자.

라다크에 머무는 동안 다수의 불교도와 소수의 이슬람교도 사이의 갈등이 고조되는 것을 목전에서 지켜보았다. 600년이 넘도록 그 두 집단은 이렇다 할 마찰 없이 공존 관계를 유지했다. 그러나 최근 10년 내외의 기간에 서구식 경제개발이 추진되면서 두 집단은 싸움을 시작했고, 상대측의 주택에 폭탄을 던지고 서로의 생명을 빼앗는 지경에 이르렀다.
-잘 지내던 두 집단이 이제는 서로 싸우고 있다는 것이 이스라엘과 팔레스타인과의 전쟁을 보는 듯 해서 마음이 아팠다. 이러한 분쟁이나 전쟁은 지구를 파괴하므로 자연을 지키는 것에 위배되기 때문에 인상 깊게 읽었다.

2. 우리나라에서 환경이 잘 보존되는 곳을 찾아 확인해 보자.

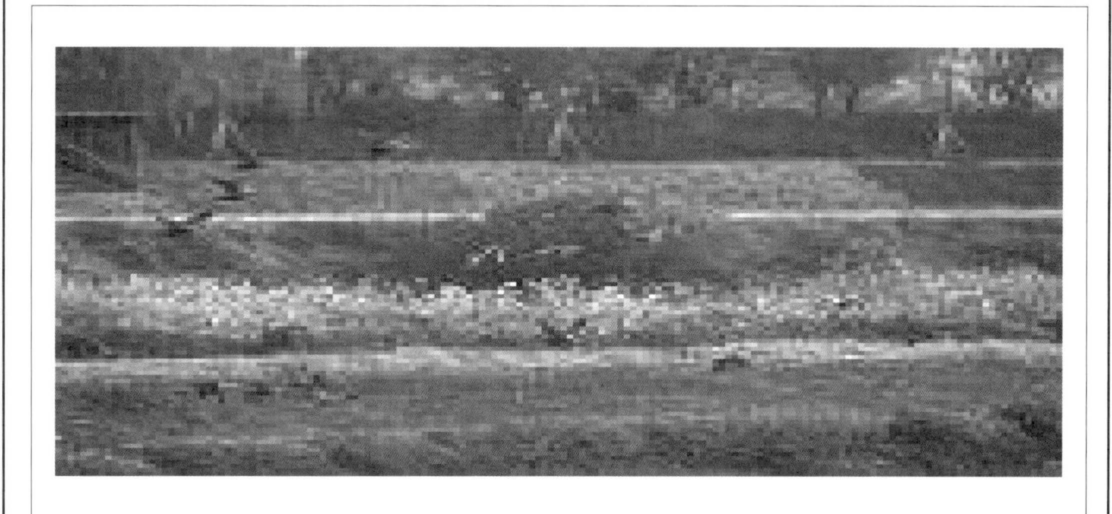

3. 확인한 자연환경이 잘 보존되는 이유가 무엇이라고 생각하는지 표현해 보자.

안양천 철새보호구역 생태쉼터를 조사하였는데, (사)한국생태복원협회가 주관한 자연환경대상 공모전에서 서울시장상을 수상했다고 한다. 훼손된 철새보호구역 인근 둔치를 복원해서 생태학적 연결성을 강화하고 조류관찰 데크와 산책로를 조성하고 유지하며 관리했고, 철새탐사 프로그램까지 운영하였다. 철새가 살 조건을 양천구에서 관리하므로 인해 다양한 생물들이 살도록 했다고 하니 다른 지역에서도 벤치마킹하여 우리 동네 자연보호구역을 잘 만들었으면 좋겠다.

◈ 질문하고 토론하고 ◈

* 영상자료를 통해 알게 된 내용들을 질문에 따라 정리해 주세요.
* 주어진 질문 외 새로운 질문을 만들 수 있습니다.

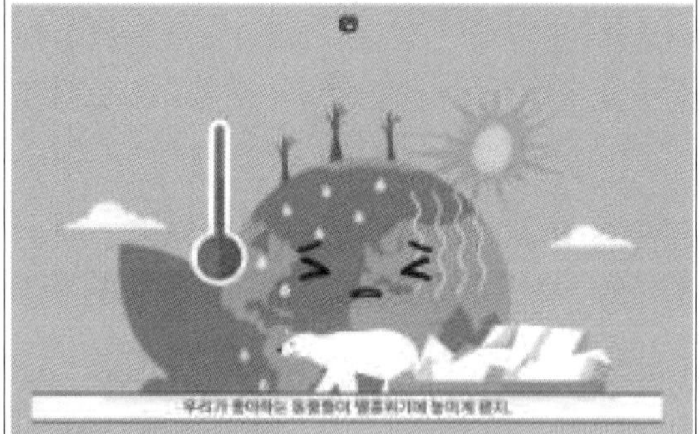

[영상자료]
<국립생태원>
멸종위기종이 사라진다면 인간도 큰일 난다고?

1. 위 자료를 보고 느낀 점을 말해 보자.

우리가 좋아하고 함께 살고 있는 다양한 동물들이 사라진다면 정말로 인간도 없어질 것이라는 막연한 생각이 실제로 일어날 수 있다는 것을 알고 두려움을 느꼈다. 하나의 종이 없어지면 도미노 현상으로 모든 것이 사라진다는 것을 지구인들 모두가 확인하여 자연을 보호하고 지켜야 할 것임을 확실하게 인지했다.

2. 책과 자료를 보고 궁금한 것을 질문해 보자.

옛날의 방식이 정말 좋아서 실천하고 사는 것일까?
부자가 된다는 것은 환경파괴범이 되는 것인가?

3. 기후변화에 대한 자기 생각을 정리해 보자.

외국영화를 보면 기후변화로 인해 지구가 멸망하는 내용이 많이 있다. 재미로만 감상하고 만약에 빙하기가 온다면 나는 어떻게 살까? 하는 단순한 생각으로 일관했었는데 책을 읽고 무서운 생각이 들었다. 기후변화는 아주 무서운 일이고 지구멸망을 부르는 것임을 확실하게 알았다. 그래서 내가 할 수 있는 행동은 나도 라다크인처럼 쓰레기를 최소화하는 생활을 하고 일회용품도 쓰지 않고 옷과 신발 등을 깔끔하게 입어 세제를 자주 사용하지 않도록 해야겠다.

4. 라다크인에게 배울 것이 있다면 한 가지만 이야기해 보자.

참을성과 다른 사람을 배려하는 것이다. 그들이 옛것을 추구한다는 것은 미래세대을 생각하고, 지속 가능한 사회를 만들기 위함이기 때문에 불편함을 불편하다고 느끼지 않아서이다.

◈ 진로 이야기 ◈

1. 내가 알고 있는 환경보호단체가 하는 일을 조사해 보자.

내가 가장 잘 아는 환경보호단체는 그린피스이다. 상업적 포경을 막는 모습은 전투적이기도 하다. 또 바닷속에 들어가서 오염물질을 제거하며 현수막을 들펼치는 모습은 장엄하기도 했다. 이번에 조사하며 지구를 지키는 친환경 냉장고인 '그린프리즈'를 개발한 것도 알았다. 많은 기업과 재생에너지 사용 협약을 맺는 등 지구 살리기에 앞장서는 모습이 정말 좋았다.

2. 학교에서 할 수 있는 환경운동가의 모습을 찾아보자.

우리 학교는 쓰레기 분리수거의 날이 정해져 있다. 그런데 비닐 봉투는 아직 분리수거에 포함하지 않고 있다. 분리수거 시간에 도화지 현수막을 만들어 1회용품 쓰지 않도록 캠페인 활동을 하고, 비닐 봉투를 분리수거 하도록 학교 측에 건의하고 구청에 민원을 넣는 일을 한다면 나도 우리 학교 환경운동가가 될 수 있을 것이다.

3. 과학 발전에 따른 결과물 중 없으면 안 되는 것과 그것이 지구에 해가 되는지 확인해 보자.

과학의 발전으로 만든 최고의 결과물은 당연히 자동차를 포함한 교통수단이다. 그 교통수단이 없었다면 서울과 부산까지 왕래하기 힘들고 다른 나라와도 교류하기 어려웠을 것이다. 그런데 그 자동차나 비행기, 배, 기차 등과 같은 교통수단이 많은 공해를 발생시켜 지구를 병들게 하고 있다. 환경오염 물질 방생 빈도를 줄이는 발명품이 계속 나오고 있으니, 쓰레기 줄이는 행동으로 지구를 아프지 않도록 해야 한다.

4. 지금 활동하는 환경운동가를 조사해 보자.

미국의 대통령이었던 클린턴의 러닝메이트였던 앨 고어는 불편한 진실이라는 다큐멘터리를 제작하였고, 006년 기후 위기의 심각성을 고발하고 동명의 책을 출간했다. 그 공로로 2007년 노벨 평화상을 받았다.

5. 나의 학교생활기록부에 기록하고 싶은 내용을 적어 보자.

이과 계열을 전공하지 않지만, 기후변화와 지속 가능한 사회에 관심이 많아 학급별 특색활동 시간에 대학로에서 연극을 본 후 피켓을 만들어 '지구의 멸망을 앞당기는 기후변화를 막읍시다.'라는 구호를 외쳐 많은 사람의 호응을 얻음.

3. 객관성의 칼날

도서정보	찰스 길리스피(이필렬) / 새물결 / 2005년 / 592쪽 / 35,000원	
진로정보	자연과학 - 연구원	
교과정보	통합과학2	[10통과2-03-04] 과학기술의 발전 과정에서 발생할 수 있는 과학 관련 사회적 쟁점(SSI)과 과학기술 이용에서 과학 윤리의 중요성에 대해 논증할 수 있다.

도서소개 #어떤 책일까?

사회 구성원 전체가 동의하는 사고 과정이나 결론이란 항상 옳은 것인가? 진정한 객관적인 사고란 무엇인가에 대해 생각할 수 있다.

학교에서 배운 과학 이론이 실제 과학사에서 어떻게 발전해 왔으며, 과학은 사회와 서로 어떤 영향을 주고받았는지, 객관성이란 어떻게 정의할 수 있는지, 과학과 철학은 어떤 관계에 있는지 등을 알 수 있다. 어떤 분야든 학문을 연구하고 싶은 이들이 읽어야 할 고전이다.

진로탐색 #무엇을 더 볼까

관련도서 : 『괴델, 에셔, 바흐』(더글러스 호프스태터, 까치)
『온도계의 철학』(장하석, 동아시아)

진로토론 #무엇을 이야기해 볼까

1. 어떤 일을 객관적으로 판단한다는 것은 가능하다.
2. 과학은 사회에서 하나의 도구이다.
3. 자연과학과 사회과학은 분리되어야 한다.
4. 연구원은 자신의 신념을 바꿀 줄 알아야 한다.
5. 과학자들은 철학을 반드시 배워야 한다.

진로활동 #무엇을 해 볼까

1. 과학이 사회의 발전에 기여한 부분에 대해 알아보고 발표해 보자.
2. 현재 가장 이슈가 되는 과학기술은 무엇이 있으며, 이것이 사회에 미칠 영향에 대해 글로 써 보자.

4. 기후 책

도서정보	그레타 툰베리(이순희) / 김영사 / 2023년 / 568쪽 / 33,000원	
진로정보	자연과학 – 지구학자 · 환경공학자	
교과정보	기후 변화와 환경생태	[12기환02-04] 기후변화 시나리오에 따른 미래 생태계 변화 예측 보고서를 찾아보고, 미래의 기후와 생태계의 변화 양상을 추론할 수 있다.

도서소개 #어떤 책일까?

그레타 툰베리는 기후변화에 대한 위험성을 경고하기 위해 15세부터 환경운동을 시작했다. 움직이지 않는 세계에 경고하기 위해 세계 석학들을 모아 기후 위기에 관한 책을 냈다. 다양한 통계 자료와 최신 연구 결과를 보여 줌으로써 독자들이 행동하게 만들기 위해 노력한 것이 보인다.

한 학생의 적은 노력이 반향이 커져 이제 세계의 석학들을 움직이게 하였다. 기후변화를 막는데 당장 나서야 하는 이유를 알 수 있다. 책의 분량이 많은 편이지만 충분히 읽을 가치가 있다. 관심 있는 부분을 먼저 읽는 것도 추천한다.

진로탐색 #무엇을 더 볼까

관련매체 : [페스티벌 어스] 기후변화대응-탄소중립 https://youtu.be/iZucr464IRc
도서 소개 영상 https://youtu.be/LjeL39jIiTg

관련도서 : 『최종경고: 6도의 멸종』(마크 라이너스, 세종서적)

진로토론 #무엇을 이야기해 볼까

1. 이미 세계화된 입맛을 지역 식재료만 이용하는 식단으로 바꿀 수 있을까?
2. 기후는 늘 변해왔다. 변화에 적응할 기술을 개발해야 한다.
3. 기후변화를 이길 기술이 곧 개발될 것이다.
4. 교통수단은 전기를 기반으로 하게 바뀌어야 한다.

진로활동 #무엇을 해 볼까

1. 책을 통해 새롭게 알게 된 사실이 있으면 말해 보자.
2. 기후변화를 막기 위해 실천할 수 있는 것을 5가지 이상 써서 실천해 보자.
3. 학급 내에서 친구들이 기후변화를 막기 위해 생활 속에서 실천하는 사례는 무엇이 있는지 조사해 보자.

5. 김상욱의 양자 공부

도서정보	김상욱 / 사이언스북스 / 2017년 / 308쪽 / 18,000원	
진로정보	자연과학 - 물리학자	
교과정보	전자기와 양자	[12전자03-02] 중첩과 측정을 통한 확률적 상태 변화를 이해하고, 이를 이용한 양자컴퓨터, 양자암호통신 등의 양자 기술이 일상생활과 미래 사회에 미칠 영향을 인식할 수 있다.

도서소개 #어떤 책일까?

일상에서 누구나 슈뢰딩거의 고양이를 이야기하는 시대지만 양자역학은 여전히 어렵다. 그 어려움을 딛고 재미있게 이해할 수 있게 해주는 책이다.

양자역학이 없다면 지금과 일상은 완전히 다를 것이다. 핸드폰을 사용할 수 없고, 비행기는 운행하지 못할 것이며, 내비게이션 대신 지도책을 들고 여행을 다녀야 할 것이다.

"양자역학의 하루"로 시작하여 "양자역학 사용 설명서"와 "양자 세계를 여행하는 히치하이커를 위한 가이드"를 통해 복습까지 완벽히 해 보는 기회를 가져 보자.

진로탐색 #무엇을 더 볼까

관련매체 : [EBS 특별기획 통찰] 자연의 예측 가능성 양자역학(2016)
[YTN사이언스] 양자역학의 양자택일(2015)
[팟캐스트] : [과학하고 앉아 있네]의 "김상욱의 양자 역학 콕 찔러 보기"

진로토론 #무엇을 이야기해 볼까

1. 미시 세계와 거시 세계의 기준은 무엇인지 말해 보자.
2. 자연은 예측할 수 없다. (찬반토론)
3. 양자역학에서 측정한다는 것은 눈으로 관측하는 것을 의미한다. (찬반토론)

진로활동 #무엇을 해 볼까

1. 미시 세계와 거시 세계의 기준은 무엇인지 생각해 보자.
2. 양자역학에 대해 알게 된 개념들을 친구들에게 소개하는 형식으로 발표 자료를 만들어 보자.
3. 양자역학을 주제로 공부하는 학과는 무엇인지 알아보자.
4. 물리학자가 되면 교수 외에 어떤 직업을 가질 수 있는지 커리어넷이나 대학 홈페이지를 통해 알아보자.

6. 다정한 것이 살아남는다

도서정보	브라이언 헤어(이민아) / 디플롯 / 2021년 / 396쪽 / 22,000원	
진로정보	자연과학 - 생물학자	
교과정보	생명과학	[12생과03-03] 생물 진화의 원리를 이해하고, 생물 진화 연구의 다양한 사례를 조사하여 협력적으로 소통할 수 있다.

도서소개 #어떤 책일까?

다윈의 진화론은 전달 과정에서, 혹은 번역 과정에서 적자생존으로 유명해졌다. 하지만 저자는 다윈이 최고 강한 자만 살아남는 적자생존을 말한 것이 아니라고 한다. 거기에 더해 친화력과 협력이 뛰어난 개체가 살아남고 번성하게 된다고 말한다.

개가 어떻게 인간의 가장 다정한 가족이 되었는지, 인간이 어떻게 이렇게 전 지구적으로 번성하였는지를 알 수 있다. 특히 책의 마지막쯤에는 인류가 어떻게 서로를 해치는 데 주저함이 없어질 수 있었는지를 알려 주며, 역으로 인류가 함께 살아갈 더 나은 방향에 대해 제시한다.

진로탐색 #무엇을 더 볼까

관련매체 : 카오스 사이언스 최재천 교수 https://youtu.be/SyGKk2a6OWs

관련도서 : 『사피엔스』 (유발 하라리, 김영사)

진로토론 #무엇을 이야기해 볼까

1. 인간은 영장류 중 지능이 가장 뛰어나기 때문에 살아남았다.
2. 가축과 반려동물은 구별할 수 없다.
3. 육식하는 것은 인간에 대한 동물의 신뢰를 저버리는 것이다.
4. 자기 가축화가 이미 가축화된 동물(개, 고양이 등)이외의 반려동물에서 나타나고 있다.
5. 민족주의를 넘어선 화합을 하려면 다양한 문화를 경험하게 해야 한다.

진로활동 #무엇을 해 볼까

1. 내 미래의 집을 디자인해 보자.
2. 인테리어가 있는 집에 대한 내 생각을 스케치하고 말해 보자.
3. 인테리어는 버리는 것에서 출발한다고 한다. 무엇을 버릴 것인지 항목을 적고, 이유를 설명해 보자.

7. 모두의 내일을 위한 기후위기와 탄소중립 수업 이야기

도서정보	한문정 / 우리학교 / 2023년 / 244쪽 / 18,000원	
진로정보	자연과학 – 환경 활동가	
교과정보	생태와 환경	[12생환04-05] 기후변화 대응을 위해 우리나라와 자신의 지역에 적절한 방안과 과제가 무엇인지 도출하고, 학교와 지역을 위한 기후행동을 계획·이행하고 그 결과를 성찰한다.

도서소개 #어떤 책일까?

학생들 스스로 주제를 탐색하면서 자발적으로 수업을 만들어 가게 하도록 자연스럽게 배움과 생각이 자라는 방식으로 수업을 구성한 것을 소개하였다. 학생들은 스스로 활동하고 토론하면서 생각의 폭이 넓어지고 깊어지는 경험을 한다. 학생들과 함께 기후 위기에 대해 계산하고 조사할 뿐만 아니라 기후 위기 시대에 무엇을 먹을지, 어떤 것을 입을지, 어디서 살지, 무엇을 탈 것인가를 탐구하면서 지구의 일원으로서 우리 삶 속에서 어떻게 탄소중립을 실천해야 하는지를 구체적으로 알 수 있게 된다. 모두가 함께하는, 모두의 내일을 위한 특별한 기후 위기 수업을 함께 경험할 수 있는 책이다.

진로탐색 #무엇을 더 볼까

관련매체 : 영화 〈잡식가족의 딜레마〉

관련도서 : 『파란하늘 빨간지구』 (조천호, 동아시아)

진로토론 #무엇을 이야기해 볼까

1. 탄소중립은 무엇을 의미할까?
2. 내가 실천할 수 있는 탄소중립 실천 행동은 무엇일까?
3. 제로 에너지 건축물이 되려면 어떻게 설계해야 할까?
4. 탄소는 좋은 것일까? 나쁜 것일까?

진로활동 #무엇을 해 볼까

1. '기후 위기 대응 실천 방안' 사례를 제시해 보자.
2. 탄소중립 식단을 위한 생각을 나의 경험을 바탕으로 발표해 보자.

8. 시간은 흐르지 않는다

도서정보	카를로 로벨리(이중원) / 쌤앤파커스 / 2019년 / 240쪽 / 16,000원	
진로정보	자연과학 – 물리학자	
교과정보	물리학	[12물리03-06] 모든 관성계에서 빛의 속력이 동일하다는 원리로부터 시간 팽창, 길이 수축 현상이 나타남을 알고, 이러한 지식이 사회에 미친 영향을 조사할 수 있다

도서소개 #어떤 책일까?

시간이 흐른다는 개념은 우리가 지구라는 환경에 살고 있으면서 자연히 가지게 된 개념이며, 우주적 차원에서 시간은 흐르는 것이 아니라는 것을 말한다.

양자역학 시점으로 보았을 때 과거, 현재, 미래는 완전히 다른 개념이 된다는 것을 알려준다. 지구 위에서 계속 과거에서 현재를 지나 미래로 가는 시간을 경험하면서 동시에 양자역학적으로 이것이 특수한 조건에서 일어나고 있음을 설명한다.

책을 읽고 나면 시간에 대해 완전히 새로운 시각으로 세상을 보게 될 것이다.

진로탐색 #무엇을 더 볼까

관련매체 : 2019 가을 카오스강연 '도대체 都大體' https://youtu.be/sAK6qQ_3u0Y
도서 소개 영상(인터뷰) https://youtu.be/_KvBfBFhh1c

관련도서 : 『김상욱의 양자 공부』 (김상욱, 사이언스북스)

진로토론 #무엇을 이야기해 볼까

1. 지구에서는 시간이 흐르고 있다.
2. 우주적 차원에서 시간은 존재하지 않는다.
3. 너와 내가 느끼는 시간이 다름을 물리적으로 설명할 수 있을까?
4. 현재는 존재한다고 볼 수 있을까?

진로활동 #무엇을 해 볼까

1. 책에서 읽은 내용을 그림으로 표현하여 발표해 보자.
2. 시간과 공간에 대해 새롭게 알게 된 것을 글로 표현해 보자.
3. 책에서 새롭게 알게 된 것들을 바탕으로 우주의 나이에 대해 생각해 보자.

9. 식물분류학자 허태임의 나의 초록목록

도서정보	허태임 / 김영사 / 2022년 / 292쪽 / 17,800원	
진로정보	자연과학 - 농·임학자	
교과정보	생명과학	[12생과03-04] 생물의 분류 체계를 바탕으로 각 분류군의 차이를 이해하고 생물군을 분류 체계에 따라 설명할 수 있다.

도서소개 #어떤 책일까?

식물을 사랑하여 스스로 '초록(草綠) 노동자'로 칭하는 식물분류학자인 저자의 정성 어린 연구 과정을 볼 수 있는 책이다. 산과 들, 강가와 실험실에서 식물을 만나는 방법의 다양함에 놀라게 될 것이다.

일반적으로 들어본 적 없는 '무수정결실', '기능적암수딴그루' 등 식물들의 신기한 생존 전략이 돋보이는 용어들을 배울 수 있다. 저자는 한반도 고유 식물도 소개하고, 멸종위기종에 대한 안타까운 마음도 밝히고 있다. 식물에 대한 사랑을 키울 수 있는 책이다.

진로탐색 #무엇을 더 볼까

관련매체 : 도서 소개 영상 https://youtu.be/anFf1S6Qrpw

관련도서 : 『이일하 교수의 식물학 산책』(이일하, 궁리출판)

진로토론 #무엇을 이야기해 볼까

1. 유명한 산의 경우 등산으로 산의 생태계가 덜 망가지려면 케이블카가 있는 것이 낫다.
2. 산불 진화를 원활하게 하려면 산에는 임도(차가 다니는 길)를 내야 한다.
3. 식물 분류는 동물 분류에 비해서 체계적이다.
4. 멸종위기종의 경우 식물 동정을 위해 채집하는 것은 식물 개체를 줄이게 되어 좋지 않다.

진로활동 #무엇을 해 볼까

1. 허태임 식물분류학자의 논문 제목을 검색해 보고 연구 분야에 대해 알아보자.
2. 풀과 나무의 공통점과 차이점을 조사하여 표를 만들어 보자.
3. 전 세계의 씨드 뱅크가 어디 있는지 조사해 보자.

10. 십대를 위한 미래과학 콘서트

도서정보	정재승 외 2 / 청어람미디어 / 2018년 / 214쪽 / 15,000원	
진로정보	자연과학 - AI 공학자, 로봇·자동차 공학자	
교과정보	과학의 역사와 문화	[12과사03-04] 인간과 기계, 사물 등을 연결하는 과학기술의 발전 동향을 파악하고 미래 사회의 변화를 예측할 수 있다.

도서소개 #어떤 책일까?

이 책은 각 분야 전문가와 함께 인공지능 시대의 삶과 변화, 미래 과학을 알아본다. 인공지능이 과연 무엇인지, 앞으로 인공지능이 우리의 삶에 얼마만큼 영향을 미칠지, 인공지능이 바꿔놓을 미래의 교통수단은 어떤 모습일지 등등 각 분야의 전문가들과 폭넓게 살펴본다. 이밖에 인공지능으로 더욱 발전한 스마트폰이 사람의 마음을 어떻게 바꿔놓았는지를 비롯해, 인공지능의 발전을 이끈 컴퓨터의 놀라운 진화 과정, 새로운 기술이 등장할 때마다 더욱 견고해지는 암호의 세계, 창의적으로 생각하는 방법에 이르기까지 청소년뿐만 아니라 누구나 꼭 알아야 할 미래 과학 이야기를 담은 책이다.

진로탐색 #무엇을 더 볼까

관련매체 : 정재승 박사와 함께 하는 '과학 콘서트'
관련도서 : 『헬로 사이언스』 (정재승, 청어람미디어)

진로토론 #무엇을 이야기해 볼까

1. 4차 산업혁명, 우리는 무엇을 준비해야 할까?
2. 인공지능 시대에 우리는 무엇을 할 수 있을까?
3. 스마트폰 사용의 긍정성과 유해성을 주제로 토론해 보자.
4. 기술 개발로 인한 새로운 위협과 이를 막기 위한 암호 기술에는 무엇이 있을까?

진로활동 #무엇을 해 볼까

1. 스마트폰이라는 기술이 사람을 어떻게 바꾸었는지 문화심리학적 관점에서 살펴보자.
2. 과학은 남들과 다른 생각 즉 창의적인 발상 덕분에 발전할 수 있었다. 창의적인 사고를 개발하는 방법에는 무엇이 있을까 발표해 보자.

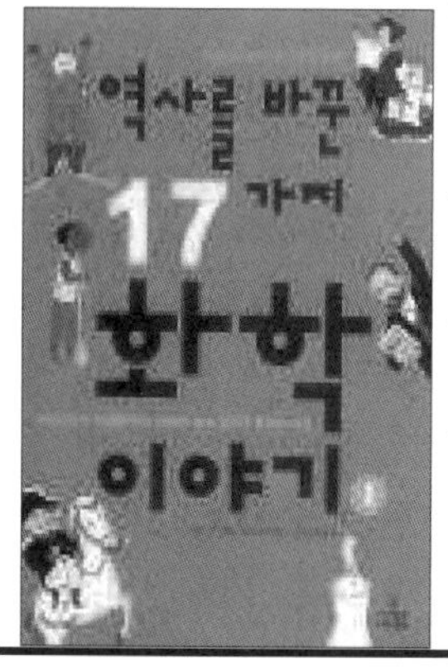

11. 역사를 바꾼 17가지 화학 이야기 1, 2

도서정보	페니 카메론 르 쿠터 외 1(곽주영) / 사이언스북스 / 2007년 / 278쪽 / 16,000원	
진로정보	자연과학 – 화학자	
교과정보	화학반응의 세계	[12반응03-04] 탄소 화합물의 반응을 통해 합성된 새로운 물질이 과학・기술・사회 발전에 끼친 영향을 조사하여 화학의 유용성을 깨달을 수 있다.

도서소개 #어떤 책일까?

화합물의 발견(혹은 발명)과 역사의 패러다임 변화가 서로 동떨어진 것이 아님을 말해주는 책이다. 세계사에 관심이 있다면 역사를 사회과학이 아니라 자연과학적 관점에서 해석할 수도 있다는 것을 알게 될 것이다.

모든 장이 유기적으로 연결되어 순서대로 읽어도 좋고, 관심 있는 물질을 소개한 장부터 읽어도 문제없다. 설탕에서 폭발물까지 다양한 물질에 대한 상식을 키울 수 있다.

진로탐색 #무엇을 더 볼까

관련매체 : 2018 가을 카오스 강연 '화학의 미스터리, CheMystery'
https://youtu.be/rqFT2WOIxCc

관련도서 : 『미래를 읽다 과학이슈 11 시리즈』(한상기, 동아엠앤비)
『화학으로 이루어진 세상』(K. 메데페셀헤르만, 에코리브르)

진로토론 #무엇을 이야기해 볼까

1. 플라스틱은 인류 문명에 득이 되었다.
2. 과학은 인류 역사를 발전시켰다.
3. 과학자가 자신의 연구로 경제적 이윤을 얻는 것은 정당하다.
4. 화학 연구의 분야에 대해 알아보자.
5. 연구자는 전 세계를 위한 것보다 국가의 이익을 우선해야 한다.

진로활동 #무엇을 해 볼까

1. 앞으로 발견 혹은 발명되었으면 하는 물질의 성질과 쓰임에 대해 글로 묘사해 보자.
2. 역사를 바꾼 물리적 발견이나 발명에 대한 예를 한 가지 발표해 보자.

12. 요리사, 요리책을 말하다

도서정보	배재환 / 도림북스 / 2018년 / 334쪽 / 15,000원	
진로정보	자연과학 – 식품학자 · 영양사 · 요리사	
교과정보	진로와 직업	[12진로01-01] 관심 분야 직업인의 삶과 진로 특성을 탐구함으로써 관심 직업 및 전공 분야에서 요구되는 진로 특성을 이해한다.

도서소개 #어떤 책일까?

요리 자체에 관한 책이 아니라 요리사가 되기 위해 고를 책을 소개하고, 요리사가 되는 방법에 대해 안내해 주는 책이다. 저자는 직접 원서를 읽어가며 요리책을 조사하였으며, 요리사로서의 경험을 바탕으로 뛰어난 안목을 보여 준다.

책의 뒤쪽으로 가면 요리사가 아니라 창업하거나 프랜차이즈 본사로 이직할 때를 대비한 내용까지 소개되어 있다. 요리사를 꿈꾼다면 현실적인 조언을 들을 수 있는 책이다. 학생들이 읽을 것이므로 Chapter 4는 생략해도 될 것이다.

진로탐색 #무엇을 더 볼까

관련매체 : 저자의 블로그 https://blog.naver.com/upjohn

관련도서 : 『피시 쿡북』(조시 닐란드, 미호)

진로토론 #무엇을 이야기해 볼까

1. 요리사가 되기 위한 가장 중요한 자질은 무엇일까?
2. 요리사가 되려면 멘토가 필요하다. (찬반토론)
3. 요리를 배울 수만 있다면 무엇이든지 견뎌야 한다. (찬반토론)

진로활동 #무엇을 해 볼까

1. 요리사가 되기 위한 교육기관 중 세계적으로 유명한 곳들을 조사해 보자.
2. 유명한 요리사들에 대해 알아보고 각각의 유명한 요리들에 대해 알아보자.
3. 전문가 10인의 경험과 조언을 참고하여 멘토로 삼을 만한 요리사나 창업가를 찾아보자.
4. 미국이나 호주산 소고기와 일본이나 우리나라의 소고기는 무엇이 다른지 마트에서 확인해 보고 그 이유를 분석해 보자.

13. 원소 이야기

도서정보	팀 제임스(김주희) / 한빛비즈 / 2022년 / 276쪽 / 17,000원	
진로정보	자연과학 – 화학자	
교과정보	통합과학1	[10통과1-02-03] 세상을 구성하는 원소들의 성질이 주기성을 나타내는 현상을 통해 자연의 규칙성을 도출하고, 지구와 생명체를 구성하는 주요 원소들이 결합을 형성하는 이유를 해석할 수 있다.

도서소개 #어떤 책일까?

주기율표에는 118개의 원소가 표시되어 있다. 책을 통해 원소의 성질과 이름에 대해 재미있는 정보를 알 수 있다. 원소들의 결합에 따라 다양한 물질이 만들어지고 그 성질도 결정된다.

주기율표가 만들어진 과정과 원소들의 특성을 알아내기 위한 과학자들의 노력을 알아보자. 생명도 우주도 원소로 이루어져 있고, 역사도 물질에 의해 완성되었다.

진로탐색 #무엇을 더 볼까

관련매체 : EBS 클립뱅크-원소 2부 https://youtu.be/azhQOJ4zceg
관련도서 : 『세계사를 바꾼 12가지 신소재』 (사토 겐타로, 북라이프)
『세상은 온통 화학이야』 (마이 티 응우옌 킴, 한국경제신문사)

진로토론 #무엇을 이야기해 볼까

1. 책에서 특히 관심이 가는 원소는 무엇이며, 그 이유는 무엇인가?
2. 금속과 비금속 중 더 관심이 가는 원소들은 어느 쪽인가?
3. 화학을 전공한다면 어떤 분야를 연구하고 싶은가?
4. 금이 아닌 금속으로 금을 인공적으로 만들 수 있을까?
5. 주기율표를 외우는 것은 필수이다. (찬반토론)

진로활동 #무엇을 해 볼까

1. 주기율표를 다른 방식으로 표현해 보자.
2. 원소의 특징을 말하여 그 원소가 무엇인지 서로 맞혀 보자.
3. 화학 연구 분야에 대해 인터넷 사이트를 활용하여 조사해 보자.

14. 위기의 지구, 물러설 곳 없는 인간

도서정보	남성현 / 21세기 북스 / 2020년 / 280쪽 / 18,000원	
진로정보	자연과학 - 지구 및 기상과학 연구원	
교과정보	생태와 환경	[12생환01-04] 자신이 살고 있는 지역에 관심을 갖고, 더 나은 지역 환경을 위해 책임 있는 시민으로서 자신이 참여할 수 있는 방식을 제안한다.

도서소개 #어떤 책일까?

하루라도 기후 위기 관련 뉴스가 끊이지 않는 날이 없는 요즘을 살아가면서 우리는 어떤 생각을 가져야 하고 어떻게 행동해야 할까? 우리 인류는 이 지구에서 얼마나 더 살아갈 수 있을까?

이 책의 저자인 남성현 서울대 지구환경과학부 교수는 전 세계의 바다를 60회 이상 탐사하였다. 이를 바탕으로 기후변화의 위기를 실감할 수 있는 언어들을 이용하여 우리가 살아가는 공간인 지구를 어떻게 지킬 것인가에 대해 고민하게 한다.

먼 미래에는 지구가 아닌 다른 행성에 인간이 살 것이라 예언하고 있지만 그것은 그저 먼 미래일 뿐이다. 더 나은 우리의 환경을 위해 책임을 지는 기회가 되기를 바란다.

진로탐색 #무엇을 더 볼까

관련매체 : 국가환경교육통합플랫폼 https://www.keep.go.kr/

관련도서 : 『두번째 지구는 없다』 (타일러 라쉬, 알에이치코리아)

진로토론 #무엇을 이야기해 볼까

1. 온실효과의 원인은 무엇인가요?
2. 엘니뇨와 라니냐에 따른 기후 영향은 무엇인가요?
3. 해양관측의 역할은 무엇인가요?
4. 인간은 자연재해를 통제할 수 있다. (찬반토론)
5. 지구의 환경은 앞으로 나아질 것이다. (찬반토론)

진로활동 #무엇을 해 볼까

1. 기후 위기를 극복할 수 있는 과학적 방법을 이야기해 보자.
2. 탄소발자국 알아보기를 통해 우리의 탄소 배출량을 점검해 보자.

15. 이기적 유전자

도서정보	리처드도킨스 / 을유문화사 / 1976년 / 632쪽 / 20,000원	
진로정보	자연과학 - 생물학자	
교과정보	생명과학	[12생과03-03] 생물 진화의 원리를 이해하고, 생물 진화 연구의 다양한 사례를 조사하여 협력적으로 소통할 수 있다.

도서소개 #어떤 책일까?

과학 교양서로 시작한 도서이면서도 인문 사회과학 분야의 수많은 경제학 논리와 이론들을 설명하고 분석해 놓은 책이다. 우리 아이들이 청소년 시기에 읽는다면 과학과 인문 두 영역 모두를 고민하는 아이들에게 큰 흥미와 자극을 줄 수 있다. 책 속에서는 우리가 일상생활에서 무의식적으로 선택하게 되는 모든 행동이 알고 보면 사회적 선택보다는 생물학적이며 그중에서도 특히 유전적이고 비 선택적인 것들에 의존되어 있다는 것에 메시지를 알게 되며 더 큰 호기심을 유발할 수 있는 책이다.

진로탐색 #무엇을 더 볼까

관련도서 : 『만들어진 신, 신은 과연 인간을 창조하였는가』 (리처드 도킨스, 김영사)

진로토론 #무엇을 이야기해 볼까

1. '이기적이다'의 사전적 정의는 무엇일까?
2. 생물학적으로 종족 번식과 사회문화적으로 가족을 이루려는 의지는 무엇이 다를까?
3. 진화와 문화 중 무엇이 더 우세할까? (나는 둘 중에 어느 쪽에 더 비중을 둘까?)

진로활동 #무엇을 해 볼까

1. 생물학자가 되어 연구하고 싶은 분야는 무엇인가?
2. 경제학자가 되어 연구하고 싶은 분야는 무엇인가?
3. 인간의 합리성에 기초한 선택을 유전적 진화론과 관련지어 설명해 보자.

16. 이중나선

도서정보	제임스 왓슨(최돈찬) / 궁리출판 / 2019년 / 260쪽 / 13,000원	
진로정보	자연과학 – 생물학자	
교과정보	생명과학	[12생과03-01] 염색체의 구조를 이해하고, DNA, 유전자의 관계를 설명할 수 있다.

도서소개 #어떤 책일까?

DNA라고 하면 바로 이중나선 구조가 떠오를 만큼 널리 알려진 과학지식도 드물 것이다. 이것을 어떻게 알아내게 되었는가 알려 주는 왓슨의 자전적인 책이다. 많은 과학적 사실이 밝혀지던 시기에 어떻게 과학자들이 협력하고 경쟁하며 새로운 것들을 발견하고 발표하였는지, 과학자들의 삶은 어떤지를 잘 알려 주는 책이다.

글을 쓰고 사람들과 소통하는 능력이 왜 중요한지 알 수 있다. 왓슨은 DNA 발견 이후 활발한 연구 활동을 하였으며 자신의 견해를 숨기지 않고 밝히고 있다. 과학자의 삶에 대해 궁금할 때 읽어야 하는 책이다.

진로탐색 #무엇을 더 볼까

관련매체 : 카오스 사이언스 2022 '진화가 필요한 순간' 8강
https://www.youtube.com/live/ObPq8rKrkDw

관련도서 : 『DNA: 유전자혁명 이야기』 (제임스 왓슨, 까치)

진로토론 #무엇을 이야기해 볼까

1. 연구할 때 연구 내용을 공유하는 것은 중요하다.
2. DNA 구조가 이중나선임을 밝힌 것은 운이 좋아서였다.
3. 로잘린드 프랭클린은 과학적 의사소통 능력이 부족했다.
4. 왓슨과 크릭은 로잘린드 프랭클린의 업적을 가로챘다.

진로활동 #무엇을 해 볼까

1. 조를 이루어 각자 어떤 물건을 하나 정한 뒤 이름을 말해주지 말고 글로만 쓴다. 글을 교환하여 그 물건이 무엇인지 알아맞혀 보자.
2. 자신이 연구하고 싶은 분야에서 유명한 과학자를 찾아 친구들에게 소개해 보자.

17. 인간 vs 기계

도서정보	김대식 / 동아시아 / 2023년 / 351쪽 / 18,000원	
진로정보	자연과학 - 뇌과학자	
교과정보	생명과학	[12생과03-03] 생물 진화의 원리를 이해하고, 생물 진화 연구의 다양한 사례를 조사하여 협력적으로 소통할 수 있다.

도서소개 #어떤 책일까?

구글 딥마인드에서 만든 기계 알파고와 프로 기사 이세돌 9단의 첫 대국에서 알파고는 예상보다 훨씬 강력했고, 많은 사람이 알파고의 진짜 능력에 등골이 서늘해졌다. 100년은 더 걸릴 것 같았던 인공지능 개발이 딥러닝과 빅데이터로 이제 10년 앞으로 다가왔다. 인류보다 지능적으로 더 완벽한 존재가 등장한 것이다. 인공지능은 앞으로의 미래를 어떻게 바꿔놓을 것인가.

인간의 지능을 이해하는 것은 인공지능의 능력과 인공지능의 발달을 예측하는 데 필수적이다. 인공지능 연구자이자 뇌과학자인 저자는 인공지능에 대하여 다른 이야기보다 이해하기 쉽고 명료하면서도 명쾌하게 설명한다.

진로탐색 #무엇을 더 볼까

관련매체 : [창의인재 프로젝트, 생각의 집] 김대식 교수 스페셜, '뇌의 비밀'
KBS 2015년 8월 18일 방송

관련도서 : 『생각의 탄생』 (로버트 루트번스타인, 에코의서재)
『AI 이후의 세계』 (헨리 A. 키신저, 윌북)

진로토론 #무엇을 이야기해 볼까

1. 인공지능이 딥러닝 하기 위해서 무엇이 필요할까?
2. 인공지능 연구에 인간의 뇌 과학이 필요한 이유는 무엇일까?
3. 전통적인 인공지능과 현재 인공지능의 공통점은 무엇일까?
4. 인공지능이 현실화하였을 때 가장 먼저 없어질 직업은 무엇일까?
5. 인공지능과 빅데이터는 어떤 관계가 있을까?

진로활동 #무엇을 해 볼까

1. 인공지능의 장단점을 조사해 보자.
2. 인공지능이 미래 사회에 어떤 변화를 줄지 학교 게시판에 글을 올려 보자.

18. 인류세: 인간의 시대

도서정보	최평순, EBS 다큐프라임 「인류세」 제작진 / 해나무 / 2020년 / 324쪽 / 16,500원	
진로정보	자연과학 – 지구학자, 환경공학자	
교과정보	지구과학	[12지구02-02] 지질시대를 기(紀) 수준에서 구분하고, 지층과 화석을 통해 지질시대의 생물과 환경 변화를 해석할 수 있다.

도서소개 #어떤 책일까?

지구상에서 한 종의 생물 때문에 거대한 변화가 생긴 것은 몇 되지 않는다. 그중 현재 인류가 지구에 미친 영향은 엄청나다. 지금의 시대를 인류세로 규정할 수 있을 것이라는 EBS 다큐멘터리 3부작을 바탕으로 만든 책이다.

인류는 너무 강력하고 그 수가 늘어 다른 종들을 멸종시키고, 생태계를 바꾸며, 자연을 바꾸어 기후를 변화시키고 있다. 인간이란 무엇이며 지구의 역사에 어떤 발자취를 남기고 있는지 돌아봐야 할 때임을 말한다.

진로탐색 #무엇을 더 볼까

관련매체 : EBS 다큐프라임 《인류세》

2016 카오스 강연 '지구인도 모르는 지구' https://youtu.be/ZdKkmfz1Xnw

관련도서 : 『거의 모든 것의 역사』 (빌 브라이슨, 까치)

진로토론 #무엇을 이야기해 볼까

1. 인류가 지구 환경에 미친 가장 큰 영향은 무엇이라고 생각하는가?
2. 인류가 멸종한다면 어떤 종이 지구에 가장 큰 영향을 미치게 될 것으로 생각하는지 말해 보자.
3. 인류는 끝까지 살아남게 될 것이다. (찬반토론)
4. 인류세라는 표현은 인류를 과대평가한 것이다. (찬반토론)
5. 인류는 지구 환경에 영향을 미치는 일들을 멈추어야 한다. (찬반토론)

진로활동 #무엇을 해 볼까

1. 인류세의 표준화석을 정한다면 무엇으로 정해야 할지 생각해 보고 그렇게 생각하는 이유를 글로 적어 보자.
2. 인류세를 규정하는 중요한 특징을 세 가지만 선정하여 글로 써보자.

19. 종의 기원

도서정보	찰스 다윈(장대익) / 사이언스북스 / 2019년 / 656쪽 / 22,000원	
진로정보	자연과학 - 연구원	
교과정보	생명과학	[12생과03-03] 생물 진화의 원리를 이해하고, 생물 진화 연구의 다양한 사례를 조사하여 협력적으로 소통할 수 있다.

도서소개 #어떤 책일까?

생물학을 공부하고자 하는 이들에게 바이블이라고 할 수 있는 책이다. 번역 과정에서 다윈의 본래 뜻이 왜곡된 예도 있어, 이를 바로잡기 위해 많은 과학자가 힘을 합해 종의 기원 초판을 새로 번역한 것이다.

생물, 진화에 관심이 있거나 과학자가 되기를 원하는 학생들이 읽으면 다윈의 주장에 대해 바로 이해하게 될 것이다. 특히 과학자가 되고 싶은 학생들은 과학자의 새로운 이론이나 사상을 주장하면서 어떤 태도를 보이고 어떤 자료를 준비하여야 하는지를 알 수 있다.

진로탐색 #무엇을 더 볼까

관련매체 : 카오스강연 송기원 교수_'종의 기원' https://youtu.be/inuROmdfWzY
관련도서 : 『사피엔스』 (유발 하라리, 김영사)

진로토론 #무엇을 이야기해 볼까

1. 나는 과학 이론을 들을 때 비판적으로 사고하는가, 그대로 받아들이는가?
2. 토론할 때 논증 자료를 어느 정도로 준비하는 편인가?
3. 토론은 이기기 위해 하는 것이다.
4. 생물종은 진화를 통해 다양해졌다.
5. 주류 과학과 의견이 다르다면 자신의 의견을 고수해야 한다.

진로활동 #무엇을 해 볼까

1. 진화, 지각이동 등 한 가지 분야의 이론 발전 과정을 조사하고 소개자료를 만들어보자.
2. 진화론에 관한 견해가 책을 읽기 전과 읽은 후 무엇이 달라졌는지 정리하여 발표해 보자.

20. 천문학자는 별을 보지 않는다

도서정보	심채경 / 문학동네 / 2021년 / 272쪽 / 15,000원	
진로정보	자연과학 – 천문·우주학자	
교과정보	진로와 직업	[12진로01-01] 관심 분야 직업인의 삶과 진로 특성을 탐구함으로써 관심 직업 및 전공 분야에서 요구되는 진로 특성을 이해한다.

도서소개 #어떤 책일까?

저자는 미래 달 과학을 이끌 세계의 천문학자 5인 중 한 명으로 뽑혔다. 이 책을 통해 일반인들에게 잘 알려지지 않은 천문학자로 사는 삶을 공개한다. 저자도 여타 사람들처럼 일상의 문제들을 해결하며 살아간다. 다른 점이 있다면 '천문학자는 우주의 비밀이 궁금해서 못 견디는 사람이다.'라는 것이다.

아직도 여성 과학자를 바라보는 시선은 남성 과학자를 바라보는 그것과는 조금 다르며, 여성 과학자로 살아가는 삶에 견뎌내야 할 것이 많다는 것도 알 수 있다. 저자의 씁쓸한 심정과 함께 달콤한 감성까지 함께 읽을 수 있는 책이다.

진로탐색 #무엇을 더 볼까

관련매체 : [책읽아웃 김하나의 측면돌파] https://youtu.be/C-FQRXOpJms

관련도서 : 『마우나케아의 어떤 밤』(트린 주안 투안, 파우제)
『나는 어쩌다 명왕성을 죽였나』(마이크 브라운, 롤러코스터)

진로토론 #무엇을 이야기해 볼까

1. 책을 읽고 천문학자에 대해 새롭게 알게 된 것이 있다면 무엇인가?
2. 평소 주장하던 것과 반대되는 연구 결과를 관측하거나 얻었다면 나는 어떻게 할 것 같은가?
3. 별을 좋아하는 사람은 천문학을 전공하면 안 된다. (찬반토론)
4. 천체에 관해 연구하는 것은 예산 낭비이다. (찬반토론)
5. 천문 연구 분야에서 여성은 육아, 체력 등의 문제로 남성보다 불리하다. (찬반토론)

진로활동 #무엇을 해 볼까

1. 세계적으로 유명한 천문대들의 위치와 그곳에 설치된 이유를 알아보자.
2. 천문 및 우주과학 연구원이 된다면 삶과 연구자로서의 균형을 어떻게 유지하고 싶은지 적어 보자.

21. 총균쇠

도서정보	재레드 다이아몬드(강주헌) / 김영사 / 2023년 / 784쪽 / 29,800원	
진로정보	자연과학 - 농·임학자	
교과정보	과학의 역사와 문화	[12과사01-01] 인류 문명의 탄생 과정에서 인류의 지혜가 담긴 과학적 사례를 발견하고, 이를 통해 과학이 인류 문명의 형성 과정에 기여하였음을 이해할 수 있다.

도서소개 #어떤 책일까?

왜 대륙마다 다른 민족이 살고 있고, 부유한 정도가 다르며, 어떤 민족은 지배하고, 어떤 민족은 지배당해 왔는가에 대한 근원적 탐구를 하는 책이다. 저자는 지리학, 생물학, 역사 등 다양한 학문의 융합을 통해 거시적 관점으로 인류사를 해석한다.

대표적 해석으로 아시아와 유럽의 가장 큰 문화 차이는 쌀농사와 밀 농사에서 왔다는 것이 있다. 세계를 보는 새로운 시각을 얻게 되며, 식물이나 동물이 인류에게 미치는 영향에 대해 알 수 있다. 두껍지만 읽으면 큰 보람이 있는 책이다.

진로탐색 #무엇을 더 볼까

관련매체 : 2022 카오스강연 '생명행성' 4강 https://www.youtube.com/live/CEXEYyiFPnc
관련도서 : 『사피엔스』 (유발 하라리, 김영사)

진로토론 #무엇을 이야기해 볼까

1. 식물 중 세계사에 영향을 미친 것은 무엇이 있는지 말해 보자.
2. 산의 식물 종들은 인공적으로 관리하지 않아야 한다.
3. 기후변화에 따라 농사 작물을 빨리 바꾸어야 한다.
4. 우리나라 평균 기온이 높아짐에 따라 공원의 수종을 바꾸어야 한다.

진로활동 #무엇을 해 볼까

1. 우리나라의 10년 전과 지금의 과실 농사 변화를 비교하여 신문을 만들어 보자.
2. 마트에서 수입 과일을 하나 정하여 수출입에 따른 수확 시기와 신선도 유지 방법을 조사해 보자.
3. 나라별 식용 식물의 범위와 종류가 다르다. 이를 조사하여 발표해 보자.

22. 최종경고: 6도의 멸종

도서정보	마크 라이너스(김아림) / 세종서적 / 2022년 / 464쪽 / 20,000원	
진로정보	자연과학 – 지구학자, ·환경공학자	
교과정보	기후변화와 환경생태	[12기환02-04] 기후변화 시나리오에 따른 미래 생태계 변화 예측 보고서를 찾아보고, 미래의 기후와 생태계의 변화 양상을 추론할 수 있다.

도서소개 #어떤 책일까?

환경연구자인 저자가 지구온난화에 대한 경고를 예고한 뒤 15년이 지나 다시 쓴 책이다. 저자는 투발루의 상황을 이미 경고했었으며, 지금 투발루는 바다에 잠겨있다. 기후 온난화가 아니라 기후 붕괴가 시작되고 있음을 말하며 평균 기온 1.5℃가 상승한 현재 이미 2~3℃ 상승 시 예견한 일이 일어나고 있는 상황을 긴박하게 전달한다.

지구 평균 기온의 변화를 낙관적으로 보며 외면하지 말고, 말이 아니라 행동으로 옮겨 인류의 생존을 도모해야 함을 말한다.

진로탐색 #무엇을 더 볼까

관련매체 : EBS다큐프라임 기후변화의 경고, 멸종위기종 인류 https://youtu.be/ijzDIK3E3pg
[카오스+어스] 지구온난화가 만든 기후위기 https://youtu.be/FL10sCUbIF8

관련도서 : 『지구는 괜찮아, 우리가 문제지』 (곽재식, 어크로스)

진로토론 #무엇을 이야기해 볼까

1. 지구의 평균 기온은 계속 오르내려 왔다. 기후 위기는 허구이다.
2. 기후 붕괴를 막기 위해 원자력발전소를 늘려야 한다.
3. 지구 평균 기온의 상승을 막기 위해 인공적으로 화산을 폭발시켜야 한다.

진로활동 #무엇을 해 볼까

1. 해수면 변화에 따른 해안가의 생태계 변화에 대한 자료를 찾아 발표 자료를 만들어 보자.
2. 탄소발자국을 줄이기 위한 행동을 촉진하기 위해 할 수 있는 것이 무엇이 있는지 이야기해 보고, 그대로 실천 일지를 작성해 보자.
3. 한국의 평균 기온 상승으로 나타난 자연환경 변화에 대해 알아보고 발표해 보자.

23. 침묵의 봄

도서정보	레이첼 카슨(김은령) / 에코리브르 / 2011년 / 398쪽 / 18,000원	
진로정보	자연과학 - 환경과학자	
교과정보	생태와 환경	[12생환03-01] 물, 대기 등과 관련된 국내외 환경 문제와 쟁점을 상호 관련성 및 광역성 등과 관련지어 심층 탐구하고, 환경 문제와 쟁점이 환경 체계와 맺는 연결성을 파악한다.

도서소개 #어떤 책일까?

20세기 환경학 최고의 고전으로 <타임>지가 20세기를 변화시킨 100인 중 한 사람으로 뽑은 레이첼 카슨이 쓴 책이다. 저자는 친구로부터 받은 편지 한 통을 계기로 살충제의 사용 실태와 그 위험성을 조사하고, 생물학자로서의 전문 지식과 작가로서 능력을 발휘해 방사능 낙진으로 인해 더욱 절실해지기 시작한 환경 문제의 복잡성을 알기 쉽게 풀어내어 환경 문제의 심각성과 중요성을 대중들에게 알려 주는 계기가 되었다. 무분별한 살충제 사용으로 파괴되는 야생 생물계의 모습을 적나라하게 공개하여, 생태계의 오염이 어떻게 시작되고 생물과 자연환경에 어떤 영향을 미치는지 구체적으로 설명하였다.

진로탐색 #무엇을 더 볼까

관련매체 : 『YTN 사이언스』 보이지 않는 적, 환경호르몬의 공격
관련도서 : 『잃어버린 숲』(레이첼 카슨, 에코리브르)
『우리는 어떻게 화학물질에 중독되는가』(로랑 슈발리에, 흐름출판)

진로토론 #무엇을 이야기해 볼까

1. 시민 운동은 어떻게 정부의 규제를 끌어낼 수 있었을까?
2. 중금속이 인체에 미치는 영향은 무엇일까?
3. 생물농축이 사람에게 영향이 큰 이유는 무엇일까?
4. DDT가 하는 효과는 무엇일까?
5. 침묵의 봄이 출간된 날을 기념한 지구의 날은 언제일까?

진로활동 #무엇을 해 볼까

1. 중금속이나 살충제가 생태계에 미치는 영향에 대한 자료를 조사해 보자.
2. 농업의 발달과 중금속의 오염에 대한 과학탐구 보고서를 작성해 보자.

24. 코스모스

도서정보	칼 세이건(홍승수) / 사이언스북스 / 2006년 / 719쪽 / 19,900원	
진로정보	자연과학 - 천문·우주학자	
교과정보	통합과학1	[10통과1-02-02] 우주 초기의 원소들로부터 태양계의 재료이면서 생명체를 구성하는 원소들이 형성되는 과정을 통해 지구와 생명의 역사가 우주 역사의 일부분임을 해석할 수 있다.

도서소개 #어떤 책일까?

유명한 고전으로 우주의 시작부터 태양계의 생성, 생명의 존재, 은하계, 우주, 미래를 모두 다루는 책이다. 지구를 우주의 창백한 푸른 점으로 묘사한 유명한 말도 이 책에서 나왔다.

어려운 수식 없이 과학을 이렇게 넓은 범위에서 문학적으로 쉽게 설명한 것에서 저자에게 감탄하게 될 것이다. 1980년 작임에도 여전히 재미있고 친절하게 우주를 소개한다. 이 책을 읽고 과학자의 길로 들어선 사람들이 많다는 것으로 이 책의 위대함을 알 수 있다.

진로탐색 #무엇을 더 볼까

관련매체 : EBS 클래스e https://classe.ebs.co.kr/classe/detail/133548/40009039
관련도서 : 『거의 모든 것의 역사』 (빌 브라이슨, 까치)

진로토론 #무엇을 이야기해 볼까

1. 이 책은 천문학자나 과학자가 되고 싶은 사람뿐 아니라 모든 이가 읽어야 할 교양서적이라면 왜 그런지 이야기해 보자.
2. 외계생명체는 존재한다.
3. 우주를 탐험하고 알아보는 것은 예산 낭비이다.
4. 인간은 존재하는 이상 우주에 대해 알아보아야 한다. (찬반토론)

진로활동 #무엇을 해 볼까

1. 우주의 탄생부터 현재까지를 소개할 때 어떤 부분을 강조하고 싶은지 정리해 보자.
2. 천문학이 인류에게 필요한 이유에 대해 글을 적어 보자.
3. 천문학자에게 필요한 역량이 무엇인지 조사해 보자.
4. 유명한 천문학자들을 조사해 보고 나의 멘토를 정해 보자.

25. 특종! 생명과학 뉴스

도서정보	이고은 / 북트리거 / 2022년 / 247쪽 / 15,500원	
진로정보	자연과학 - 생명과학자	
교과정보	생명과학	[12생과03-01] 염색체의 구조를 이해하고, DNA, 유전자의 관계를 설명할 수 있다.

도서소개 #어떤 책일까?

'생명과학'은 숨 쉬고 움직이며 살아가는 동안 내 몸에서 출발하는 모든 고민을 다룬 '나'에 대한 학문이다. 또 생명을 지닌 한, 다른 생명을 마주하면서 살아갈 '우리'의 학문이기도 하다. 나와 이웃, 동식물과 지구라는 생명에 포개진 삶의 문제가 더없이 중요해지고 있는 요즘, 생명 공학을 공부하고 기업에서 근무하다 생물 교사가 된 저자는 이 책에서 뜨거워지는 지구와 사라져 가는 동식물, 그동안 생명과학에서 배제당하고 도구처럼 이용된 사람들의 다양한 삶을 제대로 들여다보고 이해할 계기를 생명과학 교과서의 언어로 이야기한다.

진로탐색 #무엇을 더 볼까

관련매체 : 생명공학 입문 사이트 https://www.youtube.com/watch?v=v6LmKjb2B_I
관련도서 : 『세포부터 나일까?』 (이고은, 창비)

진로토론 #무엇을 이야기해 볼까

1. 대리모, 인공자궁은 자연의 질서를 지키는 것인가, 도전하는 것인가?
2. 생물학적 성의 발현 기작을 밝힌 과학기술은 자연의 질서를 지키는 것인가, 신의 섭리에 도전하는 것인가?
3. 유전자 가위의 사용은 궁극적으로 인간에게 이득일까, 위기일까?
4. 생명복제는 인간에게 이득일까, 위기일까?

진로활동 #무엇을 해 볼까

1. '유전자 가위는 어디까지 사용해도 될까?'를 주제로 과학토론을 진행해 보자.
2. 생명복제는 어디까지 사용해도 되는지 자기의 생명에 관한 가치관을 바탕으로 생각을 발표해 보자.

26. 협력의 유전자

도서정보	니컬라 라이하니(김정아) / 한빛비즈 / 2022년 / 380쪽 / 22,000원	
진로정보	자연과학 - 심리학자, 진화생물학자	
교과정보	생명과학	[12생과03-03] 생물 진화의 원리를 이해하고, 생물 진화 연구의 다양한 사례를 조사하여 협력적으로 소통할 수 있다.

도서소개 #어떤 책일까?

『협력의 유전자』에서 지금까지 이기적인 존재라 오해받아 온 인간의 본성이란 '협력'임을 지적하며, 협력이야말로 모든 생명의 탄생과 진화를 가능케 한 힘이라고 이야기한다. 이 책에서는 인간이란 약 수십조 개에 이르는 세포가 협력하여 이루어 낸 다세포 생명체라고 설명한다. 이 책을 통해 우리에 대해, 그리고 이 행성을 공유하는 다른 종에 대해 더 많이 깨달을 수 있으며, 그 길 위에서 협력이야말로 인간의 진짜 본성임을, 또 이 모든 진화와 번성을 이룩한 진짜 힘이었음을 다시금 깨닫게 될 것이다.

진로탐색 #무엇을 더 볼까

관련매체 : 인간은 이기적 유전자를 넘어설 수 있는가? 진화론으로 보는 경쟁과 협력
https://youtu.be/yHpkC6YexoA?si=SmFKKxzuD4SrKOSb

관련도서 : 『이기적 유전자』 (리처드 도킨스, 을유문화사)

진로토론 #무엇을 이야기해 볼까

1. 왜 협력이 인류의 본성인가?
2. 협력이 인류의 본성이라면, 왜 경쟁이라는 개념이 존재할까?
3. 협력이 인류의 본성이라면, 왜 전쟁이 일어나는 것일까?
4. 협력이 진화와 생존에 중요한 역할이라면, 왜 이기적인 행동을 하는 경우가 많을까?
5. 협력이 인류의 본성이라면, 왜 일부 사람들은 타인의 고통을 무시하고 이익을 추구하는 행동을 할까?

진로활동 #무엇을 해 볼까

1. 협력이 어떻게 진화와 생존에 영향을 미치는지 진화론적 입장에서 발표해 보자.
2. 협력이 중요하다면, 사회적 거리 두기와 같은 협력적인 행동을 하지 않는 사람들이 많은 이유는 무엇인지 발표해 보자.

제5장

공학

◈ 공학 영역 소개 ◈

#공학의 정의

과학이 자연 현상을 관찰하고 이해하는 학문이라면, 공학은 과학을 이용하여 인간의 여러 가지 문제를 기술적으로 해결하는 학문이라고 할 수 있다. 예를 들면 액체가 기체가 될 때 주변으로부터 열을 얻는다는 것, 어떤 액체가 더 잘 증발한다는 것 등은 과학자(화학자)가 연구하고, 이를 이용하여 에어컨이나 냉장고를 만들어 실용화하는 것은 공학자가 하는 일이다. 금속에 빛을 쪼였을 때 전자가 튀어나오는 광전효과는 과학자가 연구하고, 이를 이용하여 태양광 전지를 만들고, 태양광 발전 패널을 실생활에 쓸 수 있게 개발하는 것은 공학자가 하는 일이다.

#공학의 종류

공학은 그 연구 분야에 따라 다양하다. 기계공학, 자동차공학, 항공우주공학, 화학공학, 고분자공학, 섬유공학, 자원공학, 금속공학, 재료공학, 제어계측공학, 전기공학, 전자공학, 정보통신공학, 컴퓨터공학, 토목공학, 건축공학, 도시공학, 교통공학, 산업공학, 원자력공학, 조선공학, 환경공학, 해양공학, 의공학, 농공학, 산림공학 등이 있다.

#공학자가 되기 위한 공부 분야

대부분의 공학은 수학, 과학 등의 자연과학을 기초로 하므로 수학, 과학에 흥미를 갖고 공부 및 독서를 하면 좋다. 여기서 조금 더 나아가 생활 속에서 발생하는 문제를 직접 해결해 보면 더욱 좋다. 급식소에서 물컵 수거함의 소음을 줄이는 방법, 라면을 빨리 끓이는 방법, 청소도구 사용이 더 쉬워지게 하는 방법 등. 문제를 해결하는 경험을 하다 보면 수학, 과학 지식을 어떻게 적용하는지 알게 되고, 왜 공부를 해야 하는지도 알게 된다. 어떤 문제들은 수학, 과학이 아니라 인문, 사회과학 지식이 있어야 풀 수 있다. 따라서 인문학적 소양도 기를 수 있도록 다양한 분야의 도서를 읽는 것이 좋다.

◈ 공학 도서 목록 ◈

순	영역	진로정보	교과정보	도서명	집필자	비고
1	공학	공학자	융합과학 탐구	공대에 가고 싶어졌습니다	최창준	대표
2	공학	AI 공학자/로봇 윤리학자/환경철학자	통합과학2	인간은 필요없다	최창준	대표
3	공학	물리학자/생명과학자/공학자	통합과학2	과학, 리플레이	최창준	
4	공학	식품영양사	생명과학 통합과학	기후 미식	정종호	
5	공학	생태학자	통합과학	기후 환경 생태 그리고 우리	정종호	
6	공학	정보통신 전문가 및 기술직	정보	나에게 맞는 IT 직업 찾기	강인진	
7	공학	신경과 의사/생명공학자/뇌공학자	융합과학 탐구	뇌를 바꾼 공학, 공학을 바꾼 뇌	최창준	
8	공학	연구원	통합과학2	미래를 읽다 과학이슈 11 SEOSON 14	김희진	
9	공학	도시계획 설계	도시의 미래탐구	바이오필릭 시티	김혜연	
10	공학	약학(제약회사)	과학	분자 조각가들	안장호	
11	공학	생명공학자/약품연구원/바이오의료기기 연구원	생물의 유전	생명과학, 바이오테크로 날개 달다	최창준	
12	공학	AI 공학자/컴퓨터공학자	융합과학 탐구	십 대가 알아야 할 인공지능과 4차 산업혁명의 미래	최창준	
13	공학	AI 공학자/IT 경영자/의사나 의료연구자	과학의 역사와 문화	에이트 : 씽크	최창준	
14	공학	전기·전자공학자	물리학	열정과 야망의 전기 이야기	최창준	
15	공학	천문/우주학자	행성우주과학	우주 쓰레기가 온다	김희진	
16	공학	생명과학자/컴퓨터 프로그래머	과학, 정보	작별인사	안장호	
17	공학	전기공학자/자동차공학자	화학 반응의 세계	처음 읽는 2차전지 이야기	최창준	
18	공학	뇌과학자/AI공학자/신경과 의사	과학의 역사와 문화	천 개의 뇌	최창준	
19	공학	연구원	생물의 유전	코드 브레이커	김희진	
20	공학	경제학자/경영가/공학자	과학의 역사와 문화	클라우스 슈밥의 제4차산업혁명 더넥스트	최창준	
21	공학	화학공학자	화학 반응의 세계	화학으로 이루어진 세상	김희진	

1. 공대에 가고 싶어졌습니다

도서정보	서울대 공우 / 메가스터디북스 / 2021년 / 328쪽 / 16,500원	
진로정보	공학 - 공학자	
교과정보	융합과학 탐구	[12융탐02-01] 실생활에서 관찰이나 경험을 통해 직접 얻은 데이터나 공개된 데이터를 가공하여 융합적 탐구 문제를 스스로 발견할 수 있다.

도서소개 #어떤 책일까?

서울대학교 공과대학 우수 학생센터 '공우'라는 학생단체가 직접 쓴 책이다. 이 책은 고등학교 때 공대에 진학하기로 한 이유부터 공대 학부 생활의 현실, 졸업 후 진로까지 공대생들의 솔직하고 직설적인 표현과 구체적인 정보를 담고 있다. 이 책은 공대를 지망하는 학생들에게 고등학교 때 물리 공부를 하지 않으면 입학 후 따라가기 힘든가? 질문으로 공대에 입학하는 방법뿐만 아니라 공대가 왜 중요하고, 공대에서 전공 선택의 비전을 제공하고, 공대 졸업 후의 진로 선택과 관련된 정보와 경험담이 포함되어 있다. 이 책은 공대에 가고 싶어 하는 학생들에게 많은 도움이 될 것으로 기대된다.

진로탐색 #무엇을 더 볼까

관련매체 : 전공 선택, 진로 고민한다면 이렇게 해보세요!
관련도서 : 『공대생이 아니어도 쓸데있는 공학 이야기』 (한화택, 플루토)

진로토론 #무엇을 이야기해 볼까

1. 공대의 학업과 여가 활동, 인간관계를 어떻게 균형 있게 유지할 수 있을까?
2. 의대와 공대의 진로를 놓고 고민하는 친구가 있다면 이 도서의 내용을 이용하여 친구에게 해줄 수 있는 조언은 무엇이 있을까?
3. 공대 재학 중 또는 졸업 후 창업에 대한 정보와 전망은 어떻게 될까?
4. 공대생들의 전공 선택과 대학 생활 그리고 졸업 후의 삶을 읽으며, 그 과정을 자신에게 접목하여 10년 후 자기의 모습을 그려보자.

진로활동 #무엇을 해 볼까

1. 자신의 관심 분야와 능력을 발견할 수 있는 다양한 워크숍을 해 보자.
2. 졸업생이나 산업 전문가를 멘토로 초빙하여 진로에 대한 알맞은 멘토링 세션을 통해 진로 선택에 대한 고민을 공유하고 해결 방안을 찾아보자.

◈ 책 이야기 ◈

1. 이 책에서 언급하는 전체적인 내용은 무엇인지 3가지 이상 말해 보자.

이 책은 서울대학교 공과대학 우수학생센터 '공우' 멤버인 재학생 및 졸업생 34명이 직접 쓴 공대 특화 청소년 진로 자기계발서로서 고등학교 때 공대 진학을 선택한 이유부터 난이도 높기로 악명 높은 공대 학부 생활의 현실, 졸업 후 진로를 찾아가는 과정에 이르기까지의 리얼한 현장의 목소리를 생생하게 담아내고 있다.

2. 이 책의 파트 1 내용에서 가장 인상 깊은 내용을 찾아 옮겨 보고, 그 이유를 말해 보자.

파트1의 '바벨탑에 벽돌 쌓기'라는 제목의 글이다. 이 글은 서울대학교 공과대학 전기정보공학부 19학번 김민준 학생이 쓴 글로, 고등학교 때 공부에 대한 자신의 태도와 방법을 솔직하게 공유하고 있다. 이 글에서 저자는 공부를 '인류 문명의 바벨탑에 벽돌 하나라도 쌓고 싶다는 열망'으로 표현하며, 공부를 통해 자신의 지식과 능력을 쌓아가는 과정을 즐겼다고 말한다. 그는 공부를 단순히 성적이나 진학을 위한 수단이 아니라, 자신의 삶의 목적과 가치를 찾는 방법이라고 강조한다.

이 글이 인상 깊은 이유는 저자가 공부에 대한 자신만의 철학과 비전을 가지고 있고, 그것을 구체적이고 직관적인 비유로 표현했기 때문이다. 저자는 공부를 통해 인류 문명에 기여하고 싶다는 고귀한 목표를 가지고 있으며, 그것을 바벨탑에 벽돌을 쌓는 것으로 비유하여 공부의 의미와 가치를 잘 설명하고 있다. 저자는 공부를 즐기고 도전하는 자세를 보여주며, 공대에 가고 싶은 학생들에게 좋은 자극과 동기부여를 줄 수 있고, 저자의 공부법과 마인드 관리 노하우도 많은 도움이 될 것이다.

3. 이 책의 파트 2 내용에서 가장 인상 깊은 내용을 찾아 옮겨 보고, 그 이유를 말해 보자.

파트2에서는 공대 특화 동아리, 프로젝트, 인턴십, 해외 교류, 경진대회 등 다양한 주제에 대해 공대생들의 생생한 이야기가 소개되고 있다. 이 파트에서 '공대생이라면 꼭 해보라는 프로젝트'라는 제목의 글이 가장 인상 깊었다. 이 글은 서울대학교 공과대학 기계항공공학부 16학번 김현우 학생이 쓴 글로, 자신이 참여했던 '로보틱스 프로젝트', '드론 프로젝트', '자동차 프로젝트' 등 여러 가지 프로젝트를 예시로 들어주며, 프로젝트를 통해 얻을 수 있는 장점과 도전과제, 그리고 준비해야 할 것들에 대해 자세하게 설명해주고 있다.

이 글이 인상 깊은 이유는 저자가 프로젝트를 통해 실제로 공학을 체험하고, 자신의 전공에 대한 흥미와 열정을 키웠다는 점이다. 저자는 프로젝트를 통해 이론과 실제의 연결고리를 찾고, 다양한 사람들과 협업하며, 문제를 해결하는 능력을 키웠으며, 프로젝트를 통해 공학의 즐거움과 보람을 느끼고, 자신의 전공에 대한 자신감과 애정을 갖게 되었다고 강조한다. 저자의 프로젝트 경험과 노하우는 공대에 가고 싶은 학생들에게 좋은 자극과 도움이 될 것으로 생각한다.

◈ 질문하고 토론하고 ◈

* 영상자료를 통해 알게 된 내용들을 질문에 따라 정리해 주세요.
* 주어진 질문 외 새로운 질문을 만들 수 있습니다.

[영상자료]
전공 선택, 진로 고민한다면 이렇게 해보세요!!
(서울대 공대생)

1. 이 영상자료에서 전공 선택을 놓고 고민하는 후배들을 위한 조언의 내용이 무엇인지 말해 보자.

두 가지가 필요하다.
- 시장에서 무엇을 요구하는지, 나는 무엇을 좋아하는지를 함께 고려하면 제일 좋은 아웃풋 + 융합적 사고(전공 분야를 폭넓게 생각해라 - 재료와 전기, 전기와 전자, 전자와 컴퓨터공학, 의료 AI(의학과 공학)

2. 공과대학, 물리와 수학이 중요한가? 중요하면 그 이유를 말해 보자.

자기 성적 수준에 따라 공대의 다양한 과에 들어가기에 수학과 물리가 약해도 된다고는 하지만, 특히 입학 전이나 입학 후에 기초 미적분과 기초 물리학을 수강하게 하여 공대 학업에 문제 되지 않게 배려하지만, 현실은 당연히 물리과 수학이 아주 중요하다. 공학은 기본적으로 수학을 통해서 원하는 제품이나 모델을 만들어 내는 것이기에 수학적으로 탄탄해야 한다. 코딩과 AI 모두 물리와 수학을 기본으로 한다.

3. 공대뿐만 아니라 어느 전공이든 선택의 고민을 하는 친구에게 조언을 준비해 보자.

자신의 흥미와 재능, 그리고 미래의 진로와 취업에도 영향을 미치는 중요한 선택이기 때문에 전공을 선택하기는 쉽지 않은 결정이다. 전공을 선택할 때는 여러 가지 요인을 고려해야 한다. 예를 들어, 자신이 어떤 분야에 흥미가 있는지, 어떤 분야에 재능이 있는지, 어떤 분야가 미래에 유망한지, 어떤 분야가 취업에 유리한지 등이다. 그러나 가장 중요한 것은 자신이 진정으로 좋아하고 즐기는 분야를 선택하는 것이다. 자신이 좋아하는 분야를 전공하면 공부에도 열정을 가지고 할 수 있고, 더 많은 성취감과 만족감을 느낄 수 있으며. 그 분야와 관련된 다양한 활동이나 기회에도 적극적으로 참여하게 되어, 자신의 전공 능력을 향상할 수 있다. 반대일 경우, 공부에도 흥미를 잃고, 성적이나 취업에만 집착하게 될 수 있으며, 자신의 전공에 대한 깊이와 넓이가 부족해지고, 자신의 전공에 대한 자신감과 애정도 떨어질 수 있다. 하지만 전공을 선택하는 것은 고정된 것이 아니라, 변화할 수 있는 것이다. 대학에 입학하면 복수전공이나 부전공을 통해 다른 분야의 공부도 할 수 있고, 전과도 가능하다. 또한 전공과 관련된 다양한 활동이나 프로젝트를 통해 자신의 전공에 대해 더 깊이 알아가거나, 다른 전공과의 융합을 시도해볼 수도 있다. 그러니 너무 걱정하지 말고, 자신의 흥미와 재능을 찾아가는 과정을 즐기길 바란다.

◈ 진로 이야기 ◈

1. 각 학과 공부 등을 하며 대학을 졸업한 후, 취업률을 높일 방법을 조사하여 발표해 보자.

공대에 가고 싶다면, 공대의 다양한 전공들에 대해 알아보고, 공대생들의 이야기나 경험을 들어보고, 공대 특화 동아리나 프로젝트에 참여해 보는 것이 좋다. 이렇게 하면 공대의 전공들이 어떤 것들이 있는지, 어떤 것들이 자신에게 맞는지, 어떤 것들이 자신에게 도전적인지 등을 알 수 있다. 또한, 공대의 전공들이 미래에 어떤 영향을 미칠 수 있는지, 어떤 진로나 취업이 가능한 지 등도 알 수 있다. 그러니 자신의 흥미와 재능에 맞는 전공을 찾기 위해, 다양한 분야의 전공들에 대해 알아보고, 체험해 보기를 바란다. 또한, 한 가지 전공만이 아니라, 여러 가지 전공을 복합적으로 공부하는 것도 좋은 방법이다. 예를 들어, 공대 전공과 인문계열이나 상경 계열의 복수전공을 하는 경우, 취업 확률이 높아지는 것으로 조사되었다. 이는 공학적인 지식과 인문적이나 경영적인 지식을 동시에 갖춘 융합형 인재가 산업계에서 원하는 인재라는 것을 의미한다. 그러니 자신의 전공을 선택할 때는 한 가지 분야에 국한되지 말고, 여러 가지 분야와의 융합 가능성도 염두에 둬야 한다.

2. 공과대학과 관련하여 활동할 수 있는 진로·진학 활동은 무엇이 있는지 3가지 발표해 보자.

- 진로 적성검사나 진로탐색검사를 통해 자신의 강점과 적성 파악과 공대 학과나 직업을 찾아보기
- 관심 있는 공대 학과의 홈페이지와 학과 소개 책자를 통해 학과의 특징, 교육과정, 졸업 후 진로 등을 탐색
- 공대생들의 동아리나 멘토링 프로그램에 참여하거나, 공대 관련 경진대회에 관심을 두고 지원
- 공대 관련 강연이나 특강, 캠프 활동을 통해 공대 분야의 최신 기술이나 동향을 파악하기
- 공대 관련 도서나 인터넷 자료를 통해 공대 분야의 지식과 공대에 대한 호기심과 흥미를 높이기
- 공대 관련 전문가나 선배 초청 특강과 면담 활동을 통해, 공대 진학에 대한 조언이나 팁을 얻기

3. 의대와 공대 중 선택을 고민하는 친구에게 조언해 보자.

의대와 공대의 가장 큰 차이점은 입학 난이도, 공부량, 수련 기간, 취업 전망, 월수입 등이다. 일반적으로 의대는 공대보다 입학 난이도가 높고, 공부량과 수련 기간도 길며, 취업 전망과 월수입도 높다. 하지만 이러한 차이점은 절대적인 것이 아니라 상대적이며, 개인의 상황과 환경에 따라 달라질 수 있다. 예를 들어, 공대는 의대보다 다양한 전공과 진로를 선택할 수 있고, 석·박사 과정을 거치면 고급 인재로 인정받을 수 있다. 의대와 공대 중 어느 것이 더 좋은 선택인지는 단순히 연봉이나 공부량을 따지기보다는, 자신이 어떤 분야에 흥미가 있고, 어떤 분야에 재능이 있고, 어떤 분야에서 일하고 싶고, 어떤 분야에서 행복하게 살고 싶은지를 고민해보는 것이 중요하다. 또한, 자신이 선택한 분야에 대해 깊이 있게 공부하고, 다양한 활동과 경험을 통해 자신의 능력을 향상시키는 것이 필요하다. 그러면 자신의 분야에 대한 만족감과 성취감을 느낄 수 있고, 미래에도 좋은 진로와 취업을 할 수 있을 것이다.

4. 공대생들의 전공 선택과 대학 생활 그리고 졸업 후의 삶을 읽으며, 그 과정을 자신에게 접목하여 10년 후 자기의 모습을 발표해 보자.

2. 인간은 필요없다

도서정보	제리 카플란(신동숙) / 한스미디어 / 2023년 / 400쪽 / 20,000원	
진로정보	공학 - AI 공학자, 로봇 윤리학자, 환경철학자	
교과정보	통합과학2	[10통과2-03-03] 인공지능 로봇, 사물인터넷 등과 같이 과학기술의 발전을 인간 삶과 환경 개선에 활용하는 사례를 찾고, 이러한 과학기술의 발전이 미래 사회에 미치는 유용성과 한계를 예측할 수 있다.

도서소개 #어떤 책일까?

현대 사회의 인간 관점을 도전적으로 탐구하는 책으로, 인간의 정체성과 존재 이유에 대한 파급력 있는 질문을 제기한다. 카플란은 인간은 생물학적 존재로서만이 아니라 사회적, 문화적 맥락에서 이해되어야 한다고 주장하며, 인간의 행동과 사고를 구체적인 역사와 문화적 맥락 안에서 탐구한다. 그는 인간을 자연과학적으로만 이해하는 시각을 넘어 인문학적, 사회학적 측면에서 접근함으로써 새로운 인간 이해를 제시한다. 또한 기술 발전, 사이버네틱스, 인공지능 등 현대의 기술적 도전에 대한 인간의 존재론적인 응답에 대해 다루며, 인간이 어떻게 기술과 상호작용하며 진화하는지에 대한 통찰력을 제공한다.

진로탐색 #무엇을 더 볼까

관련매체 : 『인간은 필요없다』 제리 카플란,
잉여노동자를 위한 대안, 직업대출
관련도서 : 『AI에게 AI의 미래를 묻다』 (인공, 메이트북스)

진로토론 #무엇을 이야기해 볼까

1. 카플란이 제시한 미래의 인간 형상과 이에 따른 도전에 대한 논의와 예측은 무엇일까?
2. 책에서 제기되는 인간의 존재 목적과 의미에 대한 다양한 시각에 대해 토론해 보자.
3. 다양한 문화와 사회에서 어떻게 인간의 정체성이 형성되며, 이에 따른 인간 다양성이 생성되는지 토론해 보자.
4. 인간이 환경에 미치는 영향과 환경이 인간에게 미치는 영향은 무엇일까?

진로활동 #무엇을 해 볼까

1. 기술 발전이 계속되면서 어떻게 인간과 기술이 통합되고 변화가 일어나는지 탐구하여 보고서를 만들어 보자.
2. 카플란이 현대 사회에서 지적하는 문제에 대한 비판과 이에 대한 대안에 대해 과학 탐구포럼을 개최해 보자.

◈ 책 이야기 ◈

1. 이 책에서 가장 인상 깊은 내용을 찾아 옮겨 보고, 그 이유를 말해 보자.

이 책에서 가장 인상 깊은 내용은 인공지능 기술로 인해 가속화될 노동 시장의 불안과 소득 불평등에 대해서도 고찰하면서 이를 해결하기 위해 경제 체계와 사회 정책에 자유시장을 수정한 혁신적인 정책을 도입해야 한다고 강조하는 내용이다. 이 내용은 인공지능 기술이 발전함에 따라 노동 시장에서 일자리를 잃는 사람들이 늘어날 것이며, 이를 해결하기 위해서는 기존의 경제 체계와 사회 정책에 대한 혁신적인 변화가 필요하다는 것을 강조하고 있다. 이 내용은 인공지능 기술의 발전이 노동 시장에 미치는 영향에 대한 경각심을 불러일으키며, 미래의 노동시장에 대한 대비책을 마련하는 데 큰 도움이 될 것이다.

2. 신기술로 부의 엄청난 증대가 기대되는데, 그런 성장은 과연 누구를 위한 것일까? 이 책에서는 이에 대한 해답을 뭐라 하고 있으며, 전략적으로 제시하는 내용은 무엇인지 발표해 보자.

이 책은 인공지능 기술 시대의 빅뱅을 앞둔 지금, 갈수록 빠른 속도로 발전하는 인공지능 기술이 인간의 생활방식과 일하는 방식을 어떻게 변화시킬 것인가를 예측하는 책이다. 저자는 인공지능 기술로 인해 가속화될 노동 시장의 불안과 소득 불평등에 대해 고찰하면서 이를 해결하기 위해 경제 체계와 사회 정책에 자유시장을 수정한 혁신적인 정책을 도입해야 한다고 제안한다.
저자는 인공지능 기술이 노동자들의 일자리를 대체할 가능성이 높다고 주장한다. 그러나 그는 인공지능 기술이 새로운 일자리를 창출할 수 있다는 점도 강조한다. 이 책에서는 인공지능 기술이 어떤 직업들을 대체할지 잘 설명되어 있으며, 여기서 중요한 것은 어느 직업이 살아남고 소멸하는가가 아닌 그런 미래를 어떻게 대비하고 준비해야 하는 것이다.

3. 인공지능 기술이 새로운 일자리를 창출할 수 있다는 것은 어떤 의미일까요?

인공지능 기술이 새로운 일자리를 창출할 수 있다는 것은, 인공지능 기술이 발전함에 따라 새로운 직업군이 등장하고, 기존 직업군에서도 인공지능과 함께 일하는 능력을 요구받게 될 것이라는 의미이다. 예를 들어, 인공지능 개발자, 빅데이터 분석가, 사이버보안 전문가 등과 같은 새로운 직업군이 나타나게 되며, 기존 직업군에서도 인공지능과 함께 일하는 능력을 요구받게 된다. 이러한 새로운 직업군이 등장하면서, 미래산업 발전에 필요한 새로운 일자리를 창출하는 효과도 있다. 하지만, 인공지능 기술이 대체할 수 있는 일자리도 있으므로, 인공지능 기술이 발전함에 따라 일자리 변화에 대한 대비와 대처가 필요하다.

4. 책에서 제기되는 인간의 존재 목적과 의미에 대한 다양한 시각을 주제로 토론해 보자.

인간의 존재 목적과 의미에 대해서는 다양한 시각이 존재한다. 그러나 이 책에서는 인공지능 기술이 발전함에 따라 인간의 노동력이 대체될 가능성이 높아진다는 점에 대해 주목하고 있다. 이러한 상황에서 인간의 존재 목적과 의미에 대해서는 더욱 중요해질 것이다. 하지만 이 책에서는 이러한 문제에 대한 구체적인 해결책을 제시하고 있지는 않다.

◈ 질문하고 토론하고 ◈

* 영상자료를 통해 알게 된 내용들을 질문에 따라 정리해 주세요.
* 주어진 질문 외 새로운 질문을 만들 수 있습니다.

[영상자료]
인간은 필요없다/ 제리 카플란/
잉여 노동자를 위한 대안, 직업 대출

1. 이 영상자료에서 말하는 '직업 대출'이 무엇인지 말해 보자.

동영상에서 제리 카플란은 "잉여 노동자를 위한 대안"이라는 제목으로 직업 대출에 관해 설명하고 있다. 직업 대출은 기존의 대출과는 달리, 대출금을 직업교육과 같은 노동시장 참여를 위한 교육비로 사용할 수 있는 대출이다. 이를 통해 노동시장에서 일자리를 잃은 사람들이 다시 일자리를 찾을 수 있도록 돕는 것이 목적이다.

2. 잉여 노동자가 생겨난 이유는 무엇인지 이 책과 관련하여 말해 보자.

잉여 노동자란, 일자리를 잃은 노동자를 의미한다. 이들은 노동시장에서 일자리를 찾지 못하고, 일자리를 찾기 위해 노력하지 않는 사람들을 말한다. 제리 카플란의 저서 "인간은 필요 없다"에서는 인공지능 기술이 발전함에 따라 노동시장에서 일자리를 잃어가는 현실을 고발하면서, 더욱 공평한 미래를 만들 독특한 전략적 제안을 내놓고 있다. 이 책에서 제리 카플란은 인공지능 기술로 인해 가속화될 노동시장의 불안과 소득 불평등에 대해 고찰하면서 이를 해결하기 위해 경제 체계와 사회 정책에 자유시장을 수정한 혁신적인 정책을 도입해야 한다고 강조하고 있다.

3. 인공지능 기술이 인간의 노동력을 대체할 가능성에 대해 어떻게 생각하는지 발표해 보자.

인공지능 기술이 인간의 노동력을 대체할 가능성에 대해서는 다양한 의견이 존재한다. 제리 카플란의 책 "인간은 필요 없다"에서는 인공지능 기술이 노동시장의 불안과 소득 불평등을 가속화 시킬 수 있다는 것을 지적하면서, 이를 해결하기 위해 경제 체계와 사회 정책에 자유시장을 수정한 혁신적인 정책을 도입해야 한다고 강조한다. 인공지능 기술이 노동시장에서 일자리를 대체할 가능성이 높다는 주장도 있지만, 반대로 인공지능 기술이 새로운 일자리를 창출할 수 있다는 주장도 있다. 인공지능 기술이 노동시장에서 일자리를 대체할 가능성이 높다면, 이에 대한 대비책과 대처 방안을 마련하는 것이 중요하다.

◈ 진로 이야기 ◈

1. 인공지능 기술이 인간의 노동력을 대체할 가능성에 대해 논의해 보자.

인공지능 기술이 발전함에 따라 노동시장에서 일자리를 잃어가는 현실을 고발하면서, 이를 해결하기 위해 경제 체계와 사회 정책에 자유시장을 수정한 혁신적인 정책을 도입해야 한다는 것을 제시한다.

2. 이 책과 관련하여 주제를 정하여 이야기 토론을 전개하고자 한다. 토론하기에 적합한 주제 5가지만 선정해 보자.

1. 인공지능과 미래 직업: 인공지능 기술이 발전함에 따라 어떤 직업들이 사라질 수 있는지, 어떤 직업들이 새롭게 등장할 수 있는지 등을 논의해 볼 수 있는 주제.
2. 인공지능과 윤리: 인공지능 기술이 발전함에 따라 인간의 삶과 생계 수단을 근본적으로 변화시키며 노동자에게는 큰 재앙이 될 가능성이 높다. 이에 대한 윤리적인 고민을 함께 나눌 수 있는 주제.
3. 인공지능과 의료: 인공지능 기술이 의료 분야에서 어떤 역할을 할 수 있는지, 어떤 문제점이 있는지 등을 논의해 볼 수 있는 주제.
4. 인공지능과 법: 인공지능 기술이 발전함에 따라 법적인 문제들도 발생할 수 있습니다. 이에 대한 논의를 함께 나눌 수 있는 주제.
5. 인공지능과 환경: 인공지능 기술이 환경 문제를 해결하는 데 어떤 역할을 할 수 있는지, 어떤 문제점이 있는지 등을 논의해 볼 수 있는 주제.

3. 인공지능과 관련한 분야를 전공하려면 적합한 학과는 무엇이고, 나에게 가장 필요한 역량은 무엇이라고 생각하는지 발표해 보자.

인공지능과 관련한 분야를 전공하려면, 컴퓨터 공학, 소프트웨어 공학, AI 공학, 수학과, 통계학 등의 전공을 선택하는 것이 좋다. 이와 함께, 인공지능 전문가가 가져야 할 역량은 다양하다. 소프트웨어 관련 전문 지식과 수학적인 실력은 기본이며, 창조적인 생각으로 다양한 기술을 총동원할 수 있는 능력이 필요하다. 인공지능 전문가는 일반적으로 논리적인 사고능력이 필요하며, 폭넓은 상상력을 바탕으로 인간과 로봇에 대하여 탐구하는 것을 좋아한다. 인공지능 시스템은 인간의 사고와 행동에 대한 분석을 기반으로 하므로 다양한 관점에서 관찰하고 도전하는 노력이 요구되며, 이와 함께 프로그래밍, 데이터 분석, 데이터 사이언스, 정보 보안 등의 과목들을 배우며, 머신러닝, 딥러닝 기술에 대한 지식도 필수이다. 이러한 역량들을 갖추기 위해서는 꾸준한 학습과 실습이 필요하다.

4. 인공지능과 관련한 전공을 선택한다면 10년 후 자기의 모습을 발표해 보자.

3. 과학, 리플레이

도서정보	과학교사모임 / 양철북 / 2016년 / 276쪽 / 12,000원	
진로정보	공학 – 물리학자, 생명과학자, 공학자	
교과정보	통합과학2	[10통과2-03-04] 과학기술의 발전 과정에서 발생할 수 있는 과학 관련 사회적 쟁점(SSI)과 과학기술 이용에서 과학 윤리의 중요성에 대해 논증할 수 있다.

도서소개 #어떤 책일까?

『과학, 리플레이』는 현직 과학 교사들이 10가지 최신 사회 이슈를 쉽고 조곤조곤하게 설명하며, 깊고 풍부하게 풀어 가면서 쟁점을 여러 각도에서 균형 있게 살펴, 현대 과학에 대한 가치 판단의 기준을 명쾌하게 제시한 책이다.

이 책은 4대강, 맞춤아기, 지구온난화 논쟁, 세균과 항생제, 송전탑, 광우병 문제 등의 주제를 다루며, 각 이슈를 제대로 판단하기 위한 다양한 정보를 제공하지만, 하나의 결론을 내리지 않는다. 독자들은 과학적으로 사고하고, 자신만의 관점으로 세상을 들여다볼 수 있게 할 수 있는 도서라고 할 수 있다.

진로탐색 #무엇을 더 볼까

관련매체 : '과학, 리플레이' 북스토리텔링 UCC
https://youtu.be/Xor_WA966HQ?si=3p2_G7hcvJzM7Cef
관련도서 : 『과학, 재미가 먼저다』 (장인수, 포르체)

진로토론 #무엇을 이야기해 볼까

1. 맞춤 아기 기술이란 무엇인가?
2. 세균의 저항성이란 무엇인가?.
3. 반도체 공정에서 발생하는 환경오염 문제는 어떤 것들이 있나?
4. 송전탑이 건강에 어떠한 영향을 미치는가?
5. 가스 및 먼지 저감 장치란 무엇인가?

진로활동 #무엇을 해 볼까

1. 이 책과 관련한 주제로 과학 관련 단체를 알아보거나 체험활동을 해 보자.
2. 이 책에서 다루는 주제들을 바탕으로 과학 교육 자료를 만들어 보자.
3. 이 책에서 다루는 주제들을 바탕으로 과학 기사를 작성하거나, 과학 이슈에 대한 보도 자료를 생성해 보자

4. 기후미식

도서정보	이의철 / 위즈덤하우스 / 2021년 / 240쪽 / 15,000원	
진로정보	공학 – 환경과학자	
교과정보	생태와 환경	[12생환05-03] 음식, 주거, 교통, 생산과 소비 등에서 지속가능한 삶의 양식을 조사하고, 환경 정의 측면에서 지역, 국가, 국제 수준의 연대와 협력 활동을 살펴보며, 지속가능한 미래를 위한 개인적·사회적 차원의 활동에 주체적으로 참여한다.

도서소개 #어떤 책일까?

기후와 환경오염, 음식, 영양학에 관한 내용뿐만 아니라, 지구에 존재하는 다양한 생명들의 조화와 균형의 중요성에 관한 내용이 담겨있다. 기후 위기가 심각한 수준에 이른 지금, 에너지 전환을 넘어 식단 전환을 논할 때라는 주장을 담고 있다. 온실가스 배출을 최소화하면서 즐길 수 있는 음식, 지속 가능한 생태계를 염두에 둔 음식을 준비하고 접대하는 행동이 지구와 생명, 인류에 책임감 있는 음식 소비라고 설명한다. 사람들의 건강과 지구 환경에 대해 용기 있게 말하고 있는 저자는 직업환경의학 전문의다. 기후 미식이라는 풍요롭고 이로운 식습관의 세계를 의사의 눈으로 안내한다.

진로탐색 #무엇을 더 볼까

관련매체 : KBS [대한민국 환경 1교시] 2편 - 기후 미식회

관련도서 : 『식량이 문제야! 먹거리로 본 기후 변화』(이지유, 위즈덤하우스)
『미래가 온다, 탄소 혁명』(김성화, 와이즈만 BOOKS)

진로토론 #무엇을 이야기해 볼까

1. 공장식 축산의 문제점은 무엇일까?
2. '자연식물식'이란 무엇일까?
3. 식물성 식품 중심으로의 기후 미식 전환은 어떤 것일까?
4. 로컬푸드와 기후 위기는 어떤 관계가 있을까?
5. 기후변화로 농산물 지도는 어떻게 변화하고 있을까?

진로활동 #무엇을 해 볼까

1. 채식의 식사가 주는 장점에 관하여 이야기를 나누어 보자.
2. 학교급식을 채식 위주로 바꾸는 방법은 무엇인지 친구들과 의견을 나누어 보자.

5. 기후 환경 생태 그리고 우리

도서정보	이보균 / 카모마일북스 / 2022년 / 192쪽 / 17,000원	
진로정보	공학 - 환경과학자	
교과정보	생태와 환경	[12생환05-02] 지구 공동체의 관점에서 생태시민의 역할과 책무에 대해 이해하고, 이를 통해 비인간 존재와 미래 세대에 대한 배려와 책임감을 기르며 자신의 삶에서 적용할 수 있는 방안을 찾아 실천한다.

도서소개 #어떤 책일까?

기후, 환경, 생태에 대한 개념을 살펴보고, 기후·환경·생태가 우리 삶에 어떠한 영향을 미치는지, 그리고 우리의 삶이 기후환경생태에 어떤 영향을 미칠 수 있는지 소개한다. 기후변화의 원인과 대안을 생각하는 논의에서 중요한 인류세에 대하여 알아보고 탄소중립이나 RE100에 대한 이해 그리고 시대가 요구하는 리더십까지 소개한다. 기후 위기를 풀어가는 태도로 기후 위기나 지구 환경 문제를 풀어가기 위한 우리가 지녀야 할 태도 7가지를 설명한다. 지구와 인간의 바람직한 관계는 무엇인지 생각하게 하고, 지구와 인간이 서로 필요한 존재가 되기 위한 넓은 시각을 키워갈 수 있을 것이다.

진로탐색 #무엇을 더 볼까

관련매체 : 인류세 (인간의 시대, EBS 다큐프라임)
관련도서 : 『가장 짧은 우주의 역사』 (데이비드 베이커, 세종연구원)

진로토론 #무엇을 이야기해 볼까

1. 산업혁명 이후 기후변화가 진행된 과정은?
2. 기후변화 1.5도를 티핑 포인트라고 하는 이유는 무엇일까?
3. 탄소중립 2050의 의미는 무엇일까?
4. 지금의 지질시대를 인류세라고 하는 까닭은 무엇일까?

진로활동 #무엇을 해 볼까

1. 신재생에너지에는 무엇이 있는지 조사해 보자.
2. ESG가 필요한 이유를 조사하여 발표해 보자.

6. 나에게 맞는 IT 직업 찾기

도서정보	나정호 / 나앤북 / 2023년 / 302쪽 / 15,000원	
진로정보	공학 - 정보통신기술가 및 기술직	
교과정보	정보	[12정01-01] 유무선 네트워크의 특성을 이해하고, 컴퓨팅 시스템 간 공유, 협력, 소통을 위한 네트워크 환경을 구성한다.

도서소개 #어떤 책일까?

IT라고 하면 컴퓨터 전문가들이 소유하고 있는 것으로 생각하기 쉽다. 당연하다. 컴퓨터를 다룰 줄 알아야 한다. 컴퓨터 기반 개발자는 하드웨어와 소프트웨어로 나눠는데 그 안에서도 많은 분야로 나뉜다고 한다. 우리가 늘 곁에 두고 사용하는 휴대전화기에도 다양한 IT기술이 들어있다. 또 챗-GPT라는 AI까지 등장한 상황에 우리에게 컴퓨터는 떨어질 수 없는 존재가 되었다. 따라서 이제 컴퓨터를 모르면 세상을 살아갈 동력을 잃은 것과 같아서 IT 관련 지식을 습득해야만 생존할 수 있다.

진로탐색 #무엇을 더 볼까

관련매체 : 과학쿠키 https://youtu.be/nnrqBJqp0dU?feature=shared
관련도서 : 『아무것도 못 버리는 사람들』 (캐런 킹스턴, 도솔)

진로토론 #무엇을 이야기해 볼까

1. 나는 컴퓨터를 얼마나 활용하고 있을까?
2. 하루에 휴대전화 사용 시간은 어느 정도나 될까?
3. 컴퓨터나 휴대전화를 사용하는 용도는 무엇일까?
4. 나는 컴퓨터를 얼마나 알고 있을까?
5. 세상은 컴퓨터가 없으면 유지되지 않는다. (찬반토론)

진로활동 #무엇을 해 볼까

1. 다양한 컴퓨터 용어를 정리해 보자.
2. 온라인상 툴을 이용하여 간단한 컴퓨터게임을 만들어 보자.
3. 컴퓨터 관련 자격증 취득에 도전해 보자.

7. 뇌를 바꾼 공학, 공학을 바꾼 뇌

도서정보	임창환 / MID / 2023년 / 268쪽 / 15,000원	
진로정보	공학 - 신경과 의사, 생명공학자, 뇌공학자	
교과정보	융합과학 탐구	[12융탐01-01] 과학이 다양한 분야와 연계하여 인류 사회의 문제해결에 기여하였음을 이해하고, 융합적 탐구의 유용성을 느낄 수 있다.

도서소개 #어떤 책일까?

이 책에서 저자는 우리가 뇌에 대해 이해하고 있는 것들과 뇌를 더 잘 이해한다면 알 수 있게 되는 것들, 그리고 그를 기반으로 우리가 시도할 수 있는 분야들은 어떤 것인지를 '뇌공학'이라는 조금 생소한 분야를 통해 제시한다. 꿈을 저장한다거나 생각만으로 글을 쓰고 뇌를 보조하는 장치를 삽입하는 등의 흥미롭고 멋진 상상들을 현실로 만들 수 있다는 가능성을 엿보는 것만으로도 이 책은 커다란 영감의 원천이 되어 준다. 특히 하루가 다르게 발전하는 기술의 첨단에서 세계가 주목하는 뇌공학적 연구 결과를 발표하는 저자의 생동감 넘치는 현장의 이야기는 뇌공학, 또는 바이오메디컬공학을 연구하는 연구자들부터 미래의 뇌공학자를 꿈꾸는 학생들까지 모두가 빠져들어 즐겁게 즐길 수 있다.

진로탐색 #무엇을 더 볼까

관련매체 : 뇌를 바꾼 공학 공학을 바꾼 뇌 1부, 꿈을 저장할 수 있을까?
뇌를 바꾼 공학 공학을 바꾼 뇌 2부, 생각을 읽는 기계 뇌
관련도서 : 『바이오메디컬 공학』 (임창환, MID)

진로토론 #무엇을 이야기해 볼까

1. 우리의 꿈을 공학적 기술을 통해 저장할 수 있을까?
2. 슈퍼컴퓨터를 이용하여 치매를 예방할 수 있을까?
3. 뇌공학의 기술을 이용하여 심리치료가 가능할까?
4. BCI 기술의 발전은 인간의 뇌를 더욱 발전시킬 것인가?

진로활동 #무엇을 해 볼까

1. 뇌신경과 뇌의 기능을 더 빠르게, 더 정밀하게 진단하는 기술을 알아보자.
2. 뇌공학을 이용한 미래의 의료기술과 이용 사례를 찾아보자.

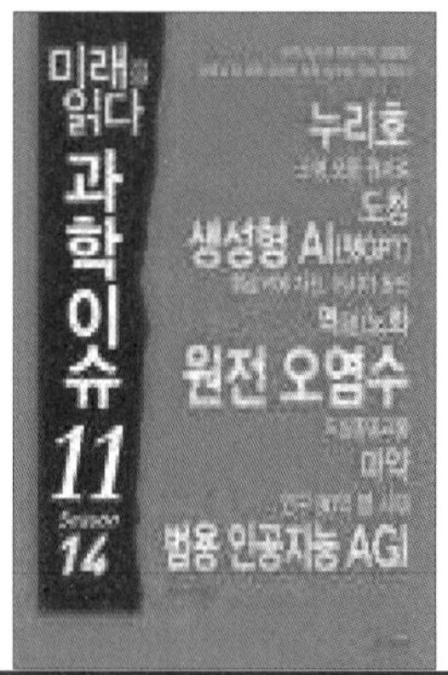

8. 미래를 읽다 과학이슈 11 SEASON 14

도서정보	한상기 외 10 / 동아엠앤비 / 2023년 / 216쪽 / 18,000원	
진로정보	공학 - 연구원	
교과정보	통합과학2	[10통과2-03-04] 과학기술의 발전 과정에서 발생할 수 있는 과학 관련 사회적 쟁점(SSI)과 과학기술 이용에서 과학 윤리의 중요성에 대해 논증할 수 있다.

도서소개 #어떤 책일까?

이 책은 매년 갱신하여 현재 SEASON 14까지 나온 책으로 최신 과학 이슈 11가지를 선정하여 소개한다. 최신 과학 이슈를 일일이 찾아 읽지 않고 전문가의 소개를 통해 한 번에 알아볼 수 있어서 과학을 좋아하는 학생들에게 항상 인기가 많다.

꼭 논술이나 면접 준비를 하지 않더라도 과학 교양 지식을 쌓기 위한 책으로 좋다. 예를 들면 원전 오염수 방류 문제, 마약 문제 등을 다루고 있는데, 일반인들이 잘 모르는 내용이 많아 놀라게 될 것이다. 이 책을 읽고 나면 뉴스를 볼 때도 과학적으로 접근하여 해석할 수 있을 것이다.

진로탐색 #무엇을 더 볼까

관련매체 : 도서 소개 영상 https://youtu.be/FpnM5a9x2aM

관련도서 : 『미래를 읽다 과학이슈 11 시리즈』 (이식, 동아엠앤비)

진로토론 #무엇을 이야기해 볼까

1. 도심 항공 교통이 실용화되기 위해 가장 먼저 해결해야 할 문제는 무엇이라고 생각하는가?
2. 범용 인공지능(AGI)이 상용화되면 무엇이 가장 큰 문제가 될까?
3. 원전 오염수 방류에 대해 국가는 국민을 이해시켜야 한다.
4. 학교 과제를 작성할 때 생성형 AI(챗GPT) 사용을 인정해 주어야 한다.

진로활동 #무엇을 해 볼까

1. 생성형 AI(챗GPT)로 소설을 작성하는 것에 대한 자신의 의견을 글로 작성해 보자.
2. 원전 오염수 방류에 대해 찬반 설문조사를 해 보고, 이론적 설명 자료를 작성하여 학급 게시판에 게시해 보자.

9. 바이오필릭 시티

도서정보	티모시 비틀리(최용호 외 1) / 차밍시티 / 2020년 / 544쪽 / 22,000원	
진로정보	공학 - 도시 계획 및 설계가	
교과정보	도시의 미래 탐구	[12도탐04-01] 지속가능성과 회복력이 높은 도시가 되기 위한 요건에 대해 토의하고 이와 관련한 도시 계획 및 도시 혁신 사례를 탐구한다.

도서소개 #어떤 책일까?

이 책은 도시 내 환경을 보다 살기 좋고, 지속 가능하고 회복탄력성 있게 만드는 자연의 힘에 대해 다룬다. 도시계획, 도시 디자인부터 도시 모델에 대한 종합적인 가이드 후 기후변화와 전 세계적인 환경 문제로부터 지구상의 모든 생명체의 미래에 대한 희망의 메시지도 전한다.

특히 1부를 중심으로 읽으며 바이오필릭 시티와 바이필릭 도시화를 정의하는 아이디어와 이론 등을 알 수 있고, 2~4부를 통해 전 세계적으로 다양한 사례와 바이오필릭 시티로 나아갈 성찰과 교훈을 생각해 볼 수 있다.

진로탐색 #무엇을 더 볼까

관련매체: 서울환경연합의 생태전환도시포럼 http://youtu.be/3JI0I7

관련도서: 『필한도시』(클레멘스 아르바이, 율리시스)

『바이오필릭 디자인』(샐리 쿨타드, 차밍시티)

『도시의 숲에서 인간을 발견하다』(김진애, 다산초당)

진로토론 #무엇을 이야기해 볼까

1. 자연과 인간의 공존이 가능한 도시로 만들기 위해 개인, 사회, 국가 차원에서 할 수 있는 일은 무엇일까?
2. 바이오필릭 시티를 만들기 위해 필요한 직업과 역할에 대해 논의해 보자.

진로활동 #무엇을 해 볼까

1. 책에서 소개된 바이오필릭 시티 사례 중 한 가지를 깊이 읽고, 질문을 만들며 추가 자료를 찾은 후 발표 자료로 만들어 보자.
2. 일상에서 스스로 자연과 가까워지는 습관을 한 가지 계획하고 1주일 이상 실천한 후 소감을 나눠 보자.
3. 우리 학교를 바이오필릭 스쿨로 바꿀 기획안을 작성해 보자.

10. 분자 조각가들

도서정보	백승만 / 해나무 / 2023년 / 340쪽 / 18,500원	
진로정보	공학 - 공학자, 제약 연구원	
교과정보	과학	[12화학02-03] 원자와 분자를 루이스 전자점식으로 표현하고, 전자쌍 반발 이론을 근거로 분자의 구조를 추론하여 모형으로 나타낼 수 있다.

도서소개 #어떤 책일까?

신약을 개발하는 화학자들은 분자를 조각하는 현대의 연금술사들이다. 분자 조각가들은 조각한 화합물이 나쁜 단백질에 찰싹 달라붙어 기능을 못하도록 하는 것을 목표로 하는데 사람들은 보통 이런 화합물을 약이라고 부른다. 『분자 조각가들』은 신약 개발의 최전선에서 연구 활동을 하는 과학자가 새로운 약이 창조되는 과정을 상세하게 소개하는 책이다. 신약 개발 방법과 최신 트렌드에 정통한 의약화학자인 동시에 약학대학 학생들을 대상으로 약의 역사를 다루는 인기 교양 강의를 진행하고 있는 저자는 이 책에서 신약 개발의 과거와 현재를 흥미로운 스토리텔링으로 소개한다. 저자는 생명을 살리고 가치를 창출하기 위해서 화학자들이 절묘하게 분자를 조각하고 이어붙이는 과정을 직관적인 이해를 돕는 그림과 비유를 통해 쉽게 설명한다.

진로탐색 #무엇을 더 볼까

관련매체 : 분자조각가와 신약의 연금술
https://www.youtube.com/watch?v=IBIcvEZ4eN

관련도서 : 『한 번 읽으면 절대 잊을 수 없는 화학 교과서』
(사마키 다케오, 시그마북스)

진로토론 #무엇을 이야기해 볼까

1. 나는 좋은 약을 만들기 위해 열심히 시약 회사 홈페이지를 돌아다니고 실험하며 분자를 다듬는다. 우리나라 시약 회사 홈페이지를 찾아 조사해보자
2. 분자 조각가는 약을 만드는 화학자다. 도대체 그동안 무슨 일이 있었기에 연금술사는 분자 조각가로 변신할 수 있었을까? 분자 조각가들의 여정을 따라가다 보면 자연스럽게 의약품이 어떤 방식으로 개발되었는지를 알아보자.

진로활동 #무엇을 해 볼까

1. 백승만 작가의 <분자의 조각가들>에서는 어떤 약을 어떻게 만들고 있는지도 보여준다. 이를 도표를 만들어 정리하고 발표해 보자.

II. 생명과학, 바이오테크로 날개 달다

도서정보	김응빈 / 한국문화사 / 2021년 / 416쪽 / 16,800원	
진로정보	공학 - 생명공학자, 약품 연구원, 바이오 의료기기 연구원	
교과정보	생물의 유전	[12유전03-03] 생명공학기술 관련 학문 분야를 이해하고 우리 생활과 산업에 활용 사례를 조사하여 창의적으로 설명 자료를 제작할 수 있다.

도서소개 #어떤 책일까?

이 책은 포스트 코로나 시대의 인류는 분명 과거와는 다른 삶을 살게 될 것이고, 무엇보다 생명에 관한 관심과 인식이 좀 더 진지해질 것이라 주장한다. 코로나19 사태 자체는 생태계 흐름을 거스르는 인간의 욕망이 발생시킨 참극이지만, 그것을 수습하고 다시 인류의 삶을 건강하고 행복하게 지키는 것 역시 인간만이 가진 과학적 무기, 즉 생명과학의 몫으로 설명한다. 바이러스란 무엇인지, 인간과 자연의 관계가 어떠한 것인지, 그리고 모든 학문 간 융합의 선두 주자로 떠오른 생명과학, 그 생명 현상에 대한 모든 궁금증이 한 편의 드라마처럼 흥미진진하게 설명한 책이다.

진로탐색 #무엇을 더 볼까

관련매체 : 유전자편집, 대체육, 역노화 등 10대 바이오 미래유망기술
https://youtu.be/NXY1LxI3LcQ?si=w_HaA2SX0g8Ow31e
생명과학,바이오테크로 날개달다/김응빈
https://youtu.be/9T-Q9-agmHk?si=SryOCC83PghWRT9n
관련도서 : 『세상을 바꾼 생명과학』 (원정현, 리베르스쿨)

진로토론 #무엇을 이야기해 볼까

1. 유전자 편집 기술을 이용해 인간의 유전자를 수정하는 문제점은 무엇일까?
2. 생명 공학 기술을 이용하여 식물의 생산성을 높이는 방법에는 무엇이 있을까?
3. GMO는 과연 농업 분야의 발전을 가져올까?
4. GMO와 환경 문제 그리고 생태계에 미치는 영향은 부정적인 의견만 있을까?

진로활동 #무엇을 해 볼까

1. 생명 공학 기술을 이용하여 환경 문제를 해결할 방안을 제안해 보자.
2. 생명 공학이 사회적 문제에 미치는 영향을 조사하여 발표해 보자.

12. 십 대가 알아야 할 인공지능과 4차 산업혁명의 미래

도서정보	전승민 / 팜파스 / 2018년 / 240쪽 / 13,000원	
진로정보	공학 - AI 공학자, 컴퓨터 공학자	
교과정보	융합과학 탐구	[12융탐03-01] 과학기술의 변화와 발전을 고려하여 미래 사회에 등장할 새로운 융합과학기술을 예측할 수 있다.

도서소개 #어떤 책일까?

『십 대가 알아야 할 인공지능과 4차 산업혁명의 미래』는 4차 산업혁명에 대해 미래의 주역 청소년들이 반드시 알아야만 하는 디지털 과학 지식과 그로 인한 삶의 변화를 이야기한다. 인공지능, 로봇, 빅데이터, 사물인터넷, 인터페이스와 통신 같은 미래 세상의 핵심 기술은 알아보고, 지금 업계에서 떠오르는 미래 유망 직업들과 그 이유까지도 알려준다. 이 책을 통해 십 대들은 4차 산업혁명 시대의 흐름과 현재의 연결성을 배우고, 꼭 필요한 소양과 지적 능력을 얻게 된다. 미래의 자기 가치를 발견하기 위해 도전하는 청소년들을 위한 책이다.

진로탐색 #무엇을 더 볼까

관련매체 : [2021 미래교육 수업나눔 콘서트] AI와 빅데이터를 활용한 과학수업
https://youtu.be/fFd5z5SRoE8?si=W2V6WgHdglz8-IC9
진로교육 https://youtu.be/zTwan_qtEgU?si=XQSESmi8PUnNcXc9

관련도서 : 『4차 산업혁명, 미래를 바꿀 인공지능 로봇』 (이세철, 정보문화사)

진로토론 #무엇을 이야기해 볼까

1. AI 시대에 사라질 직업은 무엇이고, 살아남을(새로운) 직업은 무엇일까?
2. 미래의 유망 직업은 무엇이 있을까? 그 직업들을 위해 어떤 능력과 지식이 필요할까?
3. 빅테이터와 사물인터넷이 우리의 삶에 어떤 영향을 미칠까?
4. 현재와 미래에 개인정보와 보안은 어떻게 보장받을 수 있을까?

진로활동 #무엇을 해 볼까

1. 4차 산업혁명에 따른 산업 및 직업의 융합과 변화에 대해 알아보자.
2. 4차 산업혁명에 따른 자신의 흥미와 적성에 맞는 미래의 직업을 탐색해 보자.

13. 에이트 : 씽크

도서정보	이지성 / 차이정원 / 2020년 / 444쪽 / 19,800원	
진로정보	공학 - AI 공학자, IT 경영자, 의사나 의료연구자	
교과정보	과학의 역사와 문화	[12과사03-04] 인간과 기계, 사물 등을 연결하는 과학기술의 발전 동향을 파악하고 미래 사회의 변화를 예측할 수 있다.

도서소개 #어떤 책일까?

『에이트: 씽크, 인공지능의 딥러닝을 이기는 동서양 천재들의 생각법』은 이지성이 동서양 천재들의 사고 방식을 통해 인공지능과의 경쟁에서 인간의 창의성과 감성을 강조하는 책이다. 중국의 조지핑, 미국의 스티브 잡스, 프랑스의 마셜 마클루한 등 다양한 인물을 살펴, 그들의 사고를 통해 새로운 아이디어와 통찰을 도출한다. 기술적인 측면 뿐 아니라 예술과 철학 등 다양한 분야를 아우르며 독자에게 깊은 영감을 전하며, 미래에 대한 현명한 관점과 심도 있는 이해를 제공한다.

진로탐색 #무엇을 더 볼까

관련매체 : 인공지능의 딥러닝을 이기는 동서양 천재들의 생각법 EIGHT Think
https://youtu.be/44v24-kEIj4?si=nVToLB3PAgowpej9

관련도서 :『인공지능과 딥러닝』(마쓰오 유타카, 동아엠엔비)

진로토론 #무엇을 이야기해 볼까

1. 인공지능은 인류에게 희망인가?, 위기인가?
2. 인공지능이 학문과 연구에 미치는 영향과 이로 인한 변화를 주제로 토론해 보자.
3. 인공지능이 문화 예술과 창작에 미치는 영향과 이로 인한 논란에 관해 토론해 보자.
4. 인공지능을 활용한 질병의 진단과 치료를 어떻게 생각하는가?

진로활동 #무엇을 해 볼까

1. 인공지능이 의료기술에 어떻게 혁신을 가져오는지 조사하여 발표해 보자.
2. 인공지능의 발전으로 발생하는 윤리적인 고민과 사회적 책임을 정리해 보자.

14. 열정과 야망의 전기 이야기

도서정보	김석환 / 대영사 / 2010년 / 265쪽 / 22,000원	
진로정보	공학 - 전기·전자공학자	
교과정보	물리학	[12물리02-03] 축전기에서 전기 에너지를 저장하는 원리가 각종 센서와 전기 신호 입력 장치 등 실생활 제품에서 활용됨을 설명할 수 있다.

도서소개 #어떤 책일까?

현대 문명의 기반은 에너지, 그중에서도 '전기(電氣)'다. 눈에 보이지 않지만, 전기라는 에너지를 이용하기 위해서는 많은 복잡한 수식이 사용돼야 한다. 그래서 무심결에 사용할 땐 가장 깨끗하고 편리하지만, 막상 일반인들이 이해하려 들면 가장 어려운 것이 또한 전기이기도 하다. 이 책은 인류 문명을 바꿔 온 발견과 발명이 과연 어떤 시도와 노력으로 이루어졌는지를 설명하는 데 주력하고 있다. 처음 어떤 원리를 발견하거나 장치를 발명한 사람이 어떤 생각을 했는지를 살펴보면 전기 기술을 보다 잘 이해할 수 있게 된다.

진로탐색 #무엇을 더 볼까

관련매체 : 전기의 역사와 원리에 대해 알아보자.
https://youtu.be/wI6NGtJKau8?si=buYnU8qjzBZYJwHp
관련도서 : 『처음 읽는 2차전지 이야기』 (시라이시 다쿠, 플루토)

진로토론 #무엇을 이야기해 볼까

1. 전기를 이용한 산업용 로봇의 발전은 어디까지 가능할까?
2. 전기의 발전과 사용이 환경에 미치는 영향은 무엇인가?
3. 전기를 이용한 자동화 기술의 발전은 어떤 면에서 긍정적인가?
4. 전기를 이용한 스마트시티 발전의 부정적 요소는 없는가?
5. 전기차의 확산은 인류에게 긍정적일까?

진로활동 #무엇을 해 볼까

1. 전기를 이용한 에너지 저장 기술의 발전에는 무엇이 있는지 탐구해 보자.
2. 전기를 이용한 스마트홈의 발전과 실생활에서의 사례는 무엇이 있는지 찾아보고 정리하여 발표해 보자.

15. 우주 쓰레기가 온다

도서정보	최은정 / 갈매나무 / 2021년 / 276쪽 / 17,000원	
진로정보	공학 - 천문·우주학자	
교과정보	행성 우주과학	[12행우01-02] 태양 활동 감시 시스템과 지구 접근 천체를 비롯한 지구를 위협하는 우주 위험 감시 기술의 중요성을 우주 재난 측면에서 인식할 수 있다.

도서소개 #어떤 책일까?

우주 개발에 필연적으로 따르는 것은 무엇일까? 쓰레기이다. 우주 쓰레기는 속도가 엄청나게 빠르며 지구 궤도를 돌고 있는 인공위성을 망가뜨리거나 지구로 추락하여 위험한 경우가 종종 있다.

이제까지는 우주가 워낙 넓으므로 우주 쓰레기에 대해 아무도 신경쓰지 않았으나 우주 개발이 경쟁 상황이 되자 큰 문제가 되었다. 인공위성을 띄울 자리까지 모자란 상황일 것을 알고 나면 놀랄 것이다. 책을 읽고 우주 쓰레기의 실태와 해결 방안에 대해 알아보자.

진로탐색 #무엇을 더 볼까

관련매체 : 우주 쓰레기 궤도 위치 사이트 https://sky.rogue.space/
우주의 끝-인류가 만든 감옥 https://youtu.be/wr7Za2fmIiU
관련도서 : 『천문학 콘서트』 (이광식, 더숲)

진로토론 #무엇을 이야기해 볼까

1. 인공위성 사용 가능 궤도를 공정하게 사용하는 방법에 대해 논의해 보자.
2. 우주로 위성 등을 날려 보낸 국가들이 책임을 회피한다면 어떻게 해야 할까?
3. 우주 쓰레기는 중요한 자원이 될 것이다. (찬반토론)
4. 우주 안보를 위해 위성을 보내 좋은 자리를 빨리 차지해야 한다. (찬반토론)

진로활동 #무엇을 해 볼까

1. 우주 쓰레기를 효과적으로 수집하는 방법에 대해 생각하고 발표 자료를 만들어 발표해 보자.
2. 우주 쓰레기가 더 이상 생성되지 않도록 하려면 무엇에 가장 신경을 써야 하는지 생각해 보자.

16. 작별인사

도서정보	김영하 / 복복서가 / 2022년 / 304쪽 / 14,000원	
진로정보	공학 - 생명과학자, 컴퓨터 프로그래머	
교과정보	과학, 정보	[12인기03-03] 인공지능에 대한 비판적 자세를 바탕으로 인공지능과 인간의 공존 방안을 도출한다. [12인기03-04] 인공지능의 활용사례와 윤리적 딜레마 상황을 인공지능 윤리 관점에서 분석한다.

도서소개 #어떤 책일까?

김영하가 『살인자의 기억법』 이후 9년 만에 내놓는 장편소설 『작별인사』는 그리 머지 않은 미래를 배경으로, 별안간 삶이 송두리째 뒤흔들린 한 소년의 여정을 좇는다. 유명한 IT 기업의 연구원인 아버지와 쾌적하고 평화롭게 살아가던 철이는 어느 날 갑자기 수용소로 끌려가 난생처음 날것의 감정으로 가득한 혼돈의 세계에 맞닥뜨리게 되면서 정신적, 신체적 위기에 직면한다. 동시에 자신처럼 사회에서 배제된 자들을 만나 처음으로 생생한 소속감을 느끼고 따뜻한 우정도 싹틔운다. 철이는 그들과 함께 수용소에서 탈출해 집으로 돌아가기 위해 길을 떠나지만, 그 여정에는 피할 수 없는 질문이 기다리고 있다.

진로탐색 #무엇을 더 볼까

관련매체 : YTN, 최첨단 인간로봇 '아메카' 더 진화...그녀가 본 AI의 미래는?
https://www.youtube.com/watch?v=VqcS0vLpWAY
관련도서 : 『루시의 기억』(권요원, 별숲)

진로토론 #무엇을 이야기해 볼까

1. '인간을 인간으로 만드는 것은 무엇인가?', '인간과 인간이 아닌 존재들을 가르는 경계는 어디인가'를 묻던 소설은 '삶이란 과연 계속될 가치가 있는 것인가?', '세상에 만연한 고통을 어떻게 하면 줄일 수 있을 것인가?'에 대해 책을 읽으며 이야기해 보자.
2. '어쩔 수 없이 태어났다면 어떻게 살고 어떻게 죽어야 할 것인가'와 같은 질문을 던지는 작가의 의도를 파악해 보고 작가의 생각과 나의 생각을 비교해 보자

진로활동 #무엇을 해 볼까

1. 여러분은 인류라는 종족이 소멸한다고 생각해, 본적이 있는가? 만약 그런 현실이 일어난다면 나의 마지막을 어떻게 보낼지 유언장을 써보자.
2. 인간이란 무엇인가? 휴머노이드를 소재로 인간다움이 뭔지 생각해 보게 한다. 만약 휴머노이드를 만든다면 어떤 분야의 AI 로봇을 만들지 설계서를 작성해 보자.

17. 처음 읽는 2차전지 이야기

도서정보	시라이시 다쿠(이인호) / 플루토 / 2021년 / 324쪽 / 17,000원	
진로정보	공학 – 전기·공학자, 자동차 공학자	
교과정보	화학 반응의 세계	[12반응02-02] 화학 전지의 발전 과정을 조사하여 실용 전지의 구조적 공통점을 추론할 수 있다.

도서소개 #어떤 책일까?

『처음 읽는 2차 전지 이야기』는 현대 사회에서 널리 사용되는 2차 전지의 원리부터 시작하여, 다양한 과학적 개념을 쉽게 이해할 수 있도록 풀어내며 독자들에게 새로운 지식을 제공합니다. 저자의 글은 전기화학의 기본 원리를 탐험하면서도, 이를 흥미진진한 서사로 엮어내어 과학을 좋아하는 독자뿐만 아니라 일반 독자들에게도 친숙하게 다가갑니다. 이 책은 과학과 문학의 접점에서 독특한 즐거움을 선사하며, 전기화학의 복잡한 주제를 흥미로운 이야기로 풀어내어 과학을 기반으로 한 창의적인 이야기를 제시한다.

진로탐색 #무엇을 더 볼까

관련매체 : 2차전지 왜 뜰까? 역사로 보는 에너지 변천사
https://youtu.be/FdrEAf1QKxs?si=paWjx0IjESiVsdQV
관련도서 :『이해하기 쉬운 2차전지 이야기』(오서영, 동화기술)

진로토론 #무엇을 이야기해 볼까

1. 책에서 다뤄진 전기화학의 원리와 그 중요성을 토론해 보자.
2. 2차 전지 기술의 발전이 환경 문제를 어떻게 해결할 수 있을까?
3. 소설에서 다루는 픽션과 현실에서의 미래 기술이 어떻게 상호작용하고 영향을 주는 것일까?
4. 2차 전지의 기술적 발전이 어떻게 에너지 저장 기술 분야에 혁신을 가져올 수 있을까?

진로활동 #무엇을 해 볼까

1. 과학 지식을 어떻게 대중에게 친숙하게 전달하고 이해를 돕는지에 대한 방법론에 대해 탐구하여 발표해 보자.
2. 저자의 소설이 어떻게 과학 소설의 형식을 통해 과학 지식을 전달하고 독자들을 흥미진진하게 만드는지에 대한 각자의 의견을 보고서로 써보자.

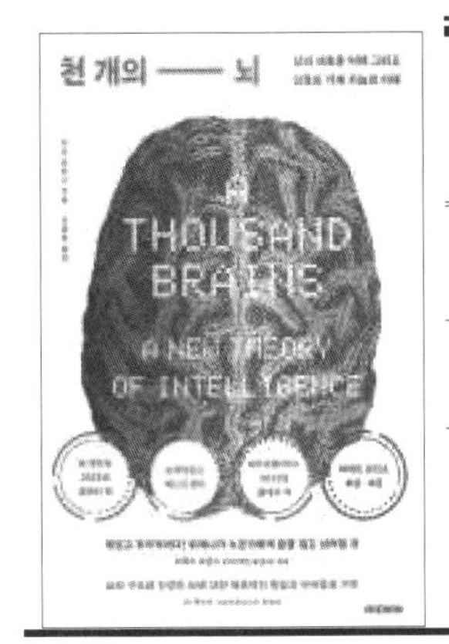

18. 천 개의 뇌

도서정보	제프 호킨스(이충호) / 이데아 / 2022년 / 384쪽 / 20,000원	
진로정보	공학 - 뇌과학자, AI 공학자, 신경과 의사	
교과정보	과학의 역사와 문화	[12과사03-04] 인간과 기계, 사물 등을 연결하는 과학기술의 발전 동향을 파악하고 미래 사회의 변화를 예측할 수 있다.

도서소개 #어떤 책일까?

『천 개의 뇌: 뇌의 새로운 이해 그리고 인류와 기계 지능의 미래』는 뇌 과학과 인공지능의 교차점에서 현재와 미래를 탐험하는 책이다. 호킨스는 천 개의 뇌세포에 집중하여 뇌의 복잡성을 해부하고, 이를 통해 우리가 어떻게 인식하고 판단하는지를 엿보게 한다. 그뿐만 아니라, 뇌 연구의 최신 동향과 혁신적인 기술로 구축된 뇌의 네트워크를 이용해 인공지능의 가능성을 탐색한다. 이 책은 뇌의 신비로움과 현대 기술이 어떻게 상호작용하여 미래의 인간과 기계 지능이 어떻게 발전할지에 대한 통찰력과 함께 뇌 과학, 컴퓨터 과학, 인공지능 연구의 통합을 모색하며 독자에게 현대적이고 첨단적인 시각을 제시하고 있다.

진로탐색 #무엇을 더 볼까

관련매체 : 뇌가 공간을 인식하는 충격적인 방법(노벨 생리의학상 수상)
https://youtu.be/sHkeMly7kRM?si=qYc4XtANc6cuB2XC

관련도서 : 『슈퍼 인텔리전스: 인공지능과 인간의 미래』(닉 보스트롬, 까치)

진로토론 #무엇을 이야기해 볼까

1. 뇌 연구의 발전이 윤리적 측면에서 어떤 책임과 제약을 해야 할까?
2. 책에서 소개된 최신 뇌 연구의 결과가 의학 분야에 어떤 영향을 미칠까?
3. 뇌의 복잡성을 통해 의식과 인지의 본질을 이해하는 것이 어떻게 우리의 사고체계를 변화시킬 수 있을까?
4. 인간 뇌와 인공지능의 차이와 유사성을 토론해 보자.

진로활동 #무엇을 해 볼까

1. 뇌의 기능과 인공 신경망의 작동 원리를 비교하여 표를 만들고, 이러한 이해가 어떻게 뇌와 기계 지능의 발전에 영향을 미칠지에 대해 조사하여 발표해 보자.
2. 인간의 학습 방식과 기계 학습의 결합이 혁신적인 지능 개발에 어떤 기회와 도전을 제시하는지에 대한 탐구활동을 해 보자.

19. 코드 브레이커

도서정보	월터 아이작슨(조은영) / 웅진지식하우스 / 2022년 / 696쪽 / 24,000원	
진로정보	공학 - 연구원	
교과정보	생물의 유전	[12유전03-03] 생명공학기술 관련 학문 분야를 이해하고 우리 생활과 산업에 활용 사례를 조사하여 창의적으로 설명 자료를 제작할 수 있다.

도서소개 #어떤 책일까?

크리스퍼 유전자 편집 기술은 생명공학, 유전공학 역사에 엄청난 영향을 미쳤다. 이 기술을 개발한 공로로 2020년 노벨 화학상을 받은 과학자 제니퍼 다우드나의 삶을 소개한다.

여성 과학자가 많이 없고 인정받지 못하던 과학계에서 연구를 계속하고 그녀의 업적을 인정받기 위해 노력한 과정을 소개하였다. 성별과 관계없이 자신이 종사하는 일에서 성취하기 위해 어떤 자세와 가치관을 가져야 하는지 알 수 있다. 또한 연구자로서 가져야 할 태도를 배울 수 있다.

진로탐색 #무엇을 더 볼까

관련매체 : 영화 히든 피겨스(2016), 데오도르 멜피
2017 봄 카오스강연 '물질에서 생명으로' 9강 https://youtu.be/UnzOs9ATz3g
관련도서 : 『물고기는 존재하지 않는다』(룰루 밀러, 곰출판)

진로토론 #무엇을 이야기해 볼까

1. 정말 하고 싶은 일을 하는 중이라면 나의 가치를 인정해 주지 않는 조직이라도 계속 남아서 헌신할 수 있다.
2. 크리스퍼 유전자 편집 기술은 널리 활용해야 한다.
3. 특정 성별에 더 잘 맞는 연구 분야가 있다.
4. 미래에는 체외 수정란에 유전자 조작으로 자궁 착상이 공공연하게 될 것이다.

진로활동 #무엇을 해 볼까

1. 크리스퍼 유전자 편집 기술이 적용된 분야를 소개하는 신문을 제작해 발표해 보자.
2. 제니퍼 다우드나와 같은 시기에 활동하고 인정받은 다른 여성 과학자들의 업적에 대해 조사해 보자

20. 클라우스 슈밥의 제4차산업혁명 더넥스트

도서정보	클라우스 슈밥(김민주) / 메가스터디북스 / 2018년 / 351쪽 / 17,000원	
진로정보	공학 – 경제학자, 경영가. 공학자	
교과정보	과학의 역사와 문화	[12과사02-06] 산업혁명 이후 나타난 과학기술이 인류 문명에 미친 긍정적 효과와 부정적 효과에 대해 토론할 수 있다.

도서소개 #어떤 책일까?

『클라우스 슈밥의 제4차 산업혁명』의 속편 격인 이 책은 두 가지 포인트에서 전작을 보완한다. 첫째, 글로벌 리더들부터 일반 시민들까지 모든 독자가 혁신에 대한 시스템적 관점을 기르고 새로운 기술, 글로벌 과제, 그리고 우리의 행동 사이의 관계를 조망하여 큰 그림을 볼 수 있도록 도와줄 가이드라인을 제시한다. 둘째, 블록체인, 사물인터넷, 인공지능, 첨단소재, 적층가공기술, 생명공학, AR과 VR, 우주기술 등 4차 산업혁명 시대 핵심 기술 12가지를 선정하고 가장 최근 사례를 들어 독자들이 기술의 잠재력과 위협을 판단할 수 있는 실질적인 지침을 제공하는 책이다.

진로탐색 #무엇을 더 볼까

관련매체 : 클라우스슈밥 The Next 4차 산업혁명
https://www.youtube.com/playlist?list=PLrKKmFU6nlJvLZa_wVdivVHycM7xQ1ogK
관련도서 : 『4차 산업혁명은 어떤 인재를 원하는가?』 (설성인, 다산북스)

진로토론 #무엇을 이야기해 볼까

1. 4차 산업혁명은 무엇을 의미할까?
2. 4차 산업혁명은 무엇을 어떻게 변화시킬 것인가?
3. 4차 산업혁명 시대에 원하는 인재상은 무엇일까?
4. 한국형 4차 산업혁명이 있다면 무엇일까?

진로활동 #무엇을 해 볼까

1. 4차 산업혁명의 핵심 기술을 소개하고 미래의 직업과 연관 지어 보자.
2. 4차 산업혁명의 기술 발달이 우리에게 어떠한 영향을 미칠 것인지 보고서를 만들어 보자.

21. 화학으로 이루어진 세상

도서정보	크리스틴 메데페셀헤르만(권세훈) / 에코리브르 / 2007년 / 454쪽 / 27,000원	
진로정보	공학 – 화학 공학자	
교과정보	화학 반응의 세계	[12반응03-04] 탄소 화합물의 반응을 통해 합성된 새로운 물질이 과학 · 기술 · 사회 발전에 끼친 영향을 조사하여 화학의 유용성을 깨달을 수 있다.

도서소개 #어떤 책일까?

세상은 물질로 이루어져 있다. 물질을 연구하는 학문은 화학이다. 한 사람의 하루를 따라가며 여러 가지 물질들과 화학적 사건들을 이야기 형식으로 소개한 책이다. 읽다 보면 '이 물질이 없었다면 내 삶은 지금 어떨까?'하는 생각으로 소름이 돋을 때도 있을 것이다.

많은 분자식과 화합물들의 이름이 나와서 조금 어려울 수 있다. 그러나 다양하고 화려한 사진 자료 덕분에 지루하지 않게 읽을 수 있다. 화학 공학이나 약학, 의학에 관심 있는 학생들이 읽으면 더욱 좋은 책이다.

진로탐색 #무엇을 더 볼까

관련도서 : 『세계사를 바꾼 12가지 신소재』(사토 겐타로, 북라이프)
『세상은 온통 화학이야』(마이 티 응우옌 킴, 한국경제신문사)

진로토론 #무엇을 이야기해 볼까

1. 생활에 가장 큰 영향을 끼친다고 생각한 물질(혹은 분야)은 무엇일까?
2. 화학은 환경 문제의 주범이다.
3. 화학조미료는 건강에 좋지 않다.
4. 유기농 식재료의 위험성은 무엇이라고 생각하는가?

진로활동 #무엇을 해 볼까

1. 어떤 사람의 하루 중 일부에 화학을 활용하여 책과 다른 예를 이용하여 묘사해 보자.
2. 한 화학 업체에서 어떤 화합물을 대량 생산하여 유통한다면 어떤 점에서 주의하여 일을 진행해야 한다고 생각하는지 글로 써보자.
3. 책을 읽은 후 가장 관심 가는 물질(혹은 분야)은 무엇이었는지 말해 보자.
4. 내가 화학자 혹은 화학공학자가 된다면 어떤 연구를 하고 싶은지 적어 보자.

제6장

의학

◈ 의학 영역 소개 ◈

#의학 분야 소개

의학 분야는 인간의 건강과 질병에 대한 이해와 치료를 다루는 분야입니다. 의학은 인간의 건강을 유지하고, 질병을 예방하고, 진단하며, 치료하는 데 중점을 두고 있습니다. 의학 분야는 다양한 전문 분야로 나뉘어져 있습니다. 의료 분야에서 인기 있는 직업은 다양합니다. 의사, 간호사, 치과의사, 한의사, 약사, 물리치료사, 응급구조사, 작업치료사, 언어치료사, 방사선사, 의무원, 의료기기 기술자, 의료정보 기술자 등이 있습니다. 이들 직업은 모두 의료 분야에서 중요한 역할을 하며, 많은 사람에게 필요한 서비스를 제공합니다. 이들 직업은 모두 높은 수준의 전문 지식과 기술을 요구하며, 꾸준한 학습과 연구가 필요합니다. 또한, 이러한 직업과 관련된 높은 책임으로 인해 높은 윤리적 기준과 전문성에 대한 헌신이 요구됩니다.

#의학 계열 미래 전망과 진로 독서

의학 분야는 빠르게 발전하고 있으며, 인공지능, 지능형 로봇, IoT, 빅데이터, 생명공학 등 과학기술의 발전에 힘입어 급속한 진화를 겪고 있습니다. 이러한 변화로 인해 의학 분야에서는 의공학을 포함한 의료기기 개발, 의료정보 시스템 구축, 의료 데이터 분석 등이 중요한 역할을 하게 될 것입니다. 동시에 의학 분야에서는 의료 현장의 의료진 역할도 변화할 것입니다. 의사나 간호사 등 의료진은 의료 데이터 분석 등에 대한 더 많은 기술적 지식과 이해를 습득해야 합니다.

의학 분야는 미래에도 계속해서 발전할 것입니다. 따라서 의학 분야에 관심이 있는 학생은 의학 분야에 대한 심층적인 지식과 이해를 습득해야 합니다. 또한, 새로운 기술을 파악하고 의료 환경의 변화에 대한 이해도 중요합니다. 의학 분야가 인간의 건강 및 질병과 복잡하게 연결되어 있다는 점을 고려할 때, 그 분야에서 일하는 개인은 타인에 대한 존중과 배려를 구현하고 높은 윤리 기준을 갖추어야 합니다.

의학 분야로의 진로를 꿈꾸는 중·고등학생에게 전제조건은 전문성, 책임감, 지속적인 학습과 연구에 대한 의지입니다. 또한, 의사소통의 중요성을 인식하고, 인간관계를 이해하는 능력과 효과적인 의사소통 능력은 필수 불가결합니다. 그러므로 여기에 소개되는 추천 도서는 단순한 가이드가 아니라 치유와 타인에 대한 배려라는 숭고한 가치를 지닌 귀중한 길잡이 역할을 할 것입니다. 의학 분야에서 희망의 등대가 되려는 여러분의 열정과 목표를 진심으로 지지합니다.

◈ 의학 도서 목록 ◈

순	영역	진로정보	교과정보	도서명	집필자	비고
1	의학	의사	생명과학 통합과학	아픔이 길이 되려면	정종호	대표
2	의학	생명과학자/공학자	과학의 역사와 문화	오싹한 의학의 세계사	최창준	대표
3	의학	간호사	진로와 직업	간호사가 되기로 했다	김희진	
4	의학	간호사	진로와 직업	간호 읽어주는 남자	김희진	
5	의학	수의사	반려동물 관리	개•고양이 자연주의 육아백과	김희진	
6	의학	의사/사회복지사/ 보건의료 종사자	과학의 역사와 문화	개념의료	최창준	
7	의학	의사	생명과학	내가 처음 뇌를 열었을 때	김희진	
8	의학	의사	생명과학실험	노화의 종말	김희진	
9	의학	신경과 의사/뇌과학자/ 심리학자	생명과학	뇌는 어떻게 자존감을 설계하는가	최창준	
10	의학	호스피스 전문 간호사	보건	라이온의 간식	김혜연	
11	의학	신경과 의사/심리학자/ 뇌과학자	생명과학	매우 예민한 사람들을 위한 책	최창준	
12	의학	약사	생명과학	브레인 케미스트리	김희진	
13	의학	간호사	진로와 직업	사랑의 돌봄은 기적을 만든다	김희진	
14	의학	의사/신경과학자/ 생명공학자/의공학자	생물의 유전	세상을 바꿀 미래 의학 설명서	최창준	
15	의학	의사/생명과학자	과학	아내를 모자로 착각한 남자	안장호	
16	의학	간호/심리 관련직	보건	아프다고 말해도 괜찮아요	강인진	
17	의학	약사	생명과학	알기 쉬운 백신 이야기	김희진	
18	의학	약사	화학	약의 과학	김희진	
19	의학	의사	생명과학	역사가 묻고 생명과학이 답하다	김희진	
20	의학	의사	통합과학	와일드 후드	안장호	
21	의학	의사	과학의 역사와 문화	의학, 인문으로 치유하다	최창준	
22	의학	의사/생명공학자	과학의 역사와 문화	질병 정복의 꿈, 바이오 사이언스	최창준	
23	의학	마취과 의사/정신건강과 의사/심리학자	생명과학	통증 마음의 메신저	최창준	
24	의학	수의사	진로와 직업	희망의 이유	김희진	

1. 아픔이 길이 되려면

도서정보	김승섭 / 동아시아 / 2017년 / 320쪽 / 18,000원	
진로정보	의학 - 의사	
교과정보	생명과학	[12생과02-07] 백신의 종류와 작용 원리를 조사하고 질병의 예방 측면에서 백신의 필요성을 인식하여 협력적으로 소통할 수 있다.

도서소개 #어떤 책일까?

사회적 관계가 인간의 몸에 질병으로 남긴 상처를 해독하는 학문인 사회역학의 눈으로 질병을 바라보며 사회가 어떻게 우리 몸을 아프게 하는지, 사회가 개인의 몸에 어떻게 반영되는지를 사회역학의 여러 연구 사례와 함께 이야기한다. 서로 돕는 공동체 문화가 심장병 사망률을 낮췄던 로세토 마을의 사례, 사회적 연결망이 기대수명에 어떤 영향을 미치는지에 대한 사회역학의 연구 사례 등을 소개하며 근본적으로 인간의 몸과 건강을 어떻게 바라보고 개개인의 삶에 대한 공동체의 책임은 어디까지라고 생각하는지 함께 고민하면서, 모두 함께 건강하기 위해 공동체는 어떤 의미인지 이야기한다.

진로탐색 #무엇을 더 볼까

관련매체 : 『세바시 399회』 상처받은 이들을 위한 사회학 (김호기 교수)
관련도서 : 『우리 몸이 세계라면』 (김승섭, 동아시아)

진로토론 #무엇을 이야기해 볼까

1. 낙태 금지와 출산율은 어떤 관계가 있는지 이야기해 보자.
2. 기후 위기에 소외 계층이 더 피해받는 이유는 무엇인지 말해 보자.
3. 저성과자의 해고는 정당하다. (찬반토론)
4. 의사는 자신이 아프더라도 환자를 먼저 돌봐야 한다. (찬반토론)

진로활동 #무엇을 해 볼까

1. 대형 참사와 외상후 스트레스 장애를 주제로 기고문을 지역신문에 게재해 보자.
2. 질병의 원인을 찾는 사회역학의 사례를 조사하여 발표해 보자.

◈ 책 이야기 ◈

1. '사회역학'의 정의를 쓰고 질병과 사회역학의 관계에 대한 나의 생각을 말해 보자.

2. 건강한 사회를 위하여 사회역학이 왜 필요한지 본문의 예시를 들어 설명해 보자.

3. 다음 사회적 현상의 사회 역학적 원인과 영향을 찾아 써 보자.

시카고 폭염	
저성과자 해고	
외상후 스트레스 장애	
총기 규제	
로세토 마을의 심장병	사회적 약자의 건강을 해치는 사회 역학적 경로로 찾아 써보자.

◈ 질문하고 토론하고 ◈

* 읽기 자료를 통해 알게 된 내용들을 질문에 따라 정리해 보자.
* 주어진 질문 외 새로운 질문을 만들 수 있습니다.

구직 과정의 차별에 대해 '해당 사항 없음'이라고 답한 여성 노동자와 학교 폭력에 대해 '아무 느낌 없다'라고 답한 남학생은 모두 자신이 경험한 것을 있는 그대로 인지하거나 말하지 못했습니다. 그러나 차별을 겪고도 자신은 해당 사항이 없다고 말한 여성 노동자들은 차별을 경험했다고 스스로 말할 수 있는 사람들보다 더 많이 아팠습니다. 학교 폭력을 겪은 후에 아무렇지도 않다고 이야기했던 다문화가정 남학생들 또한 학교 폭력을 경험하고 그 경험을 말할 수 있었던 학생들을 포함해, 다른 누구보다도 더 많이 아팠습니다. 사회적 폭력으로 인해 상처받은 사람들은 종종 자기 경험을 말하지 못합니다. 그 상처를 이해하는 일은 아프면서 동시에 혼란스럽습니다. 그러나 우리 몸은 스스로 말하지 못하는 때로는 인지하지 못하는 그 상처까지도 기억하고 있습니다. 몸은 정직하기 때문입니다. 물고기 비늘에 바다가 스미는 것처럼 인간의 몸에는 자신이 살아가는 사회의 시간이 새겨집니다.

---본문 14쪽 「말하지 못한 내 상처는 어디에 있을까」중에서

1. 위 자료를 보고 '몸은 정직하다'라고 말한 까닭은 무엇인지 본문의 사례를 찾아 말해 보자.

2. 여성 노동자는 남성 노동자보다 차별 경험이 적다고 말한 이유는 무엇인지 말해 보자.

3. 내 주변에서 볼 수 있는 차별의 사례를 찾아보자.

4. 차별 없는 세상을 위하여 우리가 할 수 있는 것은 무엇일지 생각해 보자.

◈ 진로 이야기 ◈

1. '히포크라테스 선서'를 찾아 가장 인상적인 구절을 적고 읽어보자.

2. 임상의사와 연구 의사가 하는 일을 찾아보고 내가 의사가 된다면 어떤 일을 하고 싶은지 말해 보자.

3. 보건 계열에 종사하는 직업을 조사하고 그 직능을 수행하는 데 필요한 덕목은 무엇인지 내 생각을 적어 보자.

4. 4차 산업혁명의 미래 사회에서 의료 환경은 어떤 모습으로 변화할지 상상해 보자.

5. 보건 계열 진학을 위하여 활동한 교과, 비교과 내용이 나의 학교생활기록부에 어떻게 기록되었으면 하는지 자기의 바람을 적어 보자.

2. 오싹한 의학의 세계사

도서정보	데이비드 하빌랜드(이현정) / 베가북스 / 2022년 / 296쪽 / 16,800원	
진로정보	의학 - 생명과학자, 공학자	
교과정보	과학의 역사와 문화	[12과사02-04] 감염병이 사회에 영향을 미친 대표적인 사례를 찾고, 과학이 사회 문제 해결에 기여함을 인식할 수 있다.

도서소개 #어떤 책일까?

『오싹한 의학의 세계사』는 과거부터 현대까지 의학을 둘러싸고 벌어진 믿을 수 없을 만큼 섬찟하거나 혹은 웃음이 터질 만큼 유쾌한 사건들을 흥미롭게 소개한다. 인류 최초의 성형수술부터 고대인들이 악어 똥으로 만들었던 피임구, 콘돔을 세탁해서 사용했던 런던의 세탁소, 모자를 쓰지 않아서 죽음을 맞이한 대통령, 고환이 너무 커져서 수레에 싣고 다녀야 했던 끔찍한 질병에 이르기까지 우리를 경악하게 만드는 118가지 의학 이야기가 담겨있다. 흥미진진한 의학 역사에 빠져들어 시간 가는 줄 모르게 할 책이다.

진로탐색 #무엇을 더 볼까

관련매체 : 우울증을 치료하려고 뇌를 자르면 벌어지는 일 / 의학의 역사

관련도서 : 『인류에게 필요한 11가지 약 이야기』 (정승규, 반니)

진로토론 #무엇을 이야기해 볼까

1. 혈액을 빼는 것의 위험성은 무엇인가?
2. 의학 역사에서 가장 중요한 사건은 무엇인가?
3. 박테리아의 발견 이전에는 어떤 치료 방법이 있었는가?
4. 인공지능 의료기기의 사용에 대해 자신의 의견을 제시해 보자. (찬반토론)
5. 의료기술의 발전이 인간의 삶에 미치는 영향에 대해 긍정과 부정의 측면에서 자신의 의견을 제시해 보자. (찬반토론)

진로활동 #무엇을 해 볼까

1. 의료진의 교육과정 개선에 대해 자기의 주장을 발표해 보자.
2. 이 책에서 다루는 주제들을 바탕으로 과학 교육 자료를 만들어 보자.

◈ 책 이야기 ◈

1. 이 책에서 가장 인상 깊은 내용을 찾아 옮겨 보고, 그 이유를 말해 보자.

이 책은 의학의 역사를 다루며, 과거부터 현대까지 의학을 둘러싸고 벌어진 믿을 수 없을 만큼 섬찟하거나 혹은 웃음이 터질 만큼 유쾌한 사건들을 소개하고 있다. 이 책에서 가장 인상 깊은 내용은 기원전 800년경에 고대 인도 의사인 수슈루타에 의해 간음에 대한 처벌로 잘린 코를 복원하는 수술로 소개된 인류 최초의 성형수술이라고 생각한다. 이 내용은 수슈루타가 빰이나 이마의 살을 떼어서 잘린 코에 붙여 코의 형태를 바꾸는 수술을 시도한 것으로 알려져 있다. 이 내용은 당시의 수술 기술과 의료 철학을 이해하는 데 도움이 되며, 현재의 성형수술과 비교해 보면 어떤 발전이 있었는지 생각해 볼 수 있다.

2. 이 책에서 가장 섬찟하거나 웃음이 터질 만큼 유쾌한 사건을 찾아 발표해 보자.

에피소드 1. 'X-환자(전직 미 해병대 용사)는 자신의 애완용 방울뱀에 입술을 물렸고, 이 중독된 상처를 혼자서 충격요법으로 치료하겠다고 고집을 부렸다. 그리고 그는 자동차의 점화 플러그 전선을 자기 입술에 연결한 후 자동차의 엔진을 5분 동안 3000rpm으로 돌렸다. 그는 이 무모한 실험으로 1994년 이그노벨상 의학상을 록키 마운틴 독극물 센터의 리처드 C.다트 박사 등과 공동수상하였다. 공동수상자 2명의 논문 중 '방울뱀의 독성 주입에 대한 전기충격 치료의 실패'라는 논문이 있다.

에피소드 2. 의학적 지식이 없었어도 미국에서 가장 부유하고 추앙받는 돌팔이 의사인 존 브링클리는 캔자스주의 작은 마을 밀퍼드에 대규모 클리닉을 세우고, 대단히 특이한 치료술을 펼쳤다. 그리고 이것이 발기부전과 불임 등의 성적인 문제에 대한 기적의 치료라고 대대적인 광고를 해댔다. 그 치료법이란 다름 아닌 염소의 불알을 수술로 환자의 몸에 이식하는 것이었다. 발정기 염소의 정력과 활력이 환자에게 옮겨가면 자연히 성적 욕망과 능력이 되살아날 거라는 논리였다. 그러나 환자는 거금을 내고 남자 환자의 경우는 음낭을 절개하여 염소의 고환을 삽입하고, 여성 환자의 경우는 배, 특히 난소 근처에 염소의 고환을 삽입했다. 당연히 과학적 효능은 없었지만 플라세보 효과를 보는 환자도 있었을 것이다.

3. 비아그라는 어떻게 코뿔소를 살렸을까? 책에 나오는 내용으로 말해 보자.

중국에서는 정력을 위해서 코뿔소의 뿔을 갈아서 먹었다. 멸종위기종의 신체 부위를 구할 만큼의 집착에서 코뿔소를 해방한 것은 놀랍게도 심장질환약으로 개발됐던 자그마한 알약이었다. 비아그라! 비아그라의 개발로 코뿔소 뿔의 수요가 실제로 대폭 줄었다니 얼마나 놀라운 일인가. 과연 비아그라가 살린 목숨은 코뿔소뿐이었을까? 시대와 국가, 나이를 막론하고 정력은 많은 남성의 관심사였다. 정력에 대한 갈망은 1920년대의 미국에서도 횡행했다. 당시 미국인들에게 인기였던 수술은 염소의 고환을 남자의 몸에 넣는 수술이었다. 이 수술을 감행한 의사는 몸에 들어간 염소의 고환이 정력을 회복시키고 녹아서 사라진다고 말하며 사람들을 현혹했다. 물론 수술을 받았던 사람들은 면역반응으로 고통받다 사망하기도 했다. 이런 사건을 보면 비아그라가 살린 것은 코뿔소 만이 아닌 우리의 목숨일지 모른다. (출판사 리뷰 참고)

◈ 질문하고 토론하고 ◈

* 영상자료를 통해 알게 된 내용들을 질문에 따라 정리해 보자.
* 주어진 질문 외 새로운 질문을 만들 수 있습니다.

[영상 자료]
의사의 눈으로 본 역사 (의학 × 역사)
/ 닥터프렌즈

1. 이 영상자료에서 질문하고 토론할 수 있는 주제를 5가지 선정하여 발표해 보자.

1. 의학과 역사의 연관성: 의학과 역사는 서로 어떻게 연관되어 있을까? 의학의 발전과 역사적 배경에 대해 알아보자.
2. 전염병과 인류: 전염병은 어떻게 발생하고, 어떻게 인류에게 영향을 미쳤을까? 전 세계적으로 유행한 전염병에 대해 알아보자.
3. 의료기술의 발전: 의료기술은 어떻게 발전해 왔을까? 현재 의료기술의 발전 방향은 어떤 것일까?
4. 의료 윤리: 의료 윤리는 무엇일까? 의사와 환자 간의 관계에서 어떤 윤리적 문제가 발생할 수 있을까?
5. 의학과 환경: 환경이 인간의 건강에 미치는 영향은 무엇일까? 의학과 환경의 연관성에 대해 알아보자.

2. 의료 윤리에서 가장 큰 문제는 무엇인지 말해 보자.

의료 윤리에서 가장 큰 문제는 다양한 요인에 의해 복잡하게 얽혀있어서, 명확한 답변을 내리기 어렵다. 하지만 일반적으로 의료 윤리에서 가장 큰 문제는 환자의 권리와 의사의 권리 간의 갈등이다. 의사는 환자의 건강을 최우선으로 생각해야 하지만, 때로는 환자의 선택과 다를 수 있다. 이럴 때, 의사는 환자의 선택을 존중해야 하지만, 동시에 환자의 건강을 보호해야 한다. 이외에도 의료 윤리에서는 의료비 부담, 의료기술의 발전과 함께 발생하는 윤리적 문제, 의료정보의 공개와 비공개, 의료 인공지능의 활용과 윤리적 문제 등이 논의되고 있다.

3. 전염병은 어떻게 발생하고, 어떻게 인류에게 영향을 미쳤을까? 전 세계적으로 유행한 전염병의 사례와 함께 발표해 보자.

전염병은 감염된 사람이 다른 사람에게 병을 전파하는 질병이다. 전염병은 다양한 원인에 의해 발생할 수 있다. 예를 들어, 바이러스나 박테리아, 곰팡이, 기생충 등이 원인이 될 수 있다. 전 세계적으로 유행한 전염병은 많이 있지만, 대표적인 예로는 흑사병, 스페인 독감, 에볼라, 메르스, 코로나19 등이 있다. 전염병은 인구 감소, 경제 침체, 사회적 혼란, 문화적 변화 등을 일으킬 수 있다. 전염병 예방을 위해서는 손 씻기, 마스크 착용, 사회적 거리 두기, 백신 접종 등이 중요하다.

◈ 진로 이야기 ◈

1. 이 책과 대학 진로와 관련하여 좀 더 구체적인 주제를 알고자 하는 방법을 발표해 보자.

대학 진로와 관련하여 구체적인 주제를 찾으려면, 먼저 대학 진로에 대한 정보를 찾아본다. 대학 진로와 관련하여 정보를 찾아보려면, 대학의 홈페이지나 대학교 입시요강 등을 참고하면 좋을 것 같다. 대학 진로와 관련하여 구체적인 주제를 찾으려면, 대학의 학과별 전공안내서와 대학의 취업 현황이나 졸업 후 진로 등을 참고하면 좋을 것 같다. 잘 알려진 인터넷 사이트인 커리어넷을 참고해도 큰 도움이 될 것이다.

2. 의학과 문화, 의학과 예술, 의학과 문학 등 의학과 관련된 문화적 측면을 발표해 보자.

의학과 문화, 예술, 문학 등은 서로 긴밀한 관련이 있다. 의학은 인간의 건강과 질병을 다루는 분야이지만, 이는 인간의 삶과 문화와 깊은 연관이 있다. 예를 들어, 문학에서는 인간의 고통과 죽음에 관한 이야기가 많이 나오는데, 이는 의학에서도 중요한 주제이다. 또한, 예술에서는 인간의 심리적인 측면을 다루는데, 이는 의학에서도 중요한 부분이기도 하다. 의학과 문화, 예술, 문학 등은 서로 영향을 주고받으며, 이를 통해 의학의 발전과 인간 삶의 질 향상에 기여할 수 있다는 내용으로 탐구활동을 전개하면 좋을 것 같다.

3. 의학 분야에서 어떤 직업을 선택할 수 있는지 발표해 보자.

의학 분야에서는 다양한 직업이 있다. 의사는 대표적인 직업 중 하나이다. 의사가 되기 위해서는 의과대학에서 6년간의 교육을 받은 후 의사국가고시에 합격해야 하며, 이후 인턴 과정 1년, 레지던트 과정 4년을 거쳐 전문의 자격시험에 합격하면 각 전공 분야별 전문의사가 될 수 있다. 의사 외에도 간호사, 약사, 치과의사, 물리치료사, 작업치료사, 의무원, 보건의료관리사 등 다양한 직업이 있다. 이들 직업은 모두 의료 분야에서 활동하며, 직업마다 필요한 교육과 자격증이 다릅니다. 직업 선택 시 자신의 적성과 흥미를 고려하여 선택하는 것이 좋다.

4. 문화와 건강은 어떤 관련이 있는지 발표해 보자.

문화와 건강은 서로 긴밀한 관련이 있다. 문화는 인간의 생활방식, 가치관, 신념, 행동 양식 등을 포함하는 개념으로, 이러한 문화적인 측면은 건강에 큰 영향을 미친다. 예를 들어, 의료서비스 이용, 건강한 식습관, 운동, 스트레스 관리 등이 건강에 미치는 문화적인 요인이다. 또한, 문화적인 요인은 질병 발생과 진단, 치료, 예방 등에도 영향을 미친다. 문화적인 요인은 각 지역, 국가, 인종, 종교, 성별, 연령 등에 따라 다르기 때문에 이러한 요인들을 고려하여 건강을 유지하고 증진하는 것이 중요하다고 생각한다.

5. 의과대학에 진학하여 전공 선택과 대학 생활 그리고 졸업 후의 수련의와 전문의 과정을 자신에게 접목하여 10년 후 자기의 모습을 발표해 보자.

3. 간호사가 되기로 했다

도서정보	김진수 외 / 시대의창 / 2023년 / 224쪽 / 16,000원	
진로정보	의학 - 간호사	
교과정보	진로와 직업	[12진로01-01] 관심 분야 직업인의 삶과 진로 특성을 탐구함으로써 관심 직업 및 전공 분야에서 요구되는 진로 특성을 이해한다.

도서소개 #어떤 책일까?

간호사는 오랫동안 여성만 될 수 있었다. 남자 간호사가 처음 우리나라에 생긴 것은 오래되었지만 널리 인정받지 못했고, 그 수도 매우 적었다. 지금은 남자 간호사의 수가 적지 않다. 드라마에서도 남자 간호사가 자주 나온다.

아직 여성 직업이라는 편견이 남아 있는 직업 전선에서 겪는 일들에 대해 14명의 남자 간호사가 자신의 목소리를 들려준다. 책 읽는 동안 다양한 분야의 간호사를 만나보고 그 세계를 간접경험 할 수 있을 것이다.

진로탐색 #무엇을 더 볼까

관련매체: 국군간호사관학교 https://www.kafna.ac.kr/

관련도서 : 『사랑의 돌봄은 기적을 만든다』 (김수지, 비전과리더십)
『간호사가 말하는 간호사』 (권혜림, 부키)

진로토론 #무엇을 이야기해 볼까

1. 책을 읽고 인상 깊었거나 새롭게 알게 된 내용에 대해 말해 보자.
2. 남자 간호사의 전망은 밝을 것이다. (찬반토론)
3. 입원한 여자 환자들은 여자 간호사가 돌봐야 한다. (찬반토론)
4. 우리나라는 남자 간호사에 대한 인식이 좋지 않아 아직은 남자가 간호사를 하기 힘들다. (찬반토론)

진로활동 #무엇을 해 볼까

1. 학급에서 각자가 겪은 간호사에 대한 좋은 기억과 나쁜 기억을 조사하여 표로 정리해 보자.
2. 내가 간호사가 된다면 어떤 역량을 키우기 위해 노력할 것인지 글을 써 보자.
3. 국군간호사관학교의 모집 요강을 통해 입학 조건을 알아보자.

4. 간호 읽어주는 남자

도서정보	김진수 / 크루 / 2022년 / 248쪽 / 17,000원	
진로정보	의학 - 간호사	
교과정보	진로와 직업	[12진로01-01] 관심 분야 직업인의 삶과 진로 특성을 탐구함으로써 관심 직업 및 전공 분야에서 요구되는 진로 특성을 이해한다.

도서소개 #어떤 책일까?

간호사가 되려고 결심하면 떠오르는 질문이 많을 것이다. 그 질문에 친절하게 답해주는 책이다. 현직 간호사가 소개하는 간호사의 종류, 간호사와 의사의 역할 차이, 간호사가 되는 방법 등을 상세히 소개한다.

특히 저자는 남자가 간호사를 할 때 궁금해하는 것들에 대해 따로 코너를 마련해 질문에 답해준다. 군대를 언제 가는 것이 좋은지, 남자 간호사라서 겪는 고충은 무엇인지 등. 간호사를 희망하고 있다면 읽어보면 큰 도움이 될 것이다.

진로탐색 #무엇을 더 볼까

관련매체 : 국군간호사관학교 https://www.kafna.ac.kr/

관련도서 : 『간호사가 되기로 했다』(김진수, 시대의창)
『간호사가 말하는 간호사』(권혜림, 부키)

진로토론 #무엇을 이야기해 볼까

1. 책을 읽고 새롭게 알게 된 간호 분야를 말해 보자.
2. 직장인으로서 간호사의 가장 큰 장점은 무엇일지 생각해 보자.
3. 간호사는 의사보다 전문성이 떨어진다. (찬반토론)
4. 앞으로 간호사의 전망과 근무 환경은 더욱 좋아질 것이다. (찬반토론)
5. 외국처럼 우리나라 간호사도 간단한 처방을 내릴 수 있는 자격이 있는 간호사가 따로 있어야 한다. (찬반토론)

진로활동 #무엇을 해 볼까

1. 남자 간호사가 상대적으로 더 필요한 병원이 있는지 조사해 보자.
2. 외국의 간호사와 한국의 간호사는 어떤 점이 다른지 정리해 보자.
3. 외국에서 간호사를 하려면 어떤 과정을 거쳐야 하는지 조사해 보자.

5. 개·고양이 자연주의 육아백과

도서정보	리처드 피케른(양창윤) / 책공장더불어 / 2020년 / 564쪽 / 35,000원	
진로정보	의학 - 수의사	
교과정보	반려동물 관리	[반동 02-03, 04] 반려견(묘)의 사육에 필요한 용품을 알고, 성장 단계별 사육 관리를 수행할 수 있다.

도서소개 #어떤 책일까?

대표적 반려동물인 '개와 고양이의 삶'의 질을 생각한 책이다. 먹거리뿐 아니라 주변 환경으로부터 오는 독성을 막고 잘 놀고 잘 지내게 하여 반려동물 본연의 면역력을 높이는 방법에 대해 말하고 있다.

우리나라는 전통적으로 사람이 먹던 것을 남긴 것을 먹였던 경우가 많았기에 사람과 같이 먹는 식단에 대한 정보가 부족한 편인데 이에 대한 정보까지 제공하여 유용하다. 무엇이 개와 고양이에게 꼭 필요한지 잘 알 수 있을 것이다. 책이 두꺼우므로 관심 있는 부분만 보는 것도 괜찮을 것이다.

진로탐색 #무엇을 더 볼까

관련도서 : 『수의사가 말하는 수의사 Episode 2』 (아학범, 부키)

진로토론 #무엇을 이야기해 볼까

1. 반려동물 사료 생산에 관한 법률 제정이 필요하다. (찬반토론)
2. 반려동물의 육식을 줄이는 것이 동물 건강에 좋을 것이다. (찬반토론)
3. 고양이에게 일정 장소에 사료를 주는 행위에 대해 어떻게 생각하는가?

진로활동 #무엇을 해 볼까

1. 주변에 개나 고양이를 키우는 가정의 식단을 조사하여 정리한 뒤 좋은 식단에 대한 게시 자료와 함께 학급 친구들에게 정보를 제공해 보자.
2. 책에서 관심 있는 부분을 읽은 뒤 주변 반려동물을 키우는 가정에서 실제 행해지는 것과 얼마나 유사한지 확인해 보자.
3. 동물병원의 병원비는 사람을 대상으로 한 병원비에 비해 비싸다. 반려동물을 키우는 경우 큰 부담이 된다. 병원비가 비싼 이유와 이를 줄일 방안을 조사해 보자.

6. 개념의료

도서정보	박재영 / 청년의사 / 2013년 / 416쪽 / 22,000원	
진로정보	의학 – 의사, 사회복지사, 보건의료 종사자	
교과정보	과학의 역사와 문화	[12과사03-06] 집단적 의사결정을 통해 과학기술과 관련된 사회적 문제를 해결한 사례를 조사하여 과학기술에 대한 시민의 이해와 균형 있는 가치 판단의 필요성을 인식할 수 있다.

도서소개 #어떤 책일까?

『개념의료: 왜 병원에만 가면 화가 날까』는 보건의료라는 분야가 우리 사회에서 얼마나 중요하고도 복잡한 이슈인지를 보여 준다. 왜 병원에만 가면 화가 났던 것인지, 이런 현실을 바꾸려면 무엇을 해야 하는지를 친절하고도 상세하게 알려 준다. 의사이면서 법과 윤리를 공부했으며 저널리스트라는 직업을 가진 저자는 정치, 경제, 사회, 문화, 과학을 두루 넘나든다. 이 책의 콘셉트는 '한 권으로 읽는 한국 의료의 과거와 현재와 미래' 이자,' 교양 시민을 위한 재미있는 의료 이야기'이다.

진로탐색 #무엇을 더 볼까

관련매체 : 개념의료, 박재영, 의료비지불제도, 의료서비스시장, 행위별수가제
https://www.youtube.com/live/UurAlaNkt64?si=ibpK16HcJJ9AfEjS

관련도서 : 『병원장사, 대한민국 의료 상업화 보고서』 (김기태, 씨네21북스)

진로토론 #무엇을 이야기해 볼까

1. 의과대학의 증설이나 정원 확대에 대한 자신의 주장은 무엇인가?
2. 개념의료가 의료계의 문제점을 해결하는 데 있어서 어떤 역할을 할 수 있을까?
3. 개념의료가 환자의 관점에서 더 나은 선택인가? 아니면 의사의 관점에서 더 나은 선택인가?
4. 개념의료가 의료계의 미래를 바꾸는 방법일까?
5. 개념의료가 의료서비스의 질을 높이는 방법일까?

진로활동 #무엇을 해 볼까

1. 개념의료가 환자와 의사 간의 관계를 개선하는 방법을 조사해 보자.
2. 4차 산업혁명에 따른 자신의 흥미와 적성에 맞는 미래의 직업을 탐색해 보자.

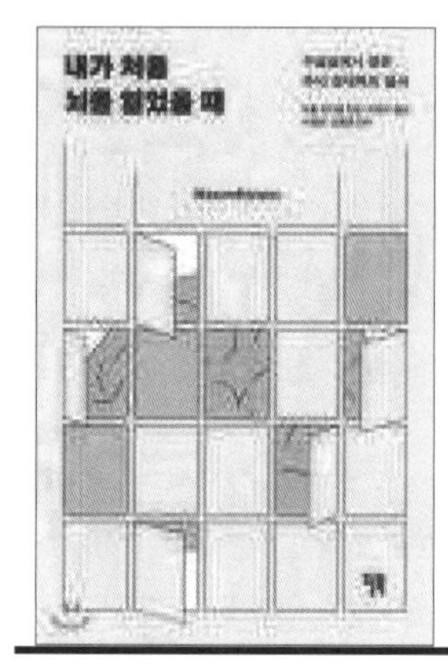

7. 내가 처음 뇌를 열었을 때

도서정보	라홀 잔디얼(이한이) / 월북 / 2020년 / 296쪽 / 15,800원	
진로정보	의학 – 의사	
교과정보	생명과학	[12생과02-03] 사람 신경계의 구조와 기능을 이해하고 중추 신경계와 말초 신경계의 특징을 설명할 수 있다.

도서소개 #어떤 책일까?

의학이 발전하면서 뇌에 대해 점점 더 많이 알아가고 있다. 저자는 신경외과 전문의로서 경험한 것들을 소개하면서 뇌에 대해 잘 몰랐던 것들을 알려 준다. 쉽게 접하기 어려운 정보가 많아 흥미진진하게 읽을 수 있다.

뇌는 스스로 치유하는 능력이 있음이 밝혀졌는데 이에 관한 다양한 사례들을 소개한다. 책을 읽을수록 뇌에 대한 호기심이 점점 더 커지게 될 것이다. 특히 건강에 대해 잘못 알려진 몇 가지 사실들에 대한 저자의 의견을 볼 수 있다. 아침밥을 꼭 먹으라는 잔소리에 시달리는 학생들에게 큰 위로가 될 내용도 있다.

진로탐색 #무엇을 더 볼까

관련도서 : 『아내를 모자로 착각한 남자』 (올리버 색스, 알마)
『더 브레인』 (데이비드 이글먼, 해나무)

진로토론 #무엇을 이야기해 볼까

1. 비만은 자기 관리 능력의 문제일까, 조절이 힘든 질병일까?
2. 어떤 질병에 대해 의사마다 의견이 다르다면 어떤 의사의 의견을 들어야 할까?
3. 의사가 될 학생들을 수학 성적으로 뽑는 것은 의미가 없다. (찬반토론)
4. 수학 문제 풀기는 사고 기능을 향상시킨다. (찬반토론)
5. 잠은 밤에 자야 한다. (찬반토론)

진로활동 #무엇을 해 볼까

1. 건강한 뇌 상태를 유지하기 위해 간단한 운동을 규칙적으로 하고, 하기 전과 후의 학습 효과에 대한 변화를 적어 보자.
2. 뇌 과학에 관한 다른 책을 찾아 읽어보고 저자와 다른 의견이 있는 부분을 찾아보자.

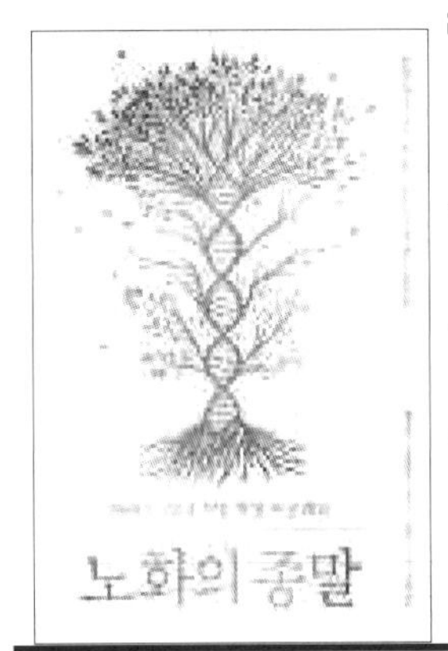

8. 노화의 종말

도서정보	데이비드 싱클레어(이한음) / 부키 / 2020년 / 624쪽 / 22,000원	
진로정보	의학 - 의사	
교과정보	생명과학 실험	[12생실05-08] 생물정보학의 연구 방법을 이용하여 유전체 분석이 인간의 질병 치료에 기여한 사례를 조사하여 다양한 매체를 활용하여 협력적 소통을 할 수 있다.

도서소개 #어떤 책일까?

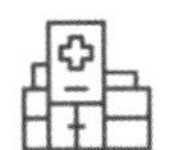

노화를 생명체에서 자연스럽게 일어나는 일이 아니라 질병처럼 생각하고 이를 극복하는 방법에 관해 안내하는 책이다. 노화 연구 분야의 최근 연구 결과들을 일반인도 쉽게 이해하게 적었다.

항노화제, 장수약, 세포 재프로그래밍, 맞춤 장기 생산 등 SF소설에서나 볼법한 것들에 대해 논하고 있다. 단순히 상상에 의한 것이 아닌 장수 분야 세계 최고 권위자인 저자의 다양한 연구 자료 수집 및 분석에 의한 것이다. 노화에 대해 한 번이라도 생각해 본 적이 있다면 꼭 읽어볼 책이다.

진로탐색 #무엇을 더 볼까

관련매체 : 2019 가을 카오스강연 '도대체 都大體' https://youtu.be/NgNYAc8U0bQ
관련도서 : 『역사가 묻고 생명과학이 답하다』 (전주홍, 지상의책)

진로토론 #무엇을 이야기해 볼까

1. 노화는 질병이다.
2. 죽음은 선택사항이 될 것이다.
3. 노화를 막는 것은 자연의 흐름을 거스르는 일이다.
4. 노화에 관한 연구에서 동물 실험을 하는 것은 비윤리적이다.

진로활동 #무엇을 해 볼까

1. 노화로 인해 나타나는 대표적인 질병을 조사해 보자.
2. 노화를 되돌릴 수 있다면 병원에서 가장 먼저 바뀔 것은 무엇인지 적어 보자.
3. 노화를 되돌릴 수 있다면 사회에 어떤 문제가 생길지 생각해 보자.

9. 뇌는 어떻게 자존감을 설계하는가

도서정보	김학진 / 갈매나무 / 2023년 / 320쪽 / 20,000원	
진로정보	의학 – 신경과 의사, 뇌과학자, 심리학자	
교과정보	생명과학	[12생과02-02] 시냅스를 통한 신경 신호의 전달 과정을 이해하고, 약물이 시냅스 전달에 영향을 미치는 사례를 조사하여 발표할 수 있다.

도서소개 #어떤 책일까?

이 책은 뇌과학과 심리학을 기반으로 자존감 형성의 비밀을 탐구하며, 자존감에 관심 있는 독자뿐만 아니라 뇌과학과 심리학에 관심 있는 독자들에게도 유익한 독서 경험을 선사하는 책이다. 자존감이 어떻게 뇌의 작용과 연결되어 있는지를 살펴보며, 인간의 행동과 마음의 상태에 미치는 영향을 해부학적, 뇌과학적 관점에서 다룬다. 자존감이 어떻게 형성되고 변화하는지를 설명하면서, 독자들에게 자기 이해를 높이고 건강한 자존감을 구축하는 방법을 제시한다.

진로탐색 #무엇을 더 볼까

관련매체 : 정신과 의사들이 알려주는 진짜 자존감 올리는 방법
https://youtu.be/H_5bchI2v4M?si=osDNb1tr1pu_siGO
관련도서 : 『뇌, 욕망의 비밀을 풀다』 (한스-게오르크 호이젤, 비즈니스북스)

진로토론 #무엇을 이야기해 볼까

1. 다양한 문화에서 자존감의 차이와 문화적인 영향을 주제로 토론해 보자.
2. 자존감이 어떻게 형성되고, 시간이 지남에 따라 어떻게 변화하는지를 주제로 토론해 보자.
3. 유전적인 측면과 환경적인 영향이 자존감을 결정하는데 어떻게 상호작용할까?
4. 정서적 지능이 자존감에 어떤 영향을 미칠까?
5. 높은 자존감이 학습과 성과에 미치는 긍정적인 영향을 주제로 토론해 보자.

진로활동 #무엇을 해 볼까

1. 책에서 제시하는 자존감 강화를 위한 전략과 훈련에 대한 효과성과 실용성에 관해 탐구활동을 하고 보고서를 만들어 보자.
2. 책에서 다루는 뇌과학적인 이해를 바탕으로, 자존감과 뇌의 작용 간의 연결성을 주제로 과학탐구 보고서를 만들어 보자.

10. 라이온의 간식

도서정보	오가와 이토(권남희) / 알에이치코리아 / 2021년 / 312쪽 / 14,800원	
진로정보	의학 – 전문 간호사(호스피스)	
교과정보	보건	[12보건02-05] 삶과 죽음 및 상실의 개인적, 사회적, 문화적 의미와 이에 대한 질문을 스스로 구성하고 응답하여, 삶의 소중함을 깨닫고 죽음・상실에 대한 쟁점에 대해 의사 결정을 할 수 있다.

도서소개 #어떤 책일까?

양부의 유지를 받들어서 슬픈 마음으로 세상을 떠나는 사람들이 조금이라도 줄어들도록 호스피스 운영하게 된 마돈나. 그녀는 간호사와 카운슬러 자격증을 취득하고 아버지가 남긴 섬에 라이온의 집이란 호스피스 요양원을 설립한다. 죽음의 섬으로 만들게 된다는 마을 사람들의 반대에도 불구하고 꾸준히 설득하여 이제는 가장 행복하게 여생을 마무리하는 섬으로 자리 잡은 호스피스 요양원.

이 책의 가장 핵심은 라이온의 간식타임이다. 매주 게스트(환자)들의 인생 간식과 사연을 받아서 그중 한 가지를 마돈나가 직접 만들어 사연과 함께 모두와 나누는 시간인데, 이 시간이야말로 라이온의 집에 머무는 사람들에겐 휴식과 치유의 순간이기 때문이다. 타인의 행복한 마지막을 돕는 소중한 마음을 엿볼 수 있는 작품이다.

진로탐색 #무엇을 더 볼까

관련매체: 국립암센터 미니다큐-호스피스 완화의료편
https://youtu.be/H8c_ZNhHdWs?si=K6d3UgW9aggMBFCH

관련도서: 『호스피스로 삶을 마무리하는 사람들』(질병체험이야기 연구팀, 한빛라이프)
『나는 죽음을 돕는 의사입니다』(스테파니 그린, 이봄)

진로토론 #무엇을 이야기해 볼까

1. 시한부 환자들에게 호스피스 서비스를 선택해서 받을 수 있도록 국가가 지원해야 한다. (국가 지원의 규모, 국가의 전액 지원 시 예산 확보 방안 고려)
2. 조력 사망(환자가 의학적 도움을 받아 스스로 목숨을 끊는 것)에 대한 자기 결정권을 인정해야 한다.

진로활동 #무엇을 해 볼까

1. 책에서 소개된 인생 최애 간식과 사연처럼 주변 사람들의 최애 간식과 사연을 받아 보고, 함께 나누는 시간을 가져 보자.
2. 삶과 죽음의 의미에 대해 생각해 보고, 내가 만약 호스피스 요양원에 입소한 사람이라면 함께한 사람들에게 어떤 글을 남기고 싶을지 써보자.

11. 매우 예민한 사람들을 위한 책

도서정보	전홍진 / 글항아리 / 2020년 / 388쪽 / 18,000원	
진로정보	의학 – 신경과 의사, 심리학자, 뇌과학자	
교과정보	생명과학	[12생과02-02] 시냅스를 통한 신경 신호의 전달 과정을 이해하고, 약물이 시냅스 전달에 영향을 미치는 사례를 조사하여 발표할 수 있다.

도서소개 #어떤 책일까?

이 책은 '매우 예민한 사람들'에 대한 전문적인 연구와 상담을 바탕으로 하여 예민성에 대한 자가 진단, 주요 우울 증상에 대한 설명, 예민성을 줄이는 방법을 제시하고 있어 관심이 있거나 관련 증상이 있는 독자들에게 큰 도움이 된다. 특히 4부에는 자신의 예민성을 잘 조절해 실력과 능력으로 전환 시킨 사례 9가지가 제시되어 있다. 책 곳곳에 제시된 진단표나 그래프는 스스로 자신의 상태를 점검하는 데 도움이 될 것이며, 부록의 '우울증 선별도구' 역시 독자가 자신을 판단하고 그에 맞는 조언을 새기도록 해 놓았다.

진로탐색 #무엇을 더 볼까

관련매체 : 『매우 예민한 사람들을 위한 책』
https://youtu.be/MfgEN52c4mc?si=alF1VLQNx8Gpidur
관련도서 : 『매우 예민한 사람들을 위한 상담소』 (전홍진, 한겨레출판)

진로토론 #무엇을 이야기해 볼까

1. 취업 시 경력과 학력 중 어느 것이 더 중요할까?
2. 예민한 사람들을 위한 상담과 치료 방법에는 무엇이 있을까?
3. 인공지능 기술이 대체할 가능성이 있는 사람의 일자리는 무엇이 있을까?
4. 불안, 우울증, 분노, 트라우마 등 각종 감정 문제에 대한 자신만의 대처 방법이 있다면 무엇이 있을까?

진로활동 #무엇을 해 볼까

1. 학교나 직장에서 학습이나 업무 스트레스에 대한 대처 방법을 발표해 보자.
2. 가장 최근 연도에 우리에게 스트레스를 준 국내외 이슈를 주제로 조사해 보자.

12. 브레인 케미스트리

도서정보	지니 스미스(양병찬) / 위즈덤하우스 / 2023년 / 428쪽 / 21,000원	
진로정보	의학 - 약사	
교과정보	생명과학	[12생과02-03] 사람 신경계의 구조와 기능을 이해하고 중추 신경계와 말초 신경계의 특징을 설명할 수 있다.

도서소개 #어떤 책일까?

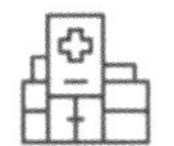

저자는 신경과학, 심리학 전문가로서 신경전달물질들이 인간에게 어떤 영향을 미치는지 설명한다. 사랑, 식욕, 두려움, 수면 등 인간의 기본적 욕구뿐 아니라 기억, 판단, 기분, 고통까지 많은 것들이 서로 긴밀히 얽혀있으며, 이들이 신경전달물질에 의해 조절됨을 말한다.

뇌화학 분야에 관심이 있다면, 삶의 기본적인 부분들을 조절하여 스트레스와 불안 등을 관리하며 의사결정을 바르게 내릴 방법이 궁금하다면 읽어보아야 할 책이다.

진로탐색 #무엇을 더 볼까

관련도서 : 『뇌와 뉴런』(뉴턴프레스, ㈜아이뉴턴)
『내가 처음 뇌를 열었을 때』(라훌 잔디얼, 윌북)

진로토론 #무엇을 이야기해 볼까

1. 중독은 의지를 통해 조절할 수 있다.
2. 인간은 객관적인 판단을 할 수 있다.
3. 거식증이나 비만을 약물로 치료하는 날이 오게 될 것이다.
4. 재판에서 어떤 사건의 목격자가 진실하게 증언했다면 목격자의 말을 믿어도 된다.

진로활동 #무엇을 해 볼까

1. 날씨에 따른 나의 기분을 기록해 보고 날씨가 뇌 속 화학물질에 영향을 주는지 판단해 보자.
2. 공부를 하고 싶게 도파민을 활용하려면 자신에게 어떤 보상이 좋을지 생각해 보고 친구들과 이야기를 나누어 보자.
3. 커피를 마셨을 때 시간에 따른 나의 기분이나 활력 상태를 기록해 보고 필요에 따라 적용해 보자.

13. 사랑의 돌봄은 기적을 만든다

도서정보	김수지 / 비전과리더십 / 2010년 / 224쪽 / 13,000원	
진로정보	의학 - 간호사	
교과정보	진로와 직업	[12진로01-01] 관심 분야 직업인의 삶과 진로 특성을 탐구함으로써 관심 직업 및 전공 분야에서 요구되는 진로 특성을 이해한다.

도서소개 #어떤 책일까?

2001년 국제간호대상을 수상한 저자는 7살부터 간호사를 꿈꿔 미국 유학까지 다녀오고 국내 최초의 간호학 박사가 되었다. 간호사의 길을 꿈꾸고 있다면 저자가 사명으로 걸어온 길을 같이 되짚어 걸으며 결심을 다져볼 일이다.

인생에 쉬운 길은 없다. 꿈이 있다면 힘든 과정을 어떻게 견디고 이겨낼 것인가 알아보아야 한다. 다른 이들을 돕는 것에 보람을 느끼거나 인생의 특별한 사명을 찾고 있는 학생에게 추천하는 책이다.

진로탐색 #무엇을 더 볼까

관련매체: 국군간호사관학교 https://www.kafna.ac.kr/

관련도서 : 『간호사가 말하는 간호사』 (권혜림, 부키)
『간호사가 되기로 했다』 (김진수, 시대의창)

진로토론 #무엇을 이야기해 볼까

1. 간호사에게 가장 중요한 역량은 무엇일까?
2. 간호사가 되면 무엇이 가장 힘들 것으로 생각하는가?
3. 직업으로서 간호사의 전망은 밝을 것이다. (찬반토론)
4. 미래 병원에는 로봇이 간호하게 될 것이다. (찬반토론)
5. 간호사를 하기 위해서는 환자를 최우선으로 생각해야 한다. (찬반토론)

진로활동 #무엇을 해 볼까

1. 간호사의 종류를 조사해 보자.
2. 간호사가 되면 어떤 점에서 가장 보람을 느낄지 생각해 보자.
3. 병원의 규모에 따라 간호사의 역할이 무엇이 다른지 알아보자.

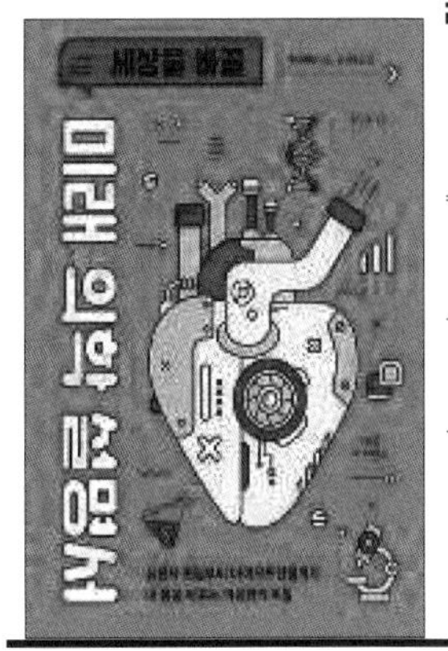

14. 세상을 바꿀 미래 의학 설명서

도서정보	사라 라타(김시내) / 매직사이언스 / 2020년 / 176쪽 / 13,500원	
진로정보	의학 – 의사, 신경과학자, 생명공학자, 의공학자	
교과정보	생물의 유전	[12유전03-02] 단일클론항체, 줄기세포, 유전자 편집 기술이 난치병 치료에 활용된 사례를 조사하고, 이러한 치료법의 전망에 대해 협력적으로 소통할 수 있다.

도서소개 #어떤 책일까?

『세상을 바꿀 미래 의학 설명서』는 고대 이집트로 거슬러 올라가는 의공학의 시작부터 유전자를 편집하는 현재의 최첨단 기술까지, 의공학의 다양한 분야를 살피고 이들이 이룬 성과를 알려 준다. 공학 원리로 만든 도구와 의학을 이용해 우리 몸에 결합한 결과물이다. 눈이 나쁜 사람은 시력을 보완하는 콘택트렌즈를 끼고 팔다리를 잃은 이는 인공 기관을 달며 장기가 손상된 사람은 여러 가지 방법으로 만들어진 인공 장기를 몸에 넣고 산다. DNA 일부분을 자르고 새로운 DNA를 넣는 유전자 편집을 통해 병을 고치고 예방하는 사례들을 소개하고 있다.

진로탐색 #무엇을 더 볼까

관련매체 : 의공학과는 무엇을 배우는가?
https://youtu.be/SFjCl6yc7Bg?si=m05ohn7FsTizychh
관련도서 : 『뇌를 바꾼 공학, 공학을 바꾼 뇌』(임창환, MID)
『교실 밖에서 듣는 바이오메디컬공학』(임창환, MID)

진로토론 #무엇을 이야기해 볼까

1. 인공 심장과 인공 장기의 장단점은 무엇이 있을까?
2. 인공지능을 활용한 진단과 치료를 어떻게 생각하는가?
3. 의공학 기술이 인간의 삶에 미치는 잠재적 위험은 무엇일까?
4. 3D 프린팅 기술을 이용한 인체 재생은 인간의 삶에 어떤 영향을 미칠까?

진로활동 #무엇을 해 볼까

1. 의공학 기술의 발전이 의료비용에 미치는 영향을 조사하여 발표해 보자.
2. 의공학 기술의 발전이 인간의 삶에 미치는 영향의 사례를 조사하여 발표해 보자.

15. 아내를 모자로 착각한 남자

도서정보	올리버 색스 / 알마 / 2016년 / 385쪽 / 21,000원	
진로정보	의학 – 의사, 생명과학자	
교과정보	과학	[12유전01-04] 염색체와 유전자 이상에 대해 이해하고, 사람의 유전병을 발병 원인별 조사 계획을 세워 조사할 수 있다.

도서소개 #어떤 책일까?

이 시대 가장 영향력 있는 신경학자이자 베스트셀러 저술가였던 올리버 색스. 1985년 영국 현지 출간 이래 30년 넘게 전 세계 독자들에게 폭 넓게 사랑받았으며 국내 독자들에게도 널리 알려진 대표작 《아내를 모자로 착각한 남자》 개정판이 출간되었다. 일상생활에 불편을 겪는 경증 환자부터 현실과 완전히 격리될 정도로 중증의 정신질환을 겪는 환자들까지… 올리버 색스가 엄밀히 관찰하고 따뜻하게 써낸 '우리와는 조금 다른' 사람들의 독특한 임상 기록은, 인간 뇌에 관한 현대의학의 이해를 바꾸었다는 평가와 더불어 의학적·문학적으로 최고의 가치를 인정받고 있다. 누구보다 앞선 시선을 가졌던 작가의 목소리가 오늘의 독자들에게 온전히 전해질 수 있도록 개정판을 내놓았다.

진로탐색 #무엇을 더 볼까

관련매체 : 국립과천과학관, [과학책수다] 아내를 모자로 착각한 남자
https://www.youtube.com/watch?v=Y5DF29vkSPo

진로토론 #무엇을 이야기해 볼까

1. 자제츠키는 잃어버린 능력을 찾기 위해 노력했고 P선생은 자신이 무엇을 잃어버린지도 몰랐다. 아니 자신이 무엇인가를 잃어버렸다는 사실조차 몰랐다. 그 둘 중 어느 쪽이 더 비극적일까?
2. 리베카는 전혀 다른 두 개의 사고 및 정신형태 즉 '패러다임적인(범례적인) 것'과 '이야기적인 것'(브루너의 용어)을 구체적인 형태로 체현했다. 두 가지 모두 성장하는 인간의 정신에 생래적으로 갖춰진 자연적인 요소이지만 두 가지 중 어떤 것이 먼저 선행되어야 하는지 이야기해 보자.

진로활동 #무엇을 해 볼까

1. 아주 작은 뇌 손상이 몸 전체의 기능에 영향을 끼치고, 삶을 송두리째 바꿀 수 있다. 뇌와 관련한 책을 여러 권 찾아보고 요점 정리를 해 보자.
2. "시각 인식 불능증, 음색 인식 불능증, 역행성 기억상실증, 신경 매독, 위치 감각 상실, 투렛 증후군 등 생소한 병명을 조사해 보고 도표를 만들어 정리해 보자.

16. 아프다고 말해도 괜찮아요

도서정보	한경미 / 북레시피 / 2020년 / 292쪽 / 15,000원	
진로정보	의학 - 간호, 심리 관련직	
교과정보	보건	[12보건01-02] 몸과 마음의 신호와 건강지표를 통해 개인적, 사회적 건강상태를 평가하여 건강관리를 계획하고 생활화한다.

도서소개 #어떤 책일까?

2020년은 WHO가 정한 최초의 세계 간호사의 해(5월 12일 국제 간호사의 날)이며 나이팅게일의 탄생 200주년이 되는 해이다. 그래서 현직 간호사가 자기 경험을 그대로 옮겨놓은 글(일기형식)이기 때문에 더욱 진정성이 보인다. 우리는 간호사를 백의의 천사라고 부르지만, 병원에 가서 간호사 선생님을 그저 아픈 사람의 수발을 드는 존재로 인식하기도 했고, 의사 선생님의 보조자 역할을 하는 사람으로 인식하기도 했다. 하지만 실제 그들의 역할은 환자의 안녕을 위해 끝없이 움직이는 존재임을 잊어서는 안 된다. 필명이 천삼이다. 천사여야 하는데 아직 조금 모자라는 수준의 뜻이 담겨있으나 우리는 이 글을 읽고 절대 천삼이라고 생각하지 않을 것이다.

진로탐색 #무엇을 더 볼까

관련매체 : 간호사업무변화 https://youtu.be/sxWzTJ5n75M?si=XSOUN4RtT2dqO0wN

관련도서 : 『저는 오늘도 떠나지 않습니다』 (이라윤, 한빛비즈)

진로토론 #무엇을 이야기해 볼까

1. 나는 아픈 사람을 간호해 본 경험이 있는지 말해 보자.
2. 가족이 아플 때 나는 어떻게 행동했는지 말해 보자.
3. 누군가를 위해 희생해 본 경험에 관해 이야기해 보자.
4. 내가 아플 때 가장 먼저 찾는 사람은 누구인지 생각해 보자.
5. 병원에서 간호사의 역할은 의사보다 크지 않다. (찬반토론)

진로활동 #무엇을 해 볼까

1. 아픈 사람을 돌보거나 동식물을 돌보며 관찰일지를 작성해 보자.
2. 간호사가 하는 일을 조사해 보자.
3. 병원에 종사하는 직업군을 모두 파악해 보자.

17. 알기 쉬운 백신 이야기

도서정보	전승민 / 경희대학교출판문화원 / 2022년 / 212쪽 / 18,000원	
진로정보	의학 - 약사	
교과정보	생명과학	[12생과02-07] 백신의 종류와 작용 원리를 조사하고 질병의 예방 측면에서 백신의 필요성을 인식하여 협력적으로 소통할 수 있다.

도서소개 #어떤 책일까?

저자는 생명과학을 전공하지 않았지만 과학은 세상에 도움이 되어야 한다고 믿는다. 이에 코로나-19 사태 이후 사람들의 안전을 불안하게 만드는 잘못된 백신 정보를 바로잡고 면역과 백신에 대해 옳은 정보를 주고자 공부하면서 이 책을 저술했다고 한다.

백신의 탄생부터 면역의 원리, 백신의 종류, 최신 백신 기술까지 다양한 정보를 알 수 있다. 백신에 대한 막연한 두려움에서 벗어나 올바른 백신을 선택하고 건강을 지킬 수 있는 정보를 얻을 수 있는 책이다.

진로탐색 #무엇을 더 볼까

관련매체 : 건강과학(3) 백신: 천연두 정복사 https://youtu.be/WFG_DXx621I
관련도서 : 『내 몸 안의 주치의, 면역학』(하기와라 기요후미, 전나무숲)
『세계사를 바꾼 10가지 약』(사토 겐타로, 사람과나무사이)

진로토론 #무엇을 이야기해 볼까

1. 백신과 같은 의학 정보를 모든 사람이 정확히 알 필요는 없다.
2. 코로나-19와 같은 심각한 전염병 사태에는 백신 접종을 의무화해야 한다.
3. 만일 개발되면 어떤 직업군이 사라질 우려가 있는 백신은 개발하지 말아야 한다.
4. 백신의 부작용은 국가가 보상해 주어야 한다.

진로활동 #무엇을 해 볼까

1. 백신 접종으로 우리나라에서 사라진 질병이 있다면 무엇인지 조사해 보자.
2. 코로나-19 예방 최신 백신이 무엇인지 조사해 보고 이전에 나온 백신과 어떤 점이 다른지 정리하여 발표해 보자.
3. 백신이 있는 질병의 종류를 조사해 보자.

18. 약의 과학

도서정보	크리스티네 기터(유영미) / 초사흘달 / 2021년 / 284쪽 / 15,000원	
진로정보	의학 – 약사	
교과정보	화학	[12화학02-04] 물질의 물리적, 화학적 성질을 분자의 구조와 연관 짓고, 이에 대한 호기심을 가질 수 있다.

도서소개 #어떤 책일까?

약 한 번 안 먹어본 사람은 없을 것이다. 그러면서도 약에 대해 속 시원하게 알고 복용하거나 바르는 사람도 거의 없을 것이다. 이 책은 약에 대한 기본적인 상식을 소개해 준다.

약을 쪼개어 먹어도 되는지, 물 이외의 음료로 약을 먹어도 되는지, 기침약은 어떤 원리로 기침을 막는지 등 평소 궁금했지만, 따로 누구에게 물어보지 않는 다양한 궁금증을 해결해 준다. 약에 관해 관심이 있는 학생이라면 더욱 재미있게 읽을 수 있을 것이다.

진로탐색 #무엇을 더 볼까

관련도서 : 『브레인 케미스트리』 (지니 스미스, 위즈덤하우스)
『세계사를 바꾼 10가지 약』 (사토 겐타로, 사람과나무사이)

진로토론 #무엇을 이야기해 볼까

1. 신약 개발 과정에서 동물 실험은 해야 한다.
2. 비타민이나 건강보조식품을 챙겨 먹는 습관은 중요하다.
3. 증상이 나아지면 처방받은 약은 그만 먹는 것이 몸에 좋다.
4. 열이 나면 해열제를 먹지 않은 상태에서 병원에 가야 한다.
5. 편의점에서 약을 팔 수 있는 법을 약을 팔지 못하게 하는 것으로 바꿔어야 한다.

진로활동 #무엇을 해 볼까

1. 집에 있는 상비약을 꺼내어 확인한 후, 사용 일자가 지난 것, 더 필요한 것 등을 확하여 정비해 보자.
2. 나에게 맞는 진통제는 무엇인지 책을 참고하여 결정해 보자.
3. 의사의 처방과 약사의 업무는 무엇이 같고, 무엇이 다른지 알아보자.

19. 역사가 묻고 생명과학이 답하다

도서정보	전주홍 / 지상의책 / 2023년 / 288쪽 / 18,500원	
진로정보	의학 - 의사	
교과정보	생명과학	[12생과01-01] 생물 및 생명과학의 특성을 이해하고 생명과학의 성과를 협력적으로 소통할 수 있다.

도서소개 #어떤 책일까?

출산부터 노화, 실험에 이르기까지 10가지 키워드를 통해 생명이란 무엇인가에 대해 치열하게 질문하고 이에 답하는 책이다. 인간 혹은 생명이란 무엇인가는 생명공학과 의학이 발전할수록 모호하고 중요해지는 문제이다.

저자는 이에 대해 함께 고민하고 역사적으로 변화해 온 생명의 정의에 대해 논하고자 한다. 생명공학, 의학, 노화에 대한 연구가 어디까지 발전했는지 알 수 있다. 저자와 함께 생명공학과 의학의 발달로 생기는 윤리적 문제에 대해서 생각하다 보면 사고의 힘을 기를 수 있을 것이다.

진로탐색 #무엇을 더 볼까

관련매체 : 영화 가타카(1998), 앤드류 니콜

관련도서 : 『이중나선』 (제임스 왓슨, 궁리출판)

진로토론 #무엇을 이야기해 볼까

1. 몸에 인공 장기가 50%를 넘지 않아야 인간이라고 할 수 있다.
2. 인간이 노화를 막을 수 있게 되면 죽음은 선택의 문제가 된다.
3. 만일 뇌를 컴퓨터 회로로 바꿀 수 있다고 해도 그 존재는 인간이다.
4. 생명과학을 공부하는 사람은 반드시 인문학적 소양이 있어야 한다.
5. 과학이 발전해 여성의 몸을 통하지 않고 아기를 탄생시킬 수 있다면 그 기술은 여성의 건강을 위해 대중화되어야 한다. (찬반토론)

진로활동 #무엇을 해 볼까

1. 아기를 디자인할 수 있다면 예상되는 사회적 문제를 조사해 보자.
2. 코로나-19 이전과 이후 우리 사회에서 무엇이 달라졌는지 그림이나 표로 표현해 보자.

20. 와일드 후드

도서정보	바바라 내터슨 호로위츠(김은지) / 쌤앤파커스 / 2023년 / 446쪽 / 22,000원	
진로정보	의학 - 의사	
교과정보	통합과학	[12생과03-03] 생물 진화의 원리를 이해하고, 생물 진화 연구의 다양한 사례를 조사하여 협력적으로 소통할 수 있다.

도서소개 #어떤 책일까?

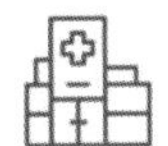

'와일드후드'는 지구상 모든 동물이 새끼에서 성체가 되는 특정 시기이자 그때 공통적으로 겪는 경험을 가리키는 말이다. 초파리는 단 며칠 만에 끝나지만, 수명이 400년인 그린란드상어는 무려 50년 동안 이 시기를 경험한다. 이 책은 하버드대 교수이자 의학박사인 바버라 내터슨 호로위츠와 과학 저널리스트 캐스린 바워스가 2010년부터 시작한 '청소년기의 본질' 연구를 집대성한 결과다. 야생동물들이 '안전, 지위, 성, 자립'이라는 '어른의 4가지 조건'을 어떻게 배우고 획득하는지, 그 비정하고도 경이로운 순간을 아름다운 언어로 포착했다.

진로탐색 #무엇을 더 볼까

관련도서 : 『종의 기원』(찰스 다윈, 사이언스북스)
『사피엔스』(유발 하라리, 김영사)

진로토론 #무엇을 이야기해 볼까

1. '와일드후드'를 통과하는 동안, 동물들은 어떻게 변할까? : 일부러 위험한 곳에 가서 포식자에게 자신을 드러내고, 양육자의 보호에서 벗어나려 발버둥 치며, 괜히 동료들끼리 싸우거나 피 튀기는 서열 다툼에 몸소 끼어든다.
2. 낯선 여정을 시작한 슬라브츠는 어떻게 굶어 죽거나 로드킬로 희생되지 않고, 어른의 삶을 시작할 수 있었을까? : '못된 부모' 역할과 훈육 전략이 인간만의 것이 아니며 동물 세계에서도 강한 자만이 살아남는 법을 엄하게 훈육하는 과정이 꼭 따른다.

진로활동 #무엇을 해 볼까

1. 10대 동물과 10대 인간이 매우 비슷하다고 했는데 책 속에서의 내용과 실제 우리의 생활에서 10대 모습을 관찰하고 탐구하는 보고서를 작성해 보자.
2. 각 종이 새끼에서 어른으로 어떻게 독립하는지, 그 모습이 어떻게 비슷한지 관련 사진을 찾아보자.

21. 의학, 인문으로 치유하다

도서정보	예병일 / 한국문화사 / 2015년 / 424쪽 / 14,500원	
진로정보	의학 - 의사	
교과정보	과학의 역사와 문화	[12과사02-04] 감염병이 사회에 영향을 미친 대표적인 사례를 찾고, 과학이 사회 문제 해결에 기여함을 인식할 수 있다.

도서소개 #어떤 책일까?

흔히 의학은 전문가만이 다룰 수 있는 어려운 학문으로 여겨진다. 그러나 사람의 생명을 다루는 학문인 만큼 의학은 거의 모든 학문이 의학 발전을 위해 기여할 정도로 광대한 분야를 섭렵한다. 환자는 의사가 과학적 근거가 분명한 처방으로 질병을 바로잡아 주기를 기대하지만, 그 과정에서 의사의 말투나 병원 분위기, 다른 사람과의 관계, 사회문화적 환경 등 수많은 요소가 치료에 직접적인 영향을 미친다. 이것이 바로 의학을 역사, 예술, 문화와 사회, 윤리와 법, 첨단과학 등과 관련지어 융합의 눈으로 바라봐야 하는 이유다. 『의학, 인문으로 치유하다』라는 다양한 분야와 관련된 의학을 소개함으로써 인간 삶에 밀착된 의학이란 학문을 좀 더 가깝게 느끼도록 해준다.

진로탐색 #무엇을 더 볼까

관련매체 : '의료 인문학이란 무엇인가' (제주의대 의료인문학교실 황임경)
https://www.youtube.com/live/4F5Kv1dbghE?si=EgZ5tWV8wc106A0d
관련도서 : 『의대를 꿈꾸는 대한민국의 천재들』 (이종훈, 한언)

진로토론 #무엇을 이야기해 볼까

1. 의학 드라마에는 왜 외과가 주로 등장할까?
2. 과연 대한민국의 건강보험제도는 세계의 자랑거리일까?
3. 의사와 환자 간의 진단과 치료를 신뢰할 방안은 무엇이 있을까?
4. 의학을 역사, 예술, 문화와 사회, 윤리와 법, 첨단과학 등과 관련지어 융합의 눈으로 바라봐야 하는 이유는 무엇일까?

진로활동 #무엇을 해 볼까

1. 의료 윤리의 4원칙을 주제로 탐구하고 발표해 보자.
2. 미래의 혁신 기술을 이용하여 의학이 어느 정도까지 발전할 수 있을지 탐구하여 발표해 보자.

22. 질병 정복의 꿈, 바이오사이언스

도서정보	이성규 / MID / 2019년 / 264쪽 / 15,000원	
진로정보	의학 - 의사, 생명공학자	
교과정보	과학의 역사와 문화	[12과사02-04] 감염병이 사회에 영향을 미친 대표적인 사례를 찾고, 과학이 사회 문제 해결에 기여함을 인식할 수 있다.

도서소개 #어떤 책일까?

이 책은 최근 생명과학 관련 기술의 발달로 다양한 질병을 이해하고 정복해 가는 미래의 사회 변화를 이해할 수 있는 중요한 지침을 제공하고 있다. 오래 사는 것만큼이나 건강하게 사는 것이 중요한 시대다. 이 책은 크게 유전병, 퇴행성 뇌질환, 암과 같은 난치병과 당뇨, 비만, 노화와 같은 익숙한 질환 그리고 말라리아, 에이즈와 같은 감염병을 다루고 있다. 치료법의 대립, 기업 논리 혹은 생명윤리와 과학 발전의 대립 등 기자 출신의 저자답게 그 치열한 질병 극복의 현장을 생생히 잘 전달하고 있다. 또한 'Deep Inside'라는 별도의 꼭지에서 최신 의료기술 트렌드를 명쾌하게 짚어내는 점도 이 책의 매력 중 하나다.

진로탐색 #무엇을 더 볼까

관련매체 : 질병 정복의 꿈이 담긴 레드바이오는 뭔가요?
https://youtu.be/0IVHnbuoaKg?si=_th6te7nu-2zzyGL
관련도서 : 『세계사를 바꾼 10가지 약』 (사토 겐타로, 사람과 나무사이)

진로토론 #무엇을 이야기해 볼까

1. 암의 발병 원인은 유전일까?, 아니면 환경일까?
2. 유전자 치료의 윤리적 문제는 무엇이 있을까?
3. 알츠하이머성 치매 환자의 삶의 질을 높이는 방법에는 무엇이 있을까?
4. 맞춤 아기 기술은 인간의 건강을 보호하는 기술인가?, 아니면 인간의 유전자를 조작하는 위험한 기술일까?

진로활동 #무엇을 해 볼까

1. 바이오 사이언스의 발전이 인간의 건강에 미치는 영향에 대하여 과학 탐구 보고서를 작성해 보자.
2. 바이오 사이언스의 발전이 의료기술에 미치는 영향을 조사하여 발표해 보자.

23. 통증 마음의 메신저

도서정보	이은영 / 매일경제신문사 / 2023년 / 280쪽 / 18,000원	
진로정보	의학 – 마취과 의사, 정신건강과 의사, 심리학자	
교과정보	생명과학	[12생과01-01] 생물 및 생명과학의 특성을 이해하고 생명과학의 성과를 협력적으로 소통할 수 있다.

도서소개 #어떤 책일까?

『통증 마음의 메신저』"는 통증과 마음의 관계를 탐구하는 책으로, 신체적인 통증이 감정과 어떻게 교류하고 영향을 미치는지, 저자의 경험과 다양한 사례를 통해 통증이 있는 사람들이 마음의 메시지를 어떻게 읽고 해석해야 하는지를 안내한다. 이 책은 통증을 단순한 생리적 증상이 아닌 마음과 연결된 중요한 메시지로 간주하며, 심리적인 측면을 고려한 통증 관리 방법을 제안한다. 의학적 지식과 체계적인 접근으로 통증을 다루면서도 독자들에게 친근하게 다가가며, 건강한 마음과 신체의 균형을 찾기 위한 인사이트를 제공한다.

진로탐색 #무엇을 더 볼까

관련매체 : 마음이 아프면 몸도 아프다 (스마트정신건강의학과 권영도)
https://www.youtube.com/live/hhJal3n3I4A?si=PJMMiPCk0T690fKZ

관련도서 : 『고통의 비밀』 (몬티 라이먼, 상상스퀘어)

진로토론 #무엇을 이야기해 볼까

1. 의사와 환자 간의 소통이 통증 관리에 어떤 영향을 미칠까?
2. 심리치료가 통증 관리에 어떻게 효과적인 도구로 활용될 수 있을까?
3. 전통적인 의학적 치료와 함께 심리치료를 결합하여 통증을 다루면 효과적일까?
4. 통증의 생리학적 측면과 함께, 심리적인 영향이 어떻게 통증을 변화시키는지에 관한 토론을 진행해 보자.

진로활동 #무엇을 해 볼까

1. 통증이 정신건강에 미치는 영향 및 정신건강 문제와 통증의 상호작용에 관한 기사를 작성하여 과학신문을 제작해 보자.
2. 다양한 통증의 원인에 관한 토론 및 각각의 특별한 대응 전략의 탐구활동을 통해 각자의 의견을 보고서로 제출해 보자.

24. 희망의 이유

도서정보	제인 구달(박순영) / 김영사 / 2023년 / 412쪽 / 18,800원	
진로정보	의학 - 수의사	
교과정보	진로와 직업	[12진로01-01] 관심 분야 직업인의 삶과 진로 특성을 탐구함으로써 관심 직업 및 전공 분야에서 요구되는 진로 특성을 이해한다.

도서소개 #어떤 책일까?

침팬지 연구로 유명한 제인 구달의 자서전이다. 생각이 아니라 행동으로 보여 주는 희망을 한국어판 특별 서문에서 강조하고 있다. 인간만이 도구를 사용한다는 편견을 깨뜨리는 데 가장 큰 역할을 했다고 볼 수 있는 그녀의 연구는 지금도 모두에게 존경받고 있다.

평생을 야생 동물보호와 생물다양성 보존에 힘써온 그녀의 삶을 따라가며 동물 혹은 생물 연구에 대한 열정이란 어떤 것인지 깨달을 수 있는 책이다.

진로탐색 #무엇을 더 볼까

관련도서 : 『수의사가 말하는 수의사 Episode 2』 (아학범, 부키)
『생명이 있는 것은 다 아름답다』 (최재천, 효형출판)

진로토론 #무엇을 이야기해 볼까

1. 평소에 관심 있던 동물이나 종에 대해 말해 보자.
2. 제인 구달은 낙관주의자이다. (찬반토론)
3. 인간은 침팬지보다 뛰어난 존재이다. (찬반토론)
4. 생물다양성을 유지하기 위해 노력하지 않아도 진화를 통해 생물은 다양해질 것이다. (찬반토론)

진로활동 #무엇을 해 볼까

1. 친구들과 등하굣길에 발견한 동물들에 대해 말해 보고, 학교 주변에 몇 종의 동물들이 있는지 추측해 보자.
2. 내 연구 환경이 제인 구달이 겪었던 것처럼 어려워진다면 나는 어떻게 했을지 생각해 보고 힘들었던 당시의 제인 구달에게 위로의 편지를 써보자.
3. 생물다양성을 지키기 위해 현재 할 수 있는 행동은 무엇이 있을지 생각해 보자.

제7장

예체능

◈ 예체능 영역 소개 ◈

#예체능의 정의

예체능 계열은 미적 작품을 형성시키는 인간의 창조 활동인 예술과 건강한 신체와 운동 능력의 육성을 목표로 하는 활동인 체육 등을 포함한다. 예술은 인류 문화를 발달시킨 미의 창작 수단이자 표현 수단이며 현재에 와서는 음악, 미술과 같은 분야를 포함해 대중 미디어 매체를 바탕으로 한 영상 예술, 전통 민속놀이, 무용 또는 연극과 같은 범주까지 포함하고 있다. 체육 활동은 학교 교육과정에 따른 교육적 목표로 하는 학교 체육과 학교 이외의 신체활동에 참여한 구성원의 체력 및 건강의 유지와 여가 시간의 활동에 목적을 두는 사회체육으로 나뉜다. 현대 사회의 기술이 발전되고 문명화될수록 인간의 삶을 건강하고 풍요롭게 하는 예체능 문화를 즐기려는 사람들의 수요는 점차 증가하고 있으며, 4차산업혁명 시대의 인공지능과는 차별화된 인간만의 예체능 활동이 앞으로 더욱 각광받을 것으로 전망된다.

#예체능의 종류

예체능은 특성에 따라 분야가 다양하다. 교육부와 한국직업능력개발원에서 발간한 진로 선택을 위한 대학 전공 선택 도움서(2020)는 디자인, 응용예술, 무용 및 체육, 미술 및 조형, 연극 및 영화, 음악 등 7가지로 대분류를 나누고 있다. 또한 대분류에서 소분류로 세밀하게 나눠 보자면, 디자인은 디자인 일반, 산업디자인, 시각디자인, 패션디자인, 기타 디자인으로, 응용예술은 공예, 사진 및 만화, 영상 예술로, 무용 및 체육은 무용과 체육으로, 미술 및 조형은 순수미술, 응용미술, 조형미술로, 연극 및 영화는 연극과 영화로, 음악은 음악학, 국악, 기악, 성악, 작곡, 기타 음악 등으로 나누고 있다.

#예체능 종사자가 되기 위한 공부 분야

예체능 분야의 종사자가 되기 위해서는 관심 있는 분야와 연관된 학교 교과목인 음악, 미술, 체육 등의 공부하면서 그 분야에 대한 예체능 체험을 많이 하는 것이 중요하다. 또한 관심 분야의 특성을 잘 파악하며 신체를 주로 쓰는 경우 운동 역량을 향상하기 위해 노력해야 하며 사람의 신체에 관한 관심을 두고 공부해야 한다. 또한 창의적인 활동을 주로 해야 하는 경우 인문학적 상상력을 바탕으로 예술적 안목을 결합해야 한다. 이를 위해서는 평상시에 관련된 책을 접하면서 인문학적 소양을 키우는 것이 필요하다.

◈ 예체능 도서 목록 ◈

순	영역	진로정보	교과정보	도서명	집필자	비고
1	예체능	배우	음악 감상과 비평	뮤지컬 인문학	구자경	대표
2	예체능	스포츠 산업 전문가	스포츠 과학	성공하는 스포츠 비즈니스	구자경	대표
3	예체능	대중가요 가수	음악과 미디어	K-POP 케이팝 성공방정식	구자경	
4	예체능	공연/전시 예술 관련 관리자	미술	그림과 글이 만나는 예술 수업	김혜연	
5	예체능	디자인 계열 교수	미술 창작	디자인 연구의 기초	구자경	
6	예체능	만화가	미술 창작	만화의 이해	구자경	
7	예체능	문화/예술/스포츠 전문가 및 관련직	매체 의사소통	문화콘텐츠 스토리텔링	강인진	
8	예체능	큐레이터	미술 감상과 비평	방구석 미술관	구자경	
9	예체능	음악평론가	음악 감상과 비평	스토리 클래식	구자경	
10	예체능	스포츠산업학과 교수	스포츠 문화	스포츠 분야 진로 탐색서	구자경	
11	예체능	스포츠 선수	스포츠 문화	스포츠도 인공지능이다	구자경	
12	예체능	음악 치료 전문가	음악과 미디어	쓸모 있는 음악책	구자경	
13	예체능	미술과 교수	미술 감상과 비평	아트 인문학 틀 밖에서 생각하는 법	구자경	
14	예체능	전시 디자이너	미술과 매체	예술이 필요한 시간	구자경	
15	예체능	체형 관리사	운동과 건강	운동의 진실과 기쁨	구자경	
16	예체능	디자이너	미술	위대한 대화	구자경	
17	예체능	음악가	음악	음악, 당신에게 무엇입니까	안장호	
18	예체능	음악 교사	음악 연주와 창작	인공지능 융합 수업 가이드(작곡 음악 국악)	구자경	
19	예체능	스포츠심판	스포츠 생활2	인공지능이 스포츠 심판이라면	구자경	
20	예체능	축구선수	운동과 건강	축구를 하며 생각한 것들	구자경	
21	예체능	공연기획자	연극	케이팝 시대를 항해하는 콘서트 연출기	구자경	
22	예체능	음악 연주자	음악	클래식으로 전쟁을 멈춘다면	구자경	
23	예체능	체육 교사	체육1	학교 체육의 놀라운 힘	구자경	

1. 뮤지컬 인문학

도서정보	송진완 외 1 / 알렙 / 2023년 / 260쪽 / 16,000원	
진로정보	예체능 - 배우	
교과정보	음악 감상과 비평	[12감비02-01] 사회 · 문화 · 시대적 의미, 음악적 특징, 맥락 등의 관점에서 음악을 듣고 비평한다.

도서소개 #어떤 책일까?

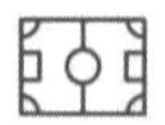

뮤지컬의 여러 작품이나 이론을 소개하는 책들은 많지만, 뮤지컬을 인문학의 관점에서 분석하고 소개한 책은 많지 않다. 이 책은 「지저스 크라이스트 슈퍼스타」, 「카바레」, 「지킬 앤 하이드」, 「빌리 엘리어트」, 「미스 사이공」, 「레미제라블」, 「라이온 킹」 등의 작품 안에 녹아든 사회, 정치, 역사, 문학 등 인문학적 내용들을 설명하고 있다. 인문학적 교양을 익히고, 삶과 사회의 반영으로서의 뮤지컬을 이해하고 소통할 수 있는 소양을 키워줄 수 있는 책이다. 다양한 뮤지컬 작품과 관련된 인문학적 대화를 읽어 나가다 보면 삶과 사회의 문제를 바라보는 관점이 논리적이고 풍요로워질 것이며 인문학적 소양을 통해 개인과 공동체의 문제를 대처하고 해결해 나가는 역량 또한 커질 것이다.

진로탐색 #무엇을 더 볼까

관련매체 : 무대 위의 빛나는 별, 뮤지컬 배우!
관련도서 : 『방구석 뮤지컬』 (이서희, 리텍콘텐츠)

진로토론 #무엇을 이야기해 볼까

1. 뮤지컬을 활성화할 수 있는 정책에는 어떤 것들이 있을까?
2. 뮤지컬 배우가 되는 데 필요한 재능이나 소양이 무엇인지 말해 보자.
3. 자유로운 개인은 이기적인 개인이다. (찬반토론)
4. 인간의 이중성은 인간이 만든 제도에 의해 통제될 수 있다. (찬반토론)
5. 친일파의 후손은 조상의 친일 행위에 도덕적 책임을 느껴야 한다. (찬반토론)

진로활동 #무엇을 해 볼까

1. 생성형 AI(챗GPT)를 활용하여 뮤지컬 배우가 갖추어야 할 가장 중요한 소양을 찾아보고 친구들과 토의하여 3가지를 우선순위에 맞게 정리해 보자.
2. 자신의 진로나 흥미 분야와 관련한 뮤지컬을 찾아 감상해 보자.

◈ 책 이야기 ◈

1. 이 책에서 소개되는 다음 뮤지컬 작품을 인문학적 관점에서 별점으로 평가해 보고 그 이유를 정리해 보자.

뮤지컬 작품	주요 등장인물	주요 넘버	별점	평가 이유
	지저스, 유다, 빌라도, 가야바, 안나스, 사제들, 시몬, 베드로, 그 외 다른 사도, 헤롯, 마리아	Heaven on their Minds - 유다 Gethsemane (I Only Want to Say)-지저스	☆☆☆☆☆	20세기 성서 연구 새로운 흐름속에서 인간 예수의 모습을 형상화했으며 앤드류 로이드 웨버와 팀 라이스 음악도 매력적임.
	헨리 지킬, 에드워드 하이드, 엠바 커류, 루시 해리스, 존 어터슨, 댄버스 커루 경, 서기관 사이먼, 스트라이드	This Is The Moment (지금 이 순간) - 지킬 Alive - 하이드	☆☆☆☆☆	인간의 이중적인 모습의 탐구가 '지금 이 순간' 등의 명곡과 잘 어우러져 나타나고 있음.
	빌리 엘리어트, 마이클, 데비, 재키 엘리어트, 윌킨슨 선생님, 토니 엘리어트, 빌리 할머니, 조지	The Stars Look Down-합창 Electricity-빌리 엘리어트	☆☆☆☆☆	1980년대 영국 신자유주의 정책 속 인간의 정의 문제와 편견의 문제를 빌리를 중심으로 잘 구체화함.
	장 발장, 자베르, 팡틴, 코제트, 테나르디에 부부, 마리우스 퐁메르시, 에포트 테나르디에, 가브로슈	I Dreamed a Dream-팡틴 One Day More-합창 Who am I-장발장	☆☆☆☆☆	프랑스 혁명 중 소외된 민중의 모습과 시대정신을 다양한 넘버와 함께 명작으로 구현함.
	심바, 빈자이, 무파사, 라피키, 사라비, 자주, 스카, 에드, 날라, 티몬, 품바	King of Pride Rock / Circle of Life (Reprise) - 전원	☆☆☆☆☆	상상력과 창조력으로 동물 중심의 무대를 혁신적으로 구현함.

◈ 질문하고 토론하고 ◈

* 읽기 자료를 통해 알게 된 내용들을 질문에 따라 정리해 주세요.
* 주어진 질문 외 새로운 질문을 만들 수 있습니다.

영국의 프로듀서 매킨토시의 「캣츠」, 「미스 사이공」, 「레미제라블」, 「오페라 유령」 등이 브로드웨이 뮤지컬을 침공하면서 뮤지컬의 상업화를 굳혀 나갔습니다. 메가 뮤지컬은 플롯, 음악, 광고에 힘을 실었습니다. 드라마는 인류의 보편적인 가치를 주제로 세계인 모두 공감할 수 있는 대 서사시를 이루었고, 음악은 대사를 노래로 처리하는 동시에 각국의 다양한 언어를 영어로 통일하면서 언어의 장벽을 해결했습니다. 그 결과 뮤지컬 음반까지 발매되면서 음반 사업에도 붐이 일게 되었습니다. 또한 대대적인 광고를 실시하여 매력적인 뮤지컬을 홍보했고 시장의 규모를 글로벌하게 확장했습니다. 즉 메가 뮤지컬은 관객을 시청각적으로 자극하여 더 쉽게 뮤지컬의 세계로 넘어오도록 유혹한 것입니다. 우호적인 시각으로 본다면 메가 뮤지컬은 뮤지컬의 상업화를 이루어 낸 영웅인 셈입니다. 이 시기 뮤지컬은 대중적인 성격을 지향하면서도 동시에 고급 문화를 선망합니다. 공연의 일회성이라는 매력과 브라운관을 뛰어넘는 강렬하게 감성적이면서도 로맨틱한 정서가 뮤지컬의 상업적 성공을 이루어냈습니다. 하지만 상업성이라는 것은 더 많은 사람들이 더 많은 뮤지컬을 접할 수 있게 되었을 때 그 빛을 발휘하는 것은 아닐까요?	[읽기 자료] 뮤지컬 인문학, 송진완 한정아, 알렙 (2023년)

1. 위 자료를 읽고 최근 뮤지컬 작품 중에서 뮤지컬의 상업화를 보여준 작품의 사례를 제시해 보자.

《오페라의 유령》은 브로드웨이에서 2019년 기준 13,000회 공연을 진행하고, 우리나라에서도 2023년 3월 기준 150만 관객을 돌파하는 등 대중적으로 잘 알려진 작품으로 뮤지컬 상업화의 대표적인 사례로 볼 수 있다.

2. 이 글에서 제시한 뮤지컬이 상업화를 이룬 이유를 정리해 보고, 내가 생각할 때 뮤지컬 상업화에 영향을 주는 추가적인 이유가 있다면 정리해 보자.

이 책에는 각국의 다양한 언어로 번역, 뮤지컬 음반의 흥행, 대대적인 광고 시행으로 시장을 글로벌하게 확장한 것이 뮤지컬 상업화의 이유로 제시된다. 내가 생각할 때 이외에도 유명 배우의 출연이나 대형 뮤지컬 회사의 경제적인 투자 등이 영향을 미칠 것으로 생각한다.

3. 더 많은 사람이 더 많은 뮤지컬을 접할 수 있게 하는 데는 어떤 방법이 있을까?

정부나 지방자치단체가 많은 시민들이 뮤지컬을 볼 수 있도록 경제적인 지원을 통해 티켓 가격을 낮추거나 보조금을 지원하는 방법이 있다. 또한 해당 뮤지컬에 대한 다양한 계층을 대상으로 한 홍보도 방법이 될 수 있다.

4. '뮤지컬의 창작과 공연에서 상업성이 예술성보다 더 우선되어야 한다'는 논제에 대해 찬성과 반대의 견해를 정하고 그 이유를 말해 보자.

찬성한다. 왜냐하면 뮤지컬의 소비자인 대중들에게 다가가려면 상업성이 있어야 하기 때문이다. 아무리 예술성이 높은 작품이라도 대중들이 보지 않는 작품은 큰 의미가 있기 어렵다. 따라서 뮤지컬의 창작과 공연에서 상업성이 예술성보다 많이 우선되어야 한다고 생각한다.

◈ 진로 이야기 ◈

1. 뮤지컬의 창작과 공연과 관련된 직업을 찾아 소개해 보자.

뮤지컬 배우, 뮤지컬 감독, 공연 기획가, 뮤지컬 마케터, 뮤지컬 의상 제작자, 음반 기획 제작자 등이다.

2. 뮤지컬 분야에서 유명하거나 나 자신이 멘토로 삼을 만한 인물을 찾아 소개해 보자.

레이 살롱가이다. 필리핀 출신 뮤지컬 배우로 미스 사이공의 킴의 역할을 맡아 아시아계 여성 최초로 토니상을 수상했다. 또한 이후에 레미제라블에서 에포닌과 판틴 역할을 맡기도 하였다.

[illegible] 에서 다루고 있는 사회 문제를 하나 선정해 보고, 나의 진로 분야와 관련하여 내가 공동체에 기여하고 싶은 일에 대해 정리해 보자.

레미제라블은 프랑스 혁명 당시 여성, 아이, 빈곤한 남성 등 소외된 사회 계층에 대한 문제를 표현하고 있다. 나는 법학과에 진학하여 판사가 되어 이러한 소외 계층들이 경제적으로나 법적으로 차별받지 않도록 공정한 법을 집행하는 법관이 되고 싶다.

4. 내가 좋아하는 문학 작품을 뮤지컬 작품으로 각색하여 공연한다고 할 때, 뮤지컬 제목과 간략한 내용을 적어 보자.

노인과 바다를 각색하여 공연한다고 할 때 '바다라는 광활한 인생의 우주 속에서 빛나는 노인의 인간적인 불꽃의 삶'이라는 뮤지컬 제목으로 노인이 바다 위에서 자연과의 조우와 인생의 깨달음을 얻는 과정을 강조하여 구체화하여 다루고 싶다.

5. 나의 학교생활기록부에 기록하고 싶은 내용을 적어 보자.

뮤지컬과 관련한 뮤지컬 인문학(송진완 한정아), 뮤지컬의 탄생(고희경), 뮤지컬 여행(홍정원), 밤새도록 뮤지컬(이수진)과 같은 독서 내용과 뮤지컬과 관련해 교내에서 뮤지컬 공연 프로젝트를 진행했었던 내용을 기록하고 싶다.

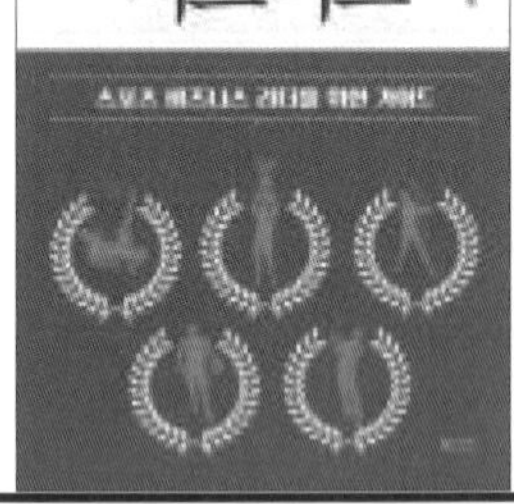

2. 성공하는 스포츠 비즈니스

도서정보	박성배 / 북카라반 / 2021년 / 300쪽 / 16,000원	
진로정보	예체능 - 스포츠 산업 전문가	
교과정보	스포츠 과학	[12스과01-01] 스포츠와 사회과학의 관계를 이해하고, 스포츠 현상을 분석한 심리·사회학적 이론을 탐구하며, 스포츠 사회과학 분야 진로를 설계한다.

도서소개 #어떤 책일까?

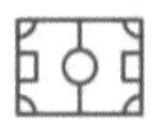

이 책의 저자는 미국에서 스포츠 경영학 교수로 활동한 후 국내에서 다양한 스포츠 정책과 집필 등을 꾸준히 진행해 온 스포츠 경영 분야 전문가이다. 이 책에는 이와 같은 저자의 다양한 경험과 전문성을 바탕으로 스포츠 선수의 재능과 가족, 훈련, 능력, 선발 과정과 방법 등은 물론 선수와 감독이나 구단주와 관련한 다양한 이야기, 그리고 스포츠 산업 분야에 대한 경제 이야기 등이 다양한 사례와 함께 구체적으로 설명되고 있다. 이 책을 통해서 스포츠 분야의 선수, 감독, 코치, 경영자 등의 진로를 고려하고 있는 학생들에게 스포츠와 관련한 일반적인 지식은 물론 스포츠 산업의 현재와 미래를 설계하는 데 많은 도움을 줄 수 있을 것이다.

진로탐색 #무엇을 더 볼까

관련매체 : 4차 산업혁명으로 진화하는 스포츠, YTN 사이언스
관련도서 : 『인공지능과 빅데이터로 읽는 미래 스포츠 이야기』 (천제민, 북크크)

진로토론 #무엇을 이야기해 볼까

1. 스포츠 베팅 금지법을 도입해야 한다
2. 스포츠 선수는 선천적으로 타고나는 것이다.
3. 스포츠 산업의 상업화는 문화적인 가치를 저해한다.
4. 빅테크 기업들의 스포츠 미디어 시장 침투를 제한해야 한다.
5. 현재의 스포츠 산업보다 e-스포츠 산업에 정부의 투자를 확대해야 한다.

진로활동 #무엇을 해 볼까

1. 스포츠 비즈니스와 관련한 미래 유망 직업을 3가지 소개해 보자.
2. 내가 사는 지역의 스포츠 구단에 대한 조사 보고서를 작성해 보자.

◈ 책 이야기 ◈

1. 이 책에 소개되는 다음의 키워드로 연상되는 인물을 선정해 보고 그와 관련된 이야기를 정리해 보자.

키워드	연상되는 인물	관련 이야기
셀럽 선수	샤킬 오닐	프로 선수 시절 쌓은 부를 바탕으로 성장성 높은 기업을 발굴하고 투자에 성공함.
슈퍼 자산가	마이클 조던	미국 프로농구 샬럿 호니츠의 구단주로 활동하고 있음.
월등한 유전자	이정후	이종범의 아들로 아버지를 뛰어넘는 실력을 통해 한국 프로야구의 대표급 선수로 성장함.
최고 명장	필 잭슨	NBA에서 가장 많은 우승 트로피를 받은 명장으로 유명함.

2. 이 책에서 소개되는 스포츠 관련 인물에 대해 정리하고, 인물과 관련된 추가 자료를 찾아 정리해 보세요.

스포츠 스타	책 소개 내용	추가 검색 자료
손흥민	아버지 손웅전을 통해 볼 트래핑, 슛, 패스 등 집중 훈련을 받았음. 특히 가상 상황을 만들어 적합한 슈팅 훈련을 받았음.	토트넘 핫스퍼 FC, 2021-2022 시즌 프리미어리그 득점왕, 국가대표 116경기 41골,
알렉스 퍼거슨	프리미어리그에서 맨유에서 26년 동안 13회 우승을 이끎. 감독으로 선임된 후 장기 계획을 실천해 명장이 됨.	1957년 퀸즈 파크 FC 입단 스털링 대학교 명예박사 스코틀랜드 출신
마리아 샤라포바	세계에서 가장 많은 수입을 올린 선수. 2016년 도핑테스트에서 금지 약물 복용 사실이 알려진 후 자격정지 받음.	러시아 출신이며 역대 여자 테니스 선수중 그랜드슬램을 달성한 10번째 주인공
마이클 펠프스	지금까지 올림픽에서 가장 많은 금메달을 획득한 선수. 수영 종목 중 세계에서 가장 영향력 있는 선수.	아버지는 경찰이며 어머니는 교장이었음. 7살 때 ADHD를 치료하기 위해 수영을 시작함.
신치용	제갈공명이라는 별명으로 삼성화재 감독으로 부임해 슈퍼리그 9연속 우승을 이끌었음.	배구 선수였으며 현재는 대전 삼성 블루팡스 프로배구단의 단장임.

◈ 질문하고 토론하고 ◈

* 영상자료를 통해 알게 된 내용들을 질문에 따라 정리해 보자.
* 주어진 질문 외 새로운 질문을 만들 수 있습니다.

[영상 자료]
스포츠 에이전트의 세계를 말하다
EBS비즈니스리뷰(2022.11.11.)

1. 위 자료를 보고 새롭게 알게 된 내용을 정리해 보자.

일정 기간 팀 에서 활약한 뒤에 자유 계약을 할 수 있는 제도를 FA 제도라고 함.
선수가 성과를 내기까지 걸리는 시간이 평균 8년이며 이를 기다리는 직업이 에이전트임.

2. 스포츠 에이전트로서 갖추어야 할 자질이나 소양을 정리해 보자.

선수나 팀의 계약과 협상 과정에서 의사소통과 협상 능력이 중요하며, 다양한 인물을 통해 선수에게 기회를 줄 수 있는 네트워크 능력이 있어야 함. 또한 스포츠 규정이나 법에 대한 이해 능력과 어려운 상황에서 최선을 다하는 근성과 인내심이 있어야 함.

3. 영상 자료의 마지막 부분에 추가로 하고 싶은 질문을 만들어 보자.

스포츠 에이전트로 존경하는 인물이 있다면 누구이며 왜 존경하나요?
스포츠 에이전트로 사회에 봉사하거나 기여 할 수 있는 일들은 무엇인가요?

4. 'E스포츠의 올림픽 종목을 확대해야 한다.'를 주제로 찬반 토론을 진행해 보자.

<찬성> 청소년을 중심으로 한 젊은 세대의 인기를 받고 있는 종목으로 올림픽에 젊은 세대들의 관심을 이끌 수 있을 것임. 물리적 스포츠와 다르게 전략과 실력이 필요한 게임으로 스포츠에 관한 다양한 경험을 제공할 수 있음.
<반대> 전통적인 스포츠 중심인 올림픽 종목에는 적합하지 않음. 나라별로 E스포츠 인프라에 차이가 있어 공정한 경쟁이 어려움.

◈ 진로 이야기 ◈

1. 이 책에 등장하는 스포츠 관련 직업을 정리해 보자.

스포츠 선수, 스포츠 감독, 스포츠 구단주, E-스포츠 선수, 스포츠 산업 데이터 과학자, 응용 통계학자, 스포츠 에이전트 등

2. 스포츠 선수나 감독 중에서 나의 진로 멘토로 삼을 만한 인물을 소개해 보자.

필 잭슨 : 구단의 우승 후에도 전략 약화를 극복하기 위하여 전 시즌과 다른 팀이라는 생각을 가지고 훈련하며 선수들에게 새로운 경험을 이끌기 위해 최선을 다함.

3. 나는 어떤 가치관과 비전을 지닌 스포츠인 되고 싶은지 적어 보자.

개인 선수들의 특성을 모두 잘 파악하고 팀 안에서의 유기적이고 단단한 팀워크와 선수간 신뢰를 통해 팀이 멋진 시너지를 낼 수 있는 교육과 환경을 구축하고, 항상 새롭게 노력하고 발전하는 팀이라는 철학을 실천할 수 있는 축구 선수 감독이 되고 싶음.

4. 미래 스포츠 에이전트가 되었다고 가정하고 특정 선수를 구단에 영입해야 하는 이유 정리해 보자.

프리미어 리그 맨체스터 유나이트디는 박지성 선수가 활약했던 클럽으로 한국인들에게 인지도가 높고 현재 윙어나 공격수 자원이 부족한 상황이기 때문에 손흥민 선수를 영입한다면 전략의 보강이나 팀의 홍보, 팀의 쇄신에도 큰 도움이 될 것이다.

5. 미래 나의 스포츠 진로를 소개하고, 이 진로와 관련해 내가 지닌 장점과 잠재력에 대해 발표해 보자.

축구 감독이 되고 싶다. 나는 축구 관련 책을 많이 읽어 축구의 변화하는 기술, 전략, 규칙 등을 잘 알고 있으며 사람들의 특성을 잘 파악하고 공동체가 하나의 목표와 비전을 위해 움직이도록 하는 리더십을 갖추고 있으며 상황에 대한 빠른 판단과 결단력이 있다는 평가를 받고 있다.

3. K-POP 케이팝 성공방정식

도서정보	김철우 / 21세기북스 / 2021년 / 252쪽 / 16,000원	
진로정보	예체능 - 대중가요 가수	
교과정보	음악과 미디어	[12음미01-04] 미디어가 음악 산업에 미치는 영향을 비판적으로 분석하고 균형적 시각을 갖는다.

도서소개 #어떤 책일까?

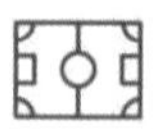

저자는 미국 뉴욕에서 특파원으로 일하며 K-POP의 발전 과정을 꾸준히 취재해 온 기자이다. 이 책은 미국의 현지에서 K팝의 관련 직업 종사자나 연예기획사 관계자, 전문가나 팬들의 실제적인 이야기를 구체적이고 상세하게 다루고 있다. 이 책은 1부에서 'K팝 세계로 나아가다'라는 제목으로 K팝이 가진 힘과 특징을 분석하고 2부에서는 'K팝의 성공방정식 10가지 해법'이라는 주제로 K팝이 더욱 성공하기 위한 10가지 전략을 구체적으로 소개하고 있다. 마지막 3부에서는 'K팝이 나아가야 할 방향'이라는 주제로 K팝의 실패와 리스크를 분석하여 이를 뛰어넘어 K팝이 K컬처로 나아가려는 방안을 제시하고 있다.

진로탐색 #무엇을 더 볼까

관련매체 : K팝의 인기는 언제까지 계속될까?
https://www.youtube.com/watch?v=fJITBoyQyUA
관련도서 : 『K컬처 트렌드 2024』 (정민아, 미다스북스)

진로토론 #무엇을 이야기해 볼까

1. K팝과 K컬처의 차이점은 무엇인가?
2. 현재의 K팝이 가진 문제점과 해결 방안은 무엇인가?
3. 대기업 중심의 K팝 시장을 개선해야 한다. (찬반토론)
4. K팝을 더욱 활성화하기 위해 AI 가수를 확대해야 한다. (찬반토론)
5. K컬처 시장 확대를 위해 정부의 경제적인 지원을 강화해야 한다. (찬반토론)

진로활동 #무엇을 해 볼까

1. 좋아하는 K팝 스타를 중심으로 세계 대중문화 시장 지도를 제작해 보자.
2. K팝이 전 세계적으로 흥행할 수 있었던 이유를 분석해 보고 이와 관련된 직업은 무엇이 있는지 정리해 보자.

4. 그림과 글이 만나는 예술 수업

도서정보	임지영 / 학교도서관저널 / 2022년 / 204쪽 / 18,000원	
진로정보	예체능 – 공연·전시 예술 관련 관리자	
교과정보	미술	[12미감01-02] 자신의 삶과 관련된 작가와 작품을 탐색하여 공감하고 진로와 연결할 수 있다

도서소개 #어떤 책일까?

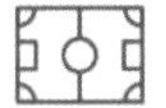

작가는 10년간 갤러리를 운영하며 사람들이 갤러리를 자주 찾지 않자, 예술 작품을 보고 글쓰기의 경험이 축적하며 예술교육자로서 예술 감성교육 전파에 앞장서고 있다. 이 책은 그런 작가의 경험과 노하우를 담고 있다. 누군가 음악회나 미술관 중 한 곳을 택하라고 하면 음악회를 선택하는 사람들이 더 많은 모습은 자주 볼 수 있다. 어쩌면 우리는 그동안 미술 작품을 마주할 용기를 갖지 못했던 것 아닐까? 작가가 제시하는 '예술에 다가가는 7가지 방법'을 숙지하며 단계별로 따라가다 보면 어느새 예술은 친숙한 삶이 되어있음을 느낄 수 있다. 또한 우리 삶에 예술을 끌어들임으로써 맛볼 수 있는 특별한 재미를 직접 체험할 기회를 이 책에서 잡아보길 바란다.

진로탐색 #무엇을 더 볼까

관련매체 : 예술감성교육 사이트 http://child.artwith.kr
사이버 미술관 사이트 http://www.cybermusee.com

관련도서 : 『예술가의 눈으로 세상을 바라보기』 (임상빈, 박영사)
『미술관을 좋아하게 될 당신에게』 (김진혁, 초록비책공방)

진로토론 #무엇을 이야기해 볼까

1. 예술은 인간의 삶을 변화시킬 수 있다.
2. 예술 작품을 감상할 때 작가의 의도를 먼저 알아야 한다.

진로활동 #무엇을 해 볼까

1. 이 책에서 다룬 예술 작품 중 1개를 선택해 자기 삶과 관련된 이야기를 해 보자.
2. 가장 가까운 갤러리나 미술 전시회를 관람해 보고 소감을 나눠 보자. 이때 내 집에 걸어두고 싶은 작품 하나를 정하고 그 이유를 말해 보자.
3. 내가 머무는 일상의 공간에서 발견한 장면을 사진으로 찍고 제목을 정한 후 자기만의 글을 써 보자. (3분 응시, 15분 기록)

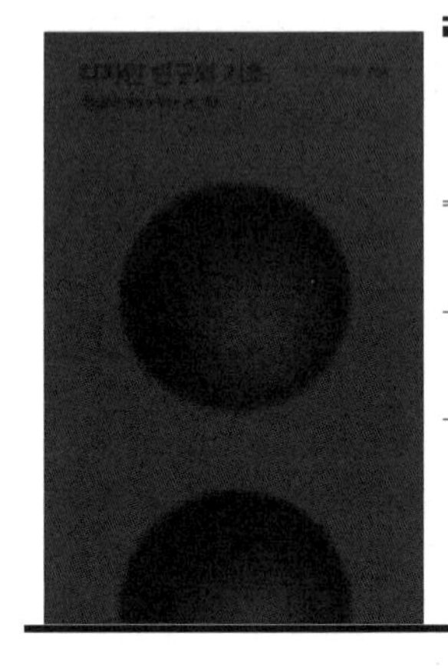

5. 디자인 연구의 기초

도서정보	최범 / 안그라픽스 / 2022년 / 192쪽 / 16,000원	
진로정보	예체능 - 디자인 계열 교수	
교과정보	미술 창작	[12미창01-04] 주제에 적합한 표현 매체와 방법을 선정하고 몰입하여 작품을 창작할 수 있다.

도서소개 #어떤 책일까?

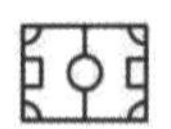

디자인 연구에서 가장 기초가 되는 개념어 10가지와 텍스 10가지를 소개하고 있는 책이다. 1장에서는 디자인 연구를 위한 개념어로 디자인 의미, 생산, 방법, 연구, 문화, 산업, 정책, 진흥, 비평, 역사에 대해서 다루고 있으며 2장에서는 한국의 디자인 텍스트로 1장에서 소개한 개념어가 실제 한국 디자인에서 어떻게 사용되고 있는지를 보여주고 있다. 디자인 연구를 처음 접하는 청소년들이 디자인에 대한 기본 개념을 올바르게 쌓고, 우리나라 디자인의 실태를 분석할 수 있도록 도와 줄 수 있는 기본 개념서로 추천한다.

진로탐색 #무엇을 더 볼까

관련매체 : 디자인 노멀은 어떻게 만들어지는가?
https://www.youtube.com/watch?v=ofR6tjShncI
관련도서 : 『디자인, 이렇게 하면 되나요?』 (오자와 하야토, 제이펍)

진로토론 #무엇을 이야기해 볼까

1. 일상생활에서 디자인이 활용되는 분야는 무엇이 있을까?
2. 한국 사회에서 디자인이 삶의 문화로 자리 잡을 수 있을까?
3. 디자인이 디자인 산업 이외에서 어떤 가치를 지니고 있을까?
4. 대학 과정에서 디자인 이론 기초 교육을 강화해야 한다. (찬반토론)
5. 디자인 분야에서 이론 연구보다는 실제적인 결과물 산출이 중요하다. (찬반토론)

진로활동 #무엇을 해 볼까

1. 나의 진로 분야와 관련하여 디자인의 개념을 활용해 새롭게 용어를 만들어 보고 그 용어가 갖는 의미를 정리해 보자.
2. 이 책에서 언급한 디자인 의미를 가장 잘 담고 있는 디자인 사례를 소개하는 기사글을 작성해 보자.

6. 만화의 이해

도서정보	스콧 맥클라우드(김낙호) / 비즈앤비즈 / 2008년 / 256쪽 / 19,000원	
진로정보	예체능 - 만화가	
교과정보	미술 창작	[12미창01-02] 창의적 발상 방법을 알고 아이디어를 시각화할 수 있다.

도서소개 #어떤 책일까?

저자는 미국 보스턴에서 태어나 실험적인 만화 시리즈로 주목받은 만화가이자 강연자이다. 저자는 다양한 만화 창작 경험을 바탕으로 만화란 무엇인가에 대해 독자가 알기 쉽게 설명하는 한편 만화에 대한 이론을 다양한 만화와 글로 쉽게 풀어 설명하고 있다. 만화라는 매체 자체가 가진 특징을 설명하고 있는 보기 드문 책이기도 하다. 특히 만화가뿐만 아니라 이야기를 다양한 이미지와 글로 풀어가는 시나리오 작가나 방송 작가를 준비하는 청소년들이 그림과 글을 통해 흥미 있게 스토리를 풀어가는 방법을 익히는 데 유익한 책이다.

진로탐색 #무엇을 더 볼까

관련매체 : 웹툰 작가가 되기까지 / YTN 사이언스
https://www.youtube.com/watch?v=t5hukzP6_Rg
관련도서 : 『웹툰 스쿨』(홍난지, 시공아트)

진로토론 #무엇을 이야기해 볼까

1. 인기 있는 만화가가 되는 데 필요한 재능이나 소양이 무엇인지 말해 보자.
2. 웹툰에서 내용이나 장르가 획일화되는 문제의 해결 방법을 토론해 보자.
3. 웹툰의 교육적 활용 방안에 대해 토의해 보자.
4. 대기업 중심의 웹툰 시장을 다양화 할 방법에 대해 토의해 보자.
5. 웹툰 지망생들의 불공정 계약 문제를 정부가 나서 해결해야 한다.

진로활동 #무엇을 해 볼까

1. 만화나 웹툰에 대해 사람들이 가지고 있는 편견에 대해 설문조사를 해 보자.
2. 예술성, 경제성, 교육성 등의 요건을 갖춘 웹툰 작품을 조사하여 웹툰 추천 목록을 만들어 보자.

7. 문화콘텐츠 스토리텔링

도서정보	정창권 / 북코리아 / 2022년 / 240쪽 / 14,000원	
진로정보	예체능 - 문화, 예술, 스포츠 전문가 및 관련직	
교과정보	매체 의사소통	[12매의01-03] 영화, 게임, 웹툰 등의 매체 자료가 현실을 재현하는 방식을 분석하며 생산자의 의도나 관점을 파악한다.

도서소개 #어떤 책일까?

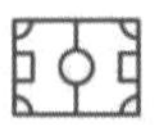

문화콘텐츠는 콘텐츠를 담은 그릇이자 다양하게 활용하는 도구들, 예컨대 출판이나 만화, 방송, 영화, 게임, 캐릭터 등 문화와 관련된 각종 매체를 말한다. 인터넷의 발달로 문화콘텐츠 산업이 우리 사회에 커다랗게 자리 잡으며 많은 초중고생이 유튜버를 하겠다고 난리를 치기도 했고, 지금까지도 크리에이터를 꿈꾸며 다양한 콘텐츠를 찾고 있다. 이러한 때에 스토리텔링은 이야기와 그것을 담아내는 매체의 특성까지 포함하는 매우 포괄적인 개념이 등장해 다양한 콘텐츠에 살을 붙여 엔터테인먼트 스토리텔링이 문화콘텐츠의 큰 비중을 차지하게 되었다. 이렇게 되자 이야기 창작에 관한 관심이 높아져 문해력을 논하게 되었고, 독서를 통해 간접경험을 하며 다양한 매체를 공부하려고 한다.

진로탐색 #무엇을 더 볼까

관련매체 : 스토리텔링기술 https://youtu.be/EAvQbVkVSZ0?feature=shared

관련도서 : 『이토록 간결한 글쓰기』 (토드 로저스, 한빛비즈)

진로토론 #무엇을 이야기해 볼까

1. 나도 작가가 될 수 있을까?
2. 나의 문해력은 얼마나 될까?
3. 나의 소통 능력은 어느 정도일까?
4. 나는 사람들의 생각을 얼마나 잘 이해하고 있을까?
5. 유튜버는 직업이 아니다. (찬반토론)

진로활동 #무엇을 해볼 까

1. 나의 진로 관련 네 컷 만화를 그려보자
2. 나의 진로를 응원하는 광고 문구를 만들어 보자
3. 학교를 홍보하는 콘티를 작성해 보자

8. 방구석 미술관

도서정보	조원재 / 블랙피쉬 / 2022년 / 768쪽 / 35,000원	
진로정보	예체능 - 큐레이터	
교과정보	미술 감상과 비평	[12미감01-02] 자신의 삶과 관련된 작가와 작품을 탐색하여 공감하고 진로와 연결할 수 있다.

도서소개 #어떤 책일까?

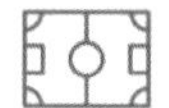

저자는 유럽 전역을 돌며 미술관을 직접 순례한 경험을 바탕으로 2016년부터 팟캐스트 '방구석 미술관'을 시작하여 예술 작품과 인간의 삶에 대해 꾸준히 소통하고 있다. 이러한 경험을 바탕으로 24명의 화가의 삶과 예술의 이야기를 독자에게 친근한 대화체의 어조로 전하고 있다. 특히 그동안 독자들이 잘 알지 못했던 예술가들의 구체적인 삶과 그림에 얽힌 이야기들을 친근한 말투로 들려주고 있다. 이 책에 소개된 24명의 화가의 이야기를 주의 깊게 들여다보다 보면 삶과 사회에 대해 치열하게 고민한 화가의 관점에서 각각의 미술 작품의 갖는 의미를 파악하는 역량이 넓어지는 것은 물론 자신에게 주어진 삶과 공동체의 문제를 바라보는 관점과 생각의 크기도 커지게 될 것이다.

진로탐색 #무엇을 더 볼까

관련매체 : 어쩌다 어린 사피엔스 만만한 미술이야기 조원재
https://www.youtube.com/watch?v=E6ZD3ftbXt4
관련도서 : 『내가 사랑한 화가들』(정우철, 나무의 철학)

진로토론 #무엇을 이야기해 볼까

1. 미술관과 관련한 직업이나 직종을 말해 보자.
2. 미술 창작에서의 모방을 어디까지 인정해야 할까?
3. 미술대학 입시 평가에서 실기보다 내신 성적의 비중을 높여야 한다. (찬반토론)
4. 시대의 변화와 관계없이 미술 작품의 평가하는 객관적인 기준은 존재한다. (찬반토론)
5. 인공지능이 그린 그림을 예술로 인정해야 한다. (찬반토론)

진로활동 #무엇을 해 볼까

1. 위 책에 나온 화가의 그림을 대상으로 우리 학교에서 미술 전시회를 개최한다고 할 때 전시회의 주제와 전시 그림, 전시 활동을 구체적으로 기획해 보자.
2. 나의 진로와 관련해 가장 큰 영향을 미친 화가와 그림, 이유를 정리해 보자.

9. 스토리 클래식

도서정보	오수현 / 블랙피쉬 / 2022년 / 336쪽 / 16,500원	
진로정보	예체능 - 음악평론가	
교과정보	음악 감상과 비평	[12감비02-01] 사회 · 문화 · 시대적 의미, 음악적 특징, 맥락 등의 관점에서 음악을 듣고 비평한다.

도서소개 #어떤 책일까?

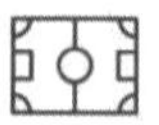

저자는 서울대 작곡과를 졸업하고 현재는 신문사에서 기자로 생활하고 있다. '음대 출신 신문 기자'라는 경험을 통해 어렵게 느껴지는 클래식을 쉽고 재미있게 전달하는 재능을 갖추고 있다. 이 책에는 하이든, 모차르트, 베토벤, 멘델스존, 쇼팽, 슈만, 리스트, 바그너, 브람스, 차이콥스키, 푸치니, 말러, 드뷔시, 사티, 라흐마니노프에 관한 이야기가 재미있고 친근하게 소개되고 있다. 예를 들어 베토벤은 '35년간 무려 60번 넘게 이사 다닌 삶'으로 말러는 '지휘하다가 결혼식 올리고 돌아온 워커홀릭' 등으로 작가의 삶과 예술 세계의 특징을 스토리와 시각 자료를 통해 재치있게 제시해 클래식에 관한 독자의 지식을 넓혀주고 있다.

진로탐색 #무엇을 더 볼까

관련매체 : 클래식 음악 속 당신이 몰랐던 33가지 진실
https://www.youtube.com/watch?v=ghDo4BmNV_w

관련도서 : 『클래식 음악 수업』 (김준희, 사람in)

진로토론 #무엇을 이야기해 볼까

1. 클래식 음악을 대중들이 쉽게 접하는 방법은 어떤 것들이 있을까?
2. 클래식 음악 연주자가 갖추어야 할 소양은 무엇이 있을까?
3. 클래식 음악 활성화를 위해 융합이나 협력이 필요한 분야는 무엇이 있을까?
4. 지역에 클래식 음악 공연장을 확대해야 한다. (찬반토론)
5. 학교 음악 수업에서 클래식 음악의 이해와 감상 비중을 확대해야 한다. (찬반토론)

진로활동 #무엇을 해 볼까

1. 이 책에서 소개되는 클래식 작곡가 이외에 추가하고 싶은 작가를 선정하여 작가에 해당하는 스토리를 작성해 보자.
2. 우리나라의 클래식 대표 작곡가를 선정하고 짧은 소개 문구를 작성해 보자.

10. 스포츠 분야 진로 탐색서

도서정보	김미향 외/ DH미디어 / 2021년 / 288쪽 / 22,000원	
진로정보	예체능 - 스포츠산업학과 교수	
교과정보	스포츠 문화	[12스문02-02] 스포츠 경기 문화의 구성 체계 및 방법에 따라 스포츠 대회를 기획하고 운영하며, 스포츠 경기 문화 분야 진로를 설계한다.

도서소개 #어떤 책일까?

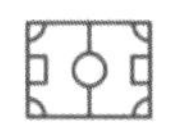

스포츠 분야의 진로를 희망하는 고등학생들이 선택하는 일반적인 진로는 스포츠 선수, 스포츠 에이전트, 스포츠 팀 닥터 등 일부이다. 이 책은 스포츠 분야에 대한 대학 전공에 대한 소개나 관련 직업 등을 여가레크레이션, 스포츠사회학, 스포츠운동심리학, 스포츠생리학, 스포츠산업, 체육측정평가와 스포츠 빅데이터, 스포츠시설, 스포츠와 국제 관계, 운동역학, 스포츠 법이라는 10개의 큰 분야로 나누어 소개하고 있다. 특히 스포츠의 각 분야에 관한 신문 기사, 논문, 유튜브 영상 등 다양한 자료를 제공하여 각 분야에 대한 이해를 넓히고 진로를 구체화할 수 있는 정보를 제공하고 있다.

진로탐색 #무엇을 더 볼까

관련매체 : 대한체육회 선수진로교육:스포츠분야 직업의 세계(고등학생 5편)
https://www.youtube.com/watch?v=ttZKjd2v5lc
관련도서 : 『스포츠피디아』 (애덤 스키너, 보림)

진로토론 #무엇을 이야기해 볼까

1. 스포츠를 통해 행복한 여가를 설계하는 방법에 대해 말해 보자.
2. 스포츠 선수들의 멘탈을 관리하는 직업에는 어떤 것이 있을까?
3. 국제 대회 이후 시설을 효과적으로 활용할 수 있는 방안은 무엇일까?
4. 스포츠 산업을 육성하여 지역 경제를 활성화할 방안은 무엇일까?
5. 학교에서 스포츠 클럽 활동 시간을 현재보다 확대해야 한다. (찬반토론)

진로활동 #무엇을 해 볼까

1. 스포츠 외교를 통해 국제 관계에 긍정적인 영향을 미친 사례를 조사해 보자.
2. 스포츠 분야에서 빅데이터를 활용하여 스포츠의 문제를 개선하거나 해결할 수 있는 사례를 제시해 보자.

II. 스포츠도 인공지능이다

도서정보	김명락 / 미문사 / 2021년 / 268쪽 / 15,000원	
진로정보	예체능 - 스포츠 선수	
교과정보	스포츠 문화	[12스문02-03] 스포츠 경기 문화의 가치를 이해하고, 스포츠 경기 문화를 다양한 분야와 접목한다.

도서소개 #어떤 책일까?

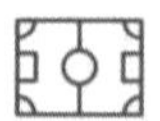

저자는 서울대 원자핵공학과에 진학해 인공지능을 활용한 핵융합 장치 제어 연수를 수행하고 인공지능 회사를 창업하는 한편 인공지능과 금융, 인공지능과 스포츠에 대해 유명 대학에서 강의하는 인공지능 전문가이다. 이 책은 인공지능을 활용되고 있는 스포츠 분야를 소개하는 한편 인공지능을 활용한 미래의 스포츠 분야에 대한 다양한 아이디어를 제시하고 있다. 스포츠 선수나 스포츠를 취미로 하는 사람에게 인공지능이 어떻게 활용될 수 있는지, 스포츠팀을 운영할 인공지능이 활용되는 방법, 스포츠 팬에게 제공되는 인공지능 활용 기술 등 스포츠를 중심으로 미래의 기술인 인공지능을 지혜롭게 활용하는 방법에 대해 깊이 있게 생각해 볼 수 있는 기회를 제공하는 책이다.

진로탐색 #무엇을 더 볼까

관련매체 : 인공지능, 스포츠에 어떻게 접목시킬까?
https://www.youtube.com/watch?v=_QP-zNqfNwo
관련도서 : 『놀이로 배우는 인공지능』(곽소아 외, 제이펍)

진로토론 #무엇을 이야기해 볼까

1. 스포츠가 직업인 운동선수에게 인공지능이 어떻게 도움이 될 수 있을까?
2. 스포츠를 취미로 즐기는 사람에게 인공지능이 어떻게 도움이 될 수 있을까?
3. 스포츠 팀 운영 주체에게 인공지능이 어떻게 도움이 될 수 있을까?
4. 스포츠 심판을 인공지능으로 대체해야 한다. (찬반토론)
5. 스포츠와 개인 빅데이터 분석을 통해 학생 진로를 선택해야 한다. (찬반토론)

진로활동 #무엇을 해 볼까

1. 스포츠 분야에서 인공지능을 활용하여 혁신적인 성과를 남긴 사례를 조사해 보자.
2. 스포츠 분야에서 인공지능을 활용할 때 유의할 점을 정리해 보자.

12. 쓸모 있는 음악책

도서정보	마르쿠스 헨리크(강희진) / 웨일북 / 2022년 / 280쪽 / 16,000원	
진로정보	예체능 - 음악 치료 전문가	
교과정보	음악과 미디어	[12음미02-03] 미디어를 활용하여 다양한 분야와 연계·융합한 창의적인 음악 작품을 기획한다.

도서소개 #어떤 책일까?

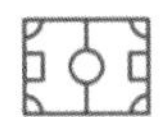

저자는 미디어와 대중음악, 철학 등을 전공하고 각종 매체에서 음악이 삶과 사회에 미치는 영향에 대해 알리온 음악 전문가이다. 이 책은 '음악은 우리에게 어떤 영향을 미칠까?'라는 근원적인 물음에 대해 지능, 성취, 심리, 철학, 건강의 측면에서 음악의 쓸모에 대해 답하고 있다. 또한 진화와 음악의 상관관계나 음악이 감정을 불러일으키는 방식, 음악을 통해 나를 변화시키는 방법, 사회 철학 경제 분야에서 음악을 이용하는 방식, 언제 어디서든 음악을 들어야 하는 이유에 관해 다양한 사례와 자료를 바탕으로 논리적이고 명쾌하고 설명하고 있다. 음악이 인간과 사회에 어떤 유용성이 있는지, 이러한 음악을 우리는 어떻게 활용해야지에 대해 깊이 있는 배움을 얻을 수 있는 책으로 추천한다.

진로탐색 #무엇을 더 볼까

관련매체 : 음악으로 본 심리학의 재발견(YTN사이언스)
https://www.youtube.com/watch?v=Lc7o5djgdh0

관련도서 : 『클래식으로 전쟁을 멈춘다면』 (최민아, 다른)

진로토론 #무엇을 이야기해 볼까

1. 음악은 인간의 지능에 어떠한 영향을 미치는가?
2. 인간의 심리와 관련하여 음악이 활용되는 사례는 무엇이 있는가?
3. 음악은 스트레스 관리에 도움을 준다. (찬반토론)
4. 음악의 감정적 영향은 개인에 따라 달라진다. (찬반토론)
5. 공부할 때 음악을 들으면 학습 능력을 향상할 수 있다. (찬반토론)

진로활동 #무엇을 해 볼까

1. 병원이나 보호 시설의 환자를 대상으로 음악 치료를 위한 음악 목록을 작성해 보자.
2. 친구들에게 평소 공부나 휴식 중에 듣는 음악은 무엇인지 설문 조사해 보자.

13. 아트 인문학 틀 밖에서 생각하는 법

도서정보	김태진 / 카시오페아 / 2021년 / 416쪽 / 23,000원	
진로정보	예체능 - 미술과 교수	
교과정보	미술 감상과 비평	[12미감02-02] 다양한 미술 비평 방법을 이해하고 활용하여 작품을 해석하고 평가할 수 있다.

도서소개 #어떤 책일까?

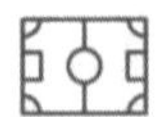

이 책은 20세기 예술을 혁신한 25개의 현대미술의 결정적 순간들을 소개하고 있다. '1부 미술 홈에서 빠져나온다', '2부 미술 드넓은 세상에 펼쳐지다'로 구성되어 있으며 당대의 고정관념을 뒤엎고, 새로운 방향의 예술과 삶의 방식을 제시해 왔던 '현대미술'의 창의적인 발상에 관해서 서술하고 있다. '공간의 붕괴, 지각의 해체, 권위 너머로, 형식 너머로, 물질 너머로'라는 5가지 부제로 세잔, 마티스, 폴록, 워홀, 뒤샹, 백남준 등의 미술 세계를 소개하고 있다. 특히 '자기만의 미술'을 통해 새로운 시대를 열어간 미술가들의 작품을 다양한 작품 사진과 작품 지도로 알기 쉽게 전달하고 있는 것이 특징이다.

진로탐색 #무엇을 더 볼까

관련매체 : 아트인문학 틀 밖에서 생각하는 법_김태진 카시오페아 책 프리뷰
https://www.youtube.com/watch?v=r-ftt9R75L8
관련도서 : 『아트 인문학 보이지 않는 것을 보는 법』 (김태진, 카시오페아)

진로토론 #무엇을 이야기해 볼까

1. 현대미술에 숨겨져 있는 고정관념들의 사례는 무엇이 있을까?
2. 현대미술에서 가장 큰 혁신과 창조를 보여준 미술가는 누구인가?
3. 예술가들에게 가장 필요한 역량은 창의성이다. (찬반토론)
4. 예술성을 판단하는 기준을 객관적인 지표로 구체화할 수 있다. (찬반토론)
5. 미술에서의 혁신은 기존 미술을 거부하는 것에서 시작해야 한다. (찬반토론)

진로활동 #무엇을 해 볼까

1. 예술적인 통찰력을 활용해 세계적인 기업 성장한 기업의 사례를 조사해 보자.
2. 현재 미술 분야에서 인공지능 기술을 활용해 혁신과 창조를 실현하고 있는 사례는 무엇이 있을지 정리하여 발표해 보자.

14. 예술이 필요한 시간

도서정보	이세영 / 마로니에북스 / 2022년 / 280쪽 / 18,000원	
진로정보	예체능 – 전시 디자이너	
교과정보	미술과 매체	[12미매02-03] 작품의 정교한 표현과 보존 방법을 이해하고 다양한 매체로 표현한 작품을 전시할 수 있다.

도서소개 #어떤 책일까?

저자는 건축을 전공하고 큐레이터와 전시 디자이너로서 해외의 유명한 걸작전을 담당한 경험을 바탕으로 이 책을 통해 전시 디자이너로서의 일과 이야기를 생생하게 전달하고 있다. 특히 전시 디자이너의 일을 시작하게 된 이유와 자신이 원하는 직업인지에 대한 진지한 성찰을 통해 전시 디자이너의 직업을 희망하는 사람들에게 공감과 위로, 용기를 전하고 있다. 이 책에는 저자가 경험한 다양한 미술관에서 경험들, 전시 디자이너로서 일하면서 배우고 느낀 점, 일을 통해 느끼는 행복과 즐거움, 그리고 현재와 미래에 대한 믿음 등의 이야기들이 진솔하게 담겨있어 전시 디자이너를 꿈꾸는 청소년들에게 추천한다.

진로탐색 #무엇을 더 볼까

관련매체 : 아무튼 출근 1. 전시 디자이너
https://www.youtube.com/watch?v=Ih9imeCRP04
관련도서 : 『한번쯤, 큐레이터』 (정명희, 사회평론아카데미)

진로토론 #무엇을 이야기해 볼까

1. 전시 디자이너가 갖추어야 할 재능이나 소양이 무엇인지 말해 보자.
2. 인공지능을 전시 공가나 디자인에 활용할 수 있는 방안에 대해 토의해 보자.
3. 저명한 예술 전시회의 입장료 가격을 인하해야 한다. (찬반토론)
4. 전시 디자인도 창의적인 예술의 영역으로 인정해 주어야 한다. (찬반토론)
5. 전시회를 계획하고 운영할 때 예술성보다 대중성을 더 중요시해야 한다. (찬반토론)

진로활동 #무엇을 해 볼까

1. 우리 지역에 미술관이나 박물관에서 진행되고 있는 전시회에 대해 조사 보고서를 작성해 보자.
2. 내가 진행하고 싶은 전시 프로젝트 계획서를 구체적으로 작성해 보자.

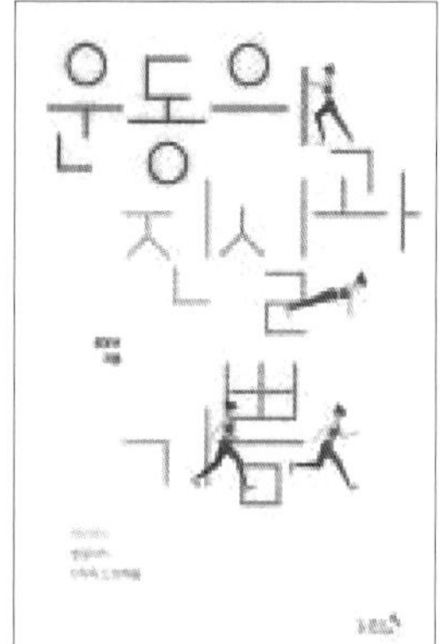

15. 운동의 진실과 기쁨

도서정보	강윤규 / 리즈앤북 / 2023년 / 196쪽 / 17,000원	
진로정보	예체능 - 운동처방사	
교과정보	운동과 건강	[12운건01-02] 일일, 주간, 월간 건강 운동 프로그램을 계획하고 자기 주도적으로 실천하여 건강을 관리하고, 건강 관련 분야 진로를 설계한다.

도서소개 #어떤 책일까?

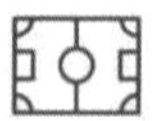

저자는 의과대학을 졸업하고 의교대학 교수를 거쳐 국립재활원장으로 일하고 있다. 특히 대한재활의학회 이사장, 대학임상통증학회 회장 등으로 일한 경험을 바탕으로 머리부터 발끝까지 11가지 스트레칭의 방법을 이 책을 통해 소개하고 있다. 특히 운동은 누구나 마음만 먹으로 쉽게 할 수 있으며 가볍게 꾸준히 운동하며 근육과 뇌에 얇은 기억으로 쌓인다고 언급하며 재활 운동의 중요성을 언급하고 있다. 이 책은 1장에서 '운동이란 무엇인가'에 대해 알아보고, 2장에서 걷기, 스트레칭, 호흡, 근력 운동 등의 '거의 모든 사람을 위한 운동'에 대해 소개한다. 마지막 3장에서 재활 의학과 생활 의학에 대해 말하며 운동 처방과 운동의 부작용에 대해서도 알기 쉽게 설명해 주고 있다.

진로탐색 #무엇을 더 볼까

관련매체 : 아직도 운동처방사를 모르시나요?
https://www.youtube.com/watch?v=JpWIMOv7yrw

관련도서 : 『스포츠가 좋다면 이런 직업!』 (스티브 마틴, 한솔수북)

진로토론 #무엇을 이야기해 볼까

1. 건강한 운동과 과도한 운동의 차이점은 무엇인가?
2. 가벼운 운동과 고강도 운동 중 어떤 것이 효과적인가?
3. 규칙적인 운동은 모든 사람에게 필요하다. (찬반토론)
4. 어린이에게도 전문적인 스포츠 트레이닝이 필요하다. (찬반토론)
5. 스포츠 재활에서 개인화된 치료가 표준화된 치료보다 효과적이다. (찬반토론)

진로활동 #무엇을 해 볼까

1. 우리 학교 학생들에게 필요한 맞춤형 체력 프로그램은 무엇인지 정리해 보자.
2. 체육 교육에서 활용할 수 있는 디지털 기술에는 무엇이 있을지 발표해 보자.

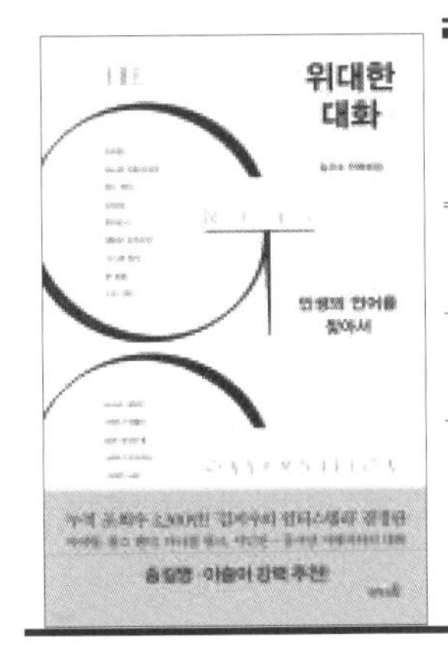

16. 위대한 대화

도서정보	김지수 / 생각의힘 / 2023년 / 384쪽 / 17,000원	
진로정보	예체능 – 디자이너	
교과정보	미술	[12미03-02] 비평 방법을 활용하여 미술과 시대, 사회, 환경과의 상호 관련성을 분석하고 가치를 판단할 수 있다.

도서소개 #어떤 책일까?

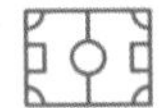

저자가 문화전문 기자로의 활동 경험을 바탕으로 여러 분야의 세계적인 전문가들을 인터뷰한 글을 생생하게 담고 있는 책이다. 작가, 문학 평론가, 변호사, 패션 디자이너, 생물학자, 미래학자, 심리학 교수, 저널리스트, 의사 등 저명한 인물들을 직접 혹은 이메일 등을 통해 철학적이면서도 전문적인 질문을 독자들이 이해하기 쉬운 어조와 필체로 담고 있어 청소년들이 자신의 진로나 교양 독서로 많은 도움을 받을 수 있는 책이다. 특히 예술 분야에서는 패션 디자이너 장명숙(밀라논나), 디자이너 미나라와 아키라, 작가 파스칼 브뤼크네르, 도리스 메르틴, 수전 케인 등의 삶과 철학 등을 진지하고 유쾌한 대화체로 담고 있어 청소년들이 해당 진로를 이해하고 설계하는 데 유익한 도움을 줄 것이다.

진로탐색 #무엇을 더 볼까

관련매체 : 북토크 위대한 대화:인생의 언어를 찾아서
https://www.youtube.com/watch?v=UMWilQfYIJo
관련도서 : 『이어령의 마지막 수업』 (김지수, 열림원)

진로토론 #무엇을 이야기해 볼까

1. 디자이너에게 실패란 어떤 의미일까요?
2. 디자인 진로 분야에서 전혀 모르는 일에 마주할 때는 어떻게 해야 할까?
3. 패션 디자인 분야에서 모방의 문제를 해결하는 방법은 무엇이 있을까?
4. 패션 디자이너에게 가장 필요한 것은 재능이다. (찬반토론)
5. 디자이너의 역량을 키우기 위해 해외 유학을 반드시 다녀와야 한다. (찬반토론)

진로활동 #무엇을 해 볼까

1. 디자이너에게 의사소통 능력이 필요한 이유에 대해 말해 보자.
2. 패션 디자이너를 꿈꾸는 사람들에게 옷이란 어떤 의미일지 마인드맵으로 표현해 보자.
3. 디자인 분야와 관련한 유명 인물을 선정하고 인터뷰 기사를 작성해 보자.

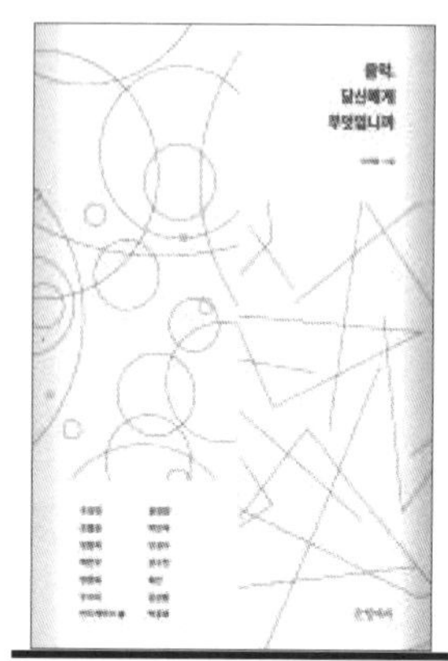

17. 음악, 당신에게 무엇입니까

도서정보	이지영 / 글항아리 / 2021년 / 410쪽 / 19,800원	
진로정보	예체능 - 음악가	
교과정보	음악	[12연창01-03] 음악에 대한 개인적 · 사회적 윤리의식을 갖추고 다양한 표현을 담아 공연을 구상하거나 발전시킨다.

도서소개 #어떤 책일까?

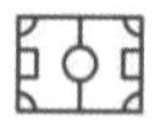

시간에 온전히 매달려서 얻어낸 소리들

클래식 아티스트들의 콘서트와 음반 녹음은 '순간의 예술'이다. 즉 그때 그 공간에서만 들을 수 있는 음악의 해석과 기량이 있기에 애호가들은 콘서트홀을 찾고, 아티스트들은 리코딩을 남긴다. 하지만 그 '순간'은 헤아릴 수 없는 시간이 만들어낸 환상적인 절정일 뿐이다. 놀랍게도 이 책에서 인터뷰한 인물들이 공통적으로 말하는 것은 음악은 '시간을 쌓는 일'이라는 점이다.이 책 『음악, 당신에게 무엇입니까』는 7명의 클래식 음악인과 7명의 또 다른 음악 관련 인물들의 음악론을 담고 있다. 모두 정식으로 한 인터뷰뿐 아니라 다년간 무대 뒤에서 이야기를 이어감으로써 오랜 시간에 걸친 대화를 압축해서 펼쳐냈다는 점에서 매우 귀한 기록이라 할 수 있다. 또한 이들 아티스트의 목소리를 책 한권으로 읽을 수 있는 일은 독자들에게 드문 기회가 될 것이다.

진로탐색 #무엇을 더 볼까

관련매체 : [다큐S프라임] - 당신에게 음악은 무엇인가요 1부 / YTN DMB

진로토론 #무엇을 이야기해 볼까

1. 바이올리니스트 정경화는 실력을 쌓는 것은 오직 '들인 시간'이 얼마인가에 달려 있다고 말한다. 과연 우리는 그토록 정성과 시간을 들여쌓고 있는 실력은 무엇이 있는가?
2. 천재적인 음악 대가들에게 음악은 과연 무엇이었을까? 여러분에게 공부란 과연 무엇인가?

진로활동 #무엇을 해 볼까

1. 책에서 소개된 인물 중 한 명을 골라 인터뷰하려고 합니다. 무엇을 질문할지 내용을 적어 보고 직접 친구들과 모의 인터뷰를 해 보자.
2. 시간을 쌓아 올려 얻은 당신만의 무엇인가가 있다면 그것이 무엇인지 적어 보고 노력한 그 경험을 통해 얻은 점을 이야기해 보자.

18. 인공지능 융합 수업 가이드

도서정보	오한나 / 다빈치books / 2023년 / 272쪽 / 22,000원	
진로정보	예체능 - 음악 교사	
교과정보	음악 연주와 창작	[12연창02-04] 다양한 영역과 융합하고 협업하는 연주・창작 활동을 통해 서로 포용하는 태도를 갖는다.

도서소개 #어떤 책일까?

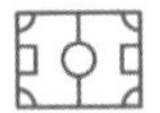

저자는 구글 공인 코치이며 중학교 음악 교사이다. 저자는 구글 도구나 인공지능, 에듀테크를 활용하여 학생들이 즐겁게 참여할 수 있는 음악 수업을 설계하고 진행하는 과정을 알기 쉽게 이 책을 통해 소개하고 있다. 특히 개정 교육과정과 인공지능을 활용한 디지털 교과서 도입에 따라 음악 교육에서 배우는 작곡, 음악, 국악 수업 등에 인공지능을 활용하여 학생 주도적인 수업을 진행할 수 있는 방향을 제시하고 있다. 이 책은 'AI로 똑똑한 음악 수업', '에듀테크로 풍성한 음악 수업', '구글로 신나는 음악 수업'의 3부로 구성되어 있으며 챗GPT, 아이바, 송메이커, 아르페지오, 캔바 등의 다양한 인공지능 프로그램과 앱을 활용해 인공지능 융합 음악 수업을 진행할 수 있는 방법을 친절히 소개하고 있다.

진로탐색 #무엇을 더 볼까

관련매체 : AI를 활용한 작곡 수업 사례
https://www.youtube.com/watch?v=AHtxR6WQYuA

관련도서 : 『우리 아이 첫 음악 수업』 (이준권, 지노)

진로토론 #무엇을 이야기해 볼까

1. 음악 교육에서 활용할 수 있는 인공지능 앱과 프로그램은 무엇이 있을까?
2. AI을 통한 작곡에 대한 저작권을 인정해야 한다. (찬반토론)
3. 미래에는 음악 교사를 인공지능이 대체해야 한다. (찬반토론)
4. 인공지능 융합 수업을 위해 음악교사는 인공지능 이해 능력이 가장 중요하다. (찬반토론)
5. 인공지능을 활용한 음악 수업이 학생들의 음악 역량을 높이는 데 효과적이다. (찬반토론)

진로활동 #무엇을 해 볼까

1. 생성형 AI(챗GPT)를 활용하여 음악 교사가 갖추어야 할 가장 중요한 소양을 찾아 보고 친구들과 토의하여 3가지를 우선순위에 맞게 정리해 보자.
2. 인공지능 융합 음악 수업을 위해 음악 교사가 갖추어야 할 자질을 정리해 보자.

19. 인공지능이 스포츠 심판이라면

도서정보	스포츠문화연구소 / 다른 / 2020년 / 224쪽 / 14,000원	
진로정보	예체능 - 스포츠심판	
교과정보	스포츠 생활2	[12스생2-02-01] 필드형 스포츠의 문화를 이해하고 존중하며, 스포츠퍼슨십을 실천한다.

도서소개 #어떤 책일까?

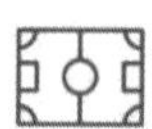

심판은 스포츠 경기의 규칙을 공정하게 적용하여 선수들이 경기에서 최선을 다해 임할 수 있는 환경을 만들어 주는 역할을 담당한다. 만약 이러한 스포츠심판의 역할을 인공지능이 담당한다면 어떻게 될까? 이 책은 이러한 질문을 바탕으로 스포츠 경기에서 진정한 스포츠 정신을 실현하는 방법에 대해 언급하고 있다. 오심이나 편파 판정 문제에 대한 진지한 분석과 탐구는 물론 대중들에게 인기가 많은 축구나 야구부터 체조, 펜싱 등의 종목에 이르기까지 각종 판정에 인공지능 심판이나 비디오 판독을 적용하지 않는 이유에 대한 답변을 제시한다. 스포츠 심판이나 선수를 꿈꾸는 청소년이라면 이 책을 통해 각종 스포츠 규칙이나 제도에 대한 이해는 물론 스포츠맨십도 배울 수 있는 책으로 추천한다.

진로탐색 #무엇을 더 볼까

관련매체 : 세계 최초 AI 심판 시대 앞둔 KBO, 공감대 얻을 수 있을까
https://www.youtube.com/watch?v=34GOUNGhDLM

관련도서 : 『스포츠도 인공지능이다』(김명락, 미문사)

진로토론 #무엇을 이야기해 볼까

1. 월드컵의 비디오 판정은 공정할까?
2. 오심도 경기의 일부로 인정해야 한다. (찬반토론)
3. 스포츠의 예술 점수도 인공지능이 평가해야 한다. (찬반토론)
4. 스포츠 경기에 인공지능 심판 제도를 확대해야 할까?
5. E스포츠를 올림픽 정식 종목으로 확대 편성해야 한다. (찬반토론)

진로활동 #무엇을 해 볼까

1. 스포츠 심판, 기록분석 연구원, 스포츠 평론가가 하는 일을 발표해 보자.
2. 최근 인공지능을 스포츠 판정에 활용하는 종목을 찾아 공유해 보자.

20. 축구를 하며 생각한 것들

도서정보	손흥민 / 브레인스토어 / 2020년 / 312쪽 / 18,000원	
진로정보	예체능 - 축구선수	
교과정보	운동과 건강	[12운건02-01] 운동 처방에 따른 트레이닝의 종류와 방법을 이해하여 체력 증진을 위한 트레이닝 프로그램을 계획하고 체력 운동에 적용하며 자기 주도적으로 체력을 관리한다.

도서소개 #어떤 책일까?

한국 최고의 축구선수로 손꼽히는 손흥민 선수의 첫 번째 에세이이다. 세계적인 스타로 성장하기까지 아버지를 통해 받았던 혹독한 훈련, 독일과 영국의 명문 축구클럽에서 스타로 자리 잡기까지의 과정, 국가 대표 선수로 활약하며 느낀 점 등을 진솔하게 소개하고 있다. 특히 축구선수로서 해외의 팀에서 생활하며 느꼈던 사람들의 편견이나 훈련 과정에서의 어려움 등이 구체적으로 기록되어 있어 축구선수로서의 진로를 펼쳐가고 있는 청소년들은 물론 다양한 스포츠 분야의 진로를 준비하는 학생들에게 스포츠 분야에 대해 실제로 이해하고 자기 주도성을 바탕으로 한 체력 관리, 꿈과 도전의 중요성 등에 대해 긍정적인 자극을 줄 수 있는 책이다.

진로탐색 #무엇을 더 볼까

관련매체 : 손흥민, 어느새 캡틴이 된 소년
https://www.youtube.com/watch?v=pNpdWLeLytk

관련도서 : 『필드 밖의 플레이어 축구 에이전트』 (추연구, 토크쇼)

진로토론 #무엇을 이야기해 볼

1. 존경받는 스포츠 스타가 되기 위해 갖추어야 할 덕목은 무엇인가?
2. 체력 관리에 대한 자기 주도성을 키울 수 있는 가장 좋은 방법은 무엇인가?
3. 지역별로 국제 스포츠 대회 유치를 확대해야 한다. (찬반토론)
4. 우리 지역의 스포츠를 활성화하려는 방안을 주제로 토론해 보자
5. 축구선수의 기량을 판단할 때 체력을 기술보다 중요하게 평가해야 한다. (찬반토론)

진로활동 #무엇을 해 볼까

1. 축구와 관련된 직업을 마인드맵으로 정리해 보자.
2. 지역의 스포츠 산업과 관련한 현안을 찾아 분석해 보고, 문제와 해결 방안을 중심으로 지역 신문에 기고할 기사문을 작성해 보자.

21. 케이팝 시대를 항해하는 콘서트 연출기

도서정보	김상욱 / 달 / 2021년 / 400쪽 / 14,800원	
진로정보	예체능 - 공연기획자	
교과정보	연극	[12연극02-03] 주제와 목적에 맞게 지속해서 협의하며 연습하고, 연극의 분위기와 인물의 성격을 효과적으로 드러내기 위해 창의적으로 디자인하고 구현한다.

도서소개 #어떤 책일까?

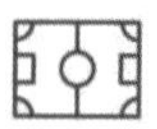

전 세계적인 한류 문화의 열풍 중심에는 K팝이 있다. 해외의 많은 대중에게 이러한 K팝 공연을 기획하고 연출하는 일은 개인적으로나 국가적으로 높은 자긍심을 가질 수 있는 일일 것이다. 이 책의 저자는 자신의 진로를 찾지 못했던 청소년기를 거쳐 현재의 콘서트 연출 PD로 성장한 이야기를 들려준다. 특히 유명 한류 가수의 쇼케이스 연출과 월드 투어 콘서트, 팬미팅 등의 연출을 기획하고 실현해 나가기까지의 노력을 구체적으로 소개하고 있다. 이 책을 읽다 보면 서울, 북미, 유럽, 일본, 아시아, 북남미, 사우디아라비아 등에 이르기까지 다채로운 공연장에서 저자와 함께 공연을 기획하고 관람하는 느낌이 들게 될 것이고 공연기획자로의 진로를 구체적으로 잘 이해할 수 있을 것이다.

진로탐색 #무엇을 더 볼까

관련매체 : 직업탐구-별일입니다-공연연출가 김상욱
https://www.youtube.com/watch?v=mkPIZUJ09pw
관련도서 : 『연출가를 위한 핸드북』 (케이티 미첼, 태학사)

진로토론 #무엇을 이야기해 볼까

1. 공연장에서 사고를 예방하는 방법에 대해 토의해 보자.
2. K팝의 주제를 다채롭게 발전시키는 방법은 어떤 것이 있을까?
3. K팝 아이돌의 치열한 경쟁 문제의 해결 방법은 무엇이 있을까?
4. 유명 스타의 공연 티켓 비용을 인하해야 한다. (찬반토론)
5. K팝 스타나 한류 아이돌에 대한 병역 특례를 확대해야 한다. (찬반토론)

진로활동 #무엇을 해 볼까

1. K팝 연출자나 공연기획자가 대중의 요구나 필요, 공연 지역의 특성 등을 파악하려는 방법에는 어떤 것들이 있을지 찾아 정리해 보자.
2. 공연 기획가와 공연연출가의 공통점과 차이점은 무엇인지 찾아 정리해 보자.

22. 클래식으로 전쟁을 멈춘다면

도서정보	최민아 / 다른 / 2022년 / 184쪽 / 15,000원	
진로정보	예체능 - 음악 연주자	
교과정보	음악	[12음02-04] 생활 속에서 음악을 들으며 감성, 정체성, 가치를 내면화하고 향유한다.

도서소개 #어떤 책일까?

저자는 대학에서 플루트를 전공했고 음악 교육으로 석사 학위를 받았으며 음악 관련 유튜브 채널을 운영하고 있다. 저자는 클래식을 뇌 과학, 심리학, 역사와 연계하여 우리의 마음을 움직이는 클래식 이야기를 들려주고 있다. 이 책은 전체 4장으로 구성되어 있는데, 1장에서는 '마음을 다스리는 음악'을 주제로 음악이 뇌에 미치는 영향, 음악이 우리에게 미치는 영향, 음악 치료 등에 관해 설명한다. 2장에서는 '클래식 음악의 거의 모든 역사'를 주제로 클래식 음악과 그 역사에 대해 이야기하는 한편, 3장에서는 '소리가 모여 음악이 되기까지'를 주제로 악기와 음악 관련 직업의 의미를 설명하고 있으며 4장에서는 '음악으로 하나 되는 세상'을 주제로 음악의 매력과 효과를 설명하고 있다.

진로탐색 #무엇을 더 볼까

관련매체 : 클래식 음악을 들으면서 공부하면 머리가 좋아진다고?
https://www.youtube.com/watch?v=LnXqXTEzhzQ

관련도서 : 『송사비의 클래식 음악야화』 (송사비, 1458music)

진로토론 #무엇을 이야기해 볼까

1. 클래식 음악은 현대 사회에 여전히 중요하다.
2. 클래식 음악은 사람의 인지 발달에 효과적이다.
3. 클래식 음악은 특정 사회의 문화를 반영하는 수단이다.
4. 대학 교육과정에서 고전 음악보다 현대 음악 교육 비중을 높여야 한다.
5. 클래식 음악에 대한 학교 음악 교육과정 수업의 비중을 더 확대해야 한다.

진로활동 #무엇을 해 볼까

1. 클래식 음악을 재해석한 사례를 조사해 보자.
2. 클래식 음악을 활용하여 경제적 성과를 높인 사례를 조사해 보자.

23. 학교 체육의 놀라운 힘

도서정보	이태구 외 / 꿈엔비즈 / 2022년 / 224쪽 / 16,000원	
진로정보	예체능 – 체육교사	
교과정보	체육1	[12체육1-01-01] 신체활동이 건강에 영향을 미치는 기전과 효과를 탐구한다.

도서소개 #어떤 책일까?

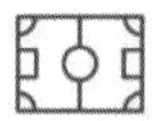

이 책은 우리가 소홀히 여기는 학교 체육의 중요성을 다시 한번 강조하고 있는 책이다. 이 책은 체육이 단순히 운동 기술을 가르치는 것 이상의 가치를 가지고 있다고 주장한다. 그 가치는 바로 열정, 규율, 이타심, 존중, 통찰력, 용기, 리더십, 책임감, 회복력, 상상력이라고 이 책은 답하고 있다. 이 책은 체육 교육의 변화와 이점을 다양한 실제 사례와 데이터를 통해 논증하고 있다. 체육 수업이 학생들의 더 나은 미래를 위한 토대가 될 수 있다는 점을 강조하며, 학교 체육의 중요성을 새롭게 시사하고 있다. 이 책은 교육자, 학부모, 학생들에게 학교 체육의 역할과 가치에 대해 다시 한번 생각해 보게 하는 책이다.

진로탐색 #무엇을 더 볼까

관련매체 : EBS 다큐 학교체육 미래를 만나다
https://www.youtube.com/watch?v=rVxM61eSB0Q
관련도서 : 『체육 교사의 좌충우돌 에듀테크 활용 수업 이야기』 (안형진, 교육과학사)

진로토론 #무엇을 이야기해 볼까

1. 현재 학교에서의 체육 시간을 더 확대해야 한다.
2. 체육 교육은 모든 학생에게 동등한 기회를 제공한다.
3. 체육 수업은 학교에서 학생들의 학업 성과를 높일 수 있다.
4. 에듀테크 기술을 활용한 체육 수업이 학생들에게 효과적이다.
5. 체육 교육은 학생들에게 협력과 리더십을 가르치는 가장 효과적인 방법이다.

진로활동 #무엇을 해 볼까

1. 우리 학교에서 이루어지고 있는 체육 프로그램의 실태와 문제점, 해결 방안을 포함한 신문 기사를 작성해 보자.
2. 체육 코칭이나 트레이닝 분야와 관련한 직업과 전망을 조사해 보자.

색인

리더로 세우는 고등학교
진로독서 가이드북

초판 1쇄 2024년 3월 20일

글쓴이 임영규 박정애 구자경 노연실 강인진 김형중 김혜연 김희진
신홍규 안장호 임희종 정종호 최종한 최창준 황초희
펴낸이 조영진
펴낸곳 고래가숨쉬는도서관
출판등록 제406-2006-000090호
주소 경기도 파주시 회동길 329 2층
전화 031-955-9680~1 팩스 031-955-9682
홈페이지 www.goraebook.com
이메일 goraebook@naver.com
편집 이진희

값은 뒤표지에 적혀 있습니다.
잘못 만든 책은 구입하신 서점에서 바꾸어 드립니다.

ISBN 979-11-92817-36-1 04020
979-11-92817-33-0 04020(세트)

* 선정 도서는 제23회 대한민국 독서대회 신청도서와 회원들의 추천도서에서 선정하였습니다.